20 世纪中国图书馆学文库·77

中国图书馆事业史

刘少泉 编著

圕 國家圖書館出版社

本书据四川大学出版社 1993 年 6 月第 1 版排印

目　　录

第一章 中国古代图书馆的起源

第一节 中国古代图书馆起源的前提条件

要追寻我国古代图书馆的起源,不能不先从文字的发明和图书的产生谈起。因为,有了文字的发明运用,才有产生图书的先决条件,有了图书的产生积累,才有设立图书馆的物质前提。

一、文字的发明

文字是纪录语言的书写符号系统,是人类重要的辅助性交际工具。文字的发明运用和成熟,经历了漫长的历史。《周易·系辞下传》记载:"上古结绳而治,后世圣人易之以书契。"《说文解字叙》说:古代庖羲氏时,"始作易八卦,以垂宪象";及神农氏"结绳为治,而统其事";到了黄帝时,史官仓颉"见鸟兽蹄迒之迹,知分理之可别异也,初造书契",才有了文字。这些记载虽不一定可靠,但也给我们提供了汉字产生的一条线索。

黄帝的时期,大约在公元前2600余年。古代学者一般认为黄帝是中华民族的始祖,所以,往往把一切文物制度都溯源于他。据专家们考证,黄帝、仓颉等人的活动,基本上与大汶口文化时期相当,属于仰韶文化。我国考古工作者先后在陕西长安灵台、西安半坡、临潼姜寨和山东泰安大汶口、莒县、诸城等地遗址中,都曾发现有刻画在陶器上的一些符号。这些符号,经过考证,确认是我国最原始的简单文字。郭沫若说:"汉字究竟起源于何时呢?我以为这可以以西安半坡村遗址距今的年代为指标……半坡遗址的年代,距今有六千年左右,我以为这也就是汉字发展的历史。"又说:"彩陶和黑陶上的刻划,应该就是汉字的原始阶段"①。于省吾认为:"西安半坡村所发现的仰韶文化的陶器口缘外往往刻画简单的文字……这种简单的文字,考古工作者以为是符号,我认为是文字起源阶段所产生的一些简单的文字。仰韶文化距今约有六千余年,那么我国开始有文字时期也就有六千多年之久。"②这些考据说明仰韶时期已出现了原始文字。"黄帝之史仓颉……初造书契,百工以乂(治),万品以察"(《说文叙》),说明黄帝时代出现了"百工"和"万品",社会生活变得复杂,于是产生了与这种现实相适应的运用文字简单记事的"初造书契"。不过,文字形成的本身,是经过千百次尝试和长期演变的过程,从实物(如结绳)记事到图画记事,从图画定型发展到象形文字,从"象形"有了读音,逐渐走向"形声",便发生了质的飞跃,出现了文字,进而加强了符号性、系统性和统一性,增强了表音、表义的特征。这是中华民族的祖先世世代代社会实践的产物,是我国先民共同创造的结果,绝不会是某一个人的创发。所谓仓颉"初创文字",不妨理解为他对原始文字有过搜集、整理之功,对汉字的发展和成熟有过较大的贡献。这一点,古人早有明确认识。《荀子·解蔽篇》卷十五说:"好书者众矣,而仓颉独传者,一也。"唐人杨倞注:"仓颉,黄帝史官,言古亦有好书者,不如仓颉,一于其道,异术不能乱之,故独传也。"

汉字产生的确切年代尚未考定,但根据文献记载和出土文物验证,可以推断,至迟在公元前两千多年仰韶文化的黄帝时代,汉字业已形成。汉字形成之后,又经过相当长的发展历程,而趋于成熟。许多记载表明,夏代文字已有较大发展,二里头文化遗址中发

2

现的陶文可以看作是证据。在殷代故墟成批发掘出来的商代后期的甲骨文和器物铭文,是现在所能见到的成熟的最古的成批汉字,共有4500个左右,其中已考释出近2000个。尚不认识的多是人名、地名和族名等。这批汉字的结构已从独体趋向合体,并有相当数量的形声字。这说明当时汉字已成为记录汉语的成文文字。恩格斯说:"由于文字的发明及其应用于文献记录而过渡到文明时代"。③显然,汉字的产生及其应用是中华民族社会发展的一个里程碑。有了汉字,中华民族的物质文明和精神文明才能记录下来,传播开去,从而脱离史前状态,进入有史时期,走向文明时代,并成为中国古代图书起源的先决条件。

二、图书的产生

中国图书渊源于成文的记录和档案。所谓成文,即合集众字,规范记录事物以成篇章,或者说,从应用原始的成型"形声"文字记事,进入到已形成能记录文献的成体系的文字篇章。我国成文记事的历史始于何时?据郭沫若考证:"殷之先世,大抵自上甲以下已入于有史时代,自上甲以上则为神话传说时代"。④于省吾根据出土的甲骨文材料进一步考证认为"我国有文字可考的历史,开始于商人先公的二示——夏代末期"。⑤陈梦家在《殷墟卜辞综述》中,载录《库》1506武丁时的刻辞,记载了一个贵族十二世祖先的私名,这个私人家族谱牒与商代王室自二示至武丁为十三世的谱系在时间上大致相同。因此,目前学者一般认为,我国成文的历史始于夏末商初。换句话说,我国有成文历史之期,便是中国图书产生之时。就其发展过程来说,自文字创造后,即用以刻字在各式各样的物质材料上,既可以传至远方,也可留于后世。人们通过这些文字载体则可了解彼时彼地人们的思想和生活。文字记载就这样从最初使用来弥补生活实践中的语言的不足,加强记忆传播,促进彼此思想感情的交流,逐渐成为传播经验(知识)的媒介了。当人们开始有意识地运用文字成篇成章地记录社会日常生活中的各种事情,总结成功和失败的经验教训,以便日后稽考时,这已经是正规的记录和档案了。而当别人或后人利用这种记录和档案时,便能从中汲取经验,获得知识。这已经初具图书的性质。到了人们开始在实践中自觉地使用文字来记录自己的经验,阐述自己的思想,宣传自己的观点和主张,构成以知识为中心的载体,并使之传播久远,影响他人的时候,真正的图书便出现了。然而,真正的图书却是记录和档案的发展、深化和进步。因此,可以说,图书起源于记录和档案,而记录和档案又不能与图书完全划等号。

从文献记载和出土实物来考察,我国夏商时代已有典籍。班固在《汉书·叙传下》曾断言:"唐、虞、三代,《诗》、《书》所及,世有典籍。"魏征等编的《隋书·经籍志》也曾指出:"书之所兴,盖与文字俱起。"古代流传下来的《尚书》中的若干记载更明确具体地反映出夏商之世已有典籍。如《五子之歌》记述夏太康执政时说:"明明我祖,万邦之君,有典有则。"传云:"典谓经籍,则谓法则。"又如《多士》记载周公的话说:"惟殷先人,有册有典,殷革夏命。"传云:"册,书;典,籍。"非常清楚,上古之册、典,就是当代书册典籍,也就是那时的图书。除了文献的记载,出土的实物也验证了这一点。在殷墟出土的甲骨文中,亦屡有"册"和"典"二字出现。"册"字,如《中》1483 和《乙》1712 甲骨片的"卌",又如《前》7、12、4 片的"卌"与《甲》237 片的"卌"及《存》1、375 片的"卌",其札一长一短,长短参差,册形象两道绳编连的简册书籍。故《说文》称:"册,符命也,诸侯进受于王也,象其札一长一短中有二编之形。""典"字,如《前》4、43 甲骨片上的"典",象征着把书册庄重地放在几架上,故《说文》解释:"典,五帝之书也,从册在丌上,尊阁之也,庄都说,典,大册也。"以上说明至迟在商代已经产生了典籍(图书)。

典籍的产生主要是由史官所为。自从国家产生以后,文字就被统治者所独占。统治者为统治人民,必须积累经验,于是相应地逐步地建立了一种史官制度。史官的基本职责是"掌书以赞治"(《周礼·天官冢宰》),故对帝王的言行,"动则左史书之,言则右史书之"(《礼记·玉藻》)。对于这种情形,班固早有深刻的概括,他说:"古之王者,世有史官,君举必书,所以慎言行,昭法式也。左史记言,右史记事,事为春秋,言为尚书,帝王靡不同之。"⑥这表明上古史官是负责记录帝王的言行和记载王朝的政治、军事事件及撰写发布王朝命令文告的。他们的这些记录和文书所构成的档案,也可以说就是那时史官们所制作的史料性图书(典籍)。

夏商时代所制作的图书,由于受载体的限制,数量不多,且笨重简单。据考证,主要是甲骨文书、青铜器铭文、石头的书及竹木简策等形式的图书。除竹木简策是推断外,其余几种材料的文字记载已从出土的殷商或更早一些时期的实物得到证明。

当我们认识到了图书的产生后,还应该注意到,初期图书与后世图书的含义是不尽相同的。这主要表现在图书与档案的性质、关系上。记录和档案的目的主要是作为处理事情的参考和借鉴,它与后世以知识为中心,以教育为目的而传播思想,总结经验,著书立说的图书不同。从这个意义说,初期出现的文字典籍仍属于档案性质的东西。但从它能传授统治经验,提供统治者借鉴的角度上讲,也未尝不可将它看成是图书,或说成是史料性图书。所以,历来人们常把上古时代的记录、档案和书籍统称之为图书(档案)。也因为如此,我们把上古档案作为图书的起源。有了图书,发生了藏书事业,即产生了中国古代图书馆事业。清代刘光汉《论中国宜建藏书楼》一文中考述说:"稽之《戴礼》,则古代书在上庠,有典书之官,以诏国子之读书。(《文王世子篇》)典为五帝之书,从册在丌上。《许氏说文》释之曰,尊阁之也。又以丌字象荐物之形,解界字为约在阁上。《徐氏系传》曰,典,《尚书》所谓大训在东序,阁所以承物。据此以观,则仓史造字之时,加册于开,足证初有书契,早已建阁珍藏。"⑦由此可知,书契尚且如此宝藏,何况典籍(图书)特别重要,怎能不庋藏高阁以示尊崇呢!所以,可以说,中国典藏图书的起源甚为古远。只不过,上古之图书是作为察民布政之用而统于王官,设官典掌的,故中国古代图书馆事业一开始就是国家经营的——即国家图书(档案)馆事业。

第二节　　殷商时期的国家图书馆

一、甲骨文的藏所与设备

中国古代图书馆,渊源于图书的储积,追本溯源,当以商代后期殷王朝的国家图书馆为嚆矢。考古发掘证明,今河南安阳西北郊洹河两岸,是殷商王朝的故都。在故都中心小屯村,有许多个布局浑然一体的甲骨穴窖建筑群,尚井然有序地储积着大量的甲骨书籍。从庋藏的甲骨文书来看,是自公元前14世纪末盘庚迁都于殷,至公元前12世纪前半叶帝辛(纣王)亡国,共八世十二王,历时约270年的文字记录。这些甲骨文典藏于此,且有固定的穴窖处所,可以说,这集藏处所就是殷商时期所设置的一个颇具规模的国家图书(档案)馆。

据记载,自1928年开始发掘殷墟以来,先后发现了穴窖数百处,仅前国民党政府中央研究院历史语言研究所于1928年至1937年的15次发掘,就发现了穴窖613处,其中穴窖与殷代文物有关者,计八次,有数以百计的甲骨窖穴群。学者苏莹辉曾根据安阳殷墟发掘报告等文章推断殷代的国家藏书是在这些穴窖中。他在《从考古学上的发现论图书馆起源》里记叙1936年的发掘说:

民国25年3月18日至6月24日,发掘地区:小屯村北地。

6

这一次集中发掘旧分的 B、C 两区,开了五十二个坑位,挖掘面积约 5200 平方公尺。掘得完好无缺的储藏甲骨文字窖藏一所,坑为圆形,径约 2 公尺,深约 1 公尺余,满贮龟甲。此一坑中有完整的龟腹甲 200 余版,编号共为 17804 片。就原坑未经扰乱及数量之多言,实打破甲骨文字出土以来最高纪录。其中采用朱、墨书写的文字,刻划卜兆之法,皆为甲骨学上重要发现。⑧

这一发现是很说明问题的。前面说过,小屯村是殷都的中心区域,有完好无缺的储藏甲骨文的穴窖一所,量多、质高、保管好,似为殷商国家图书馆的特藏书库,也犹如后世藏书于秘阁中。又如 1973 年,在小屯南地发现有密集一处的 64 个穴窖,堆放着质地优良的卜用甲骨 4795 片,其中刻辞甲骨 2836 片(《文物考古工作三十年》第 276)。因此,我们可以说殷墟发现的大量"居穴"与"窦窖",其中至少有一部分是与图书、档案有关的。假定"居穴"是住人的,"窦窖"是藏物的,那末,有一部分的"窦窖"可能是储藏册籍、档案的处所,也就相当于今日之书库。同时,一部分的"居穴",可能是殷王室官员调阅档案或参考资料的地方,也就相当于今日的参考室或阅览室。我们如再进一步的推测,"窖"有脚窝可以上下,"穴"有台阶可以出入,这岂不是为了提取图书或调阅档卷的方便而设计的么?

不难想见,殷墟这批成群的甲骨"穴窖",是殷王朝有意识、有计划设置的国家图书(档案)馆,或者说,是殷王朝继承发展前世藏室而逐步形成的国家藏书处所。正如陈梦家所分析的:"安阳出土刻辞甲骨,我们现在可以已可断定其年代的,有武丁、祖庚、祖甲、廪辛、康丁、武乙、文丁、帝乙、帝辛七世九王的卜辞。这些都是连续的王朝,它们之间有相连续不变的体例,也有每一王朝新兴的体例。因此,我们可以看出某些事物发展的过程,也可看出某些新生事件",⑨从而进一步说明殷都这些储积或累积甲骨文之穴窖,可能就是当时的图书(档案)馆址。

二、甲骨典籍的内容和形式

殷墟出土的甲骨文有十余万片。所谓"甲骨典籍",是通行于商代的文字刻在当时的龟甲和兽骨上,因以得名的甲骨文。又称"刻辞"、"契文"、"卜辞"、"龟甲文字"、"殷墟文字"或"甲骨的书"等。在这些甲骨文中,又分卜辞甲骨和记事甲骨文两种。前者是大量的,后者仅有少数。它们的内容都很丰富,形式别具特色。

就甲骨典籍的内容而言,涉及到国家政治、经济、科学文化等各个方面。关于甲骨文的内容,甲骨学家曾从阶级关系、生产发展、科学文化等几方面着眼,将其分成四大类二十二小类。这二十二小类是:"①奴隶和平民;②奴隶主贵族;③官吏;④军队,刑罚,监狱;⑤战争;⑥方域;⑦贡纳;⑧农业;⑨渔猎,畜牧;⑩手工业;⑪商业,交通;⑫天文,历法;⑬气象;⑭建筑;⑮疾病;⑯生育;⑰鬼神;⑱祭祀;⑲吉凶,梦幻;⑳卜法;㉑文字;㉒其他"。[⑩]这些甲骨文的内容分类虽多,但因卜辞主要是殷商王室的卜辞。故卜辞内容是具有以当时帝王为中心的特点的。它既反映了当时社会生活的现实,又反映了当时统治者的思想和愿望,如国境的安全,年成的丰足,人生的逸乐、疾病以及对祖先的自然神祇的祭祀与祈祷等。

一篇完整的卜辞,通常包括前辞(记卜之日及卜人名字),命辞(即命龟之辞),占辞(即因兆而定吉凶)和验辞(即既卜之后,记录应验之事实)四部分。如武丁卜辞《菁华》二:①癸巳卜壳贞;②旬亡祸;③王占曰㞢咼其㛥来;④乞至五日丁西允有来㛥自西沚㦏告曰方士㞢于我东啚田。这个卜辞共5句话,41字,包括了一篇完整卜辞的内容,是相当典型的。因为卜辞一般都有辞句比较固定,字数不长的特点。但也有例外,特别是某些记事卜辞更是如此。如《菁》3.5"癸丑卜争贞"至"才敦",系正反两面相接的武丁卜辞,全辞在90字上下;又如《甲》2416和《卜通》592,是有关征

伐孟方、人方的乙、辛卜辞,皆在 50 字以上。至于记事记言的甲骨
典册,那更是例外了。

除大多数占卜的刻辞外,也有一些有关占卜或非占卜的记言
记事刻辞。它们大体可分为三类:一是卜事刻辞。这类刻辞,一般
在卜辞之后,常附征验之辞,这征验之辞本身便是史实的记载。如
王卜某日是否降雨,通常便是"某日不雨";如王占有凶,亦随记灾
祸的来临。显然,这是卜辞的一部分的记事文。二是单纯的史实
记事刻辞。这类刻辞,如《乙》8653,甲申,王至于三岁、兄四兄;
《甲》3913,乙酉,小臣 等。最引人注目的是在殷墟出土的骨
文中,有几件用兽骨刻制成简牍来记载殷人狩猎、战争史实的。据
钱存训说:"目前所知,最少有二根完整和一些破碎的骨简,正面
刻有装饰花纹和填以绿松石的文字。加拿大皇家博物馆藏有一根
虎骨,约长 22 公分,载 22 字,文曰:'辛酉,王田于鸡录,只大霖虎。
在十月,佳王三祀 日。'大意是说,辛酉日,帝辛出猎于鸡麓,捕
获了一只猛虎,三年(公元前 1152 年)三月祭于天(图版三、甲)"。
另一根"长 28 公分的兽骨,完整的骨上有日期:'五月,佳木六
祀。'即帝辛六年(公元前 1149 年)。还有公元前十二世纪前半叶
的残骨简,记有一段战争史实。此骨简全长应为 20 公分,宽 5 公
分,现仅存原物的三分之一。刻辞分为五行,共 56 字。大意为征
伐西土某些方国,俘获而族 1570 人,车二辆,盾 180 个,衣甲 15
副,箭若干只。第五行末文未毕,应该还有第六行。估计原文应有
160 字以上。在这骨简背后,有一干支表"。⑪三是非占卜的表谱刻
辞。这类刻辞又可分为干支表,如《燕》165,《下》1·5,《缀》314;
祀谱,如《粹》113,114;家谱,如《库》1506,《燕》209,《乙》4856,帚
妥子曰 ,等等。

就甲骨典籍的形式而言,也有显著的特点。一方面每片甲骨
有一定的规制。刻辞龟甲有腹甲、背甲和修整过的背甲三种。腹

9

甲通常是用整片的。背甲则因背脊中央突起而锯成两半。据记载,龟腹甲的长度自 14 公分至 45 公分,宽度约 7 公分至 35 公分不等。一般长 28 公分,宽 20 公分,厚 0.6 至 0.7 公分者。最为常见。半背甲的长度 27 公分至 35 公分,宽 11 公分至 15 公分不等,而以小者为常见。经过修整的背甲甚少,其长度约 12 公分至 16 公分,宽度 5 公分至 6 公分。至于刻辞的兽骨,有牛骨、羊骨、鹿骨等,其中尤以采用牛骨为多,而选用牛的肩胛骨则是普遍的,同时,也取用肩窝骨、肋骨、头骨。对于甲骨的制作方法,是先除去龟骨上的胶质物,然后在甲骨反面有规律地钻成一个个圆孔,孔旁再凿一些梭形凹槽。如用作贞卜,便由卜人用火灼烫,使甲骨凹槽、圆洞外面呈现横直、粗细、长短的裂纹来判断吉凶。最后,由祭师或史官把占卜的时间、卜人名字、卜问事情及占卜结果、应验等用文字书写契刻在卜兆的附近,成为一个完整的甲骨文。其文字排列的顺序,竖行由上而下,横行则从左至右,与现今的书写格式没有多大差异。

　　另一方面,甲骨文片是编制成册的。上面说到的甲骨上凿有圆孔,那圆孔可能就是用作甲骨与甲骨之间相连贯的穿孔,以便将甲骨文编制成册。董作宾《商代龟卜之推测》一文里,曾提到在殷墟发现刻有“编六”、“册六”、“三册”等字样的龟版,且有穿孔,很可能当时就已经把若干龟片、骨片串连编制成册了。甲骨学者认为,殷墟甲骨一般以六片为一组,所称一组,实为一册,即是最好的说明。这在古籍《逸周书·史记解》里,就有“龟册是从”的话,《韩非子·饰邪篇》也说:“凿龟数筮(策一册)”。因此,我们把殷商典藏的这些形式和内容相统一的甲骨文称之为甲骨书册。殷墟典藏出土的甲骨书册,是非常珍贵的。现绝大部分分别收藏于中国历史博物馆、北京故宫博物院、中国社会科学院、河南省博物馆和台湾“故宫博物院”以及香港等地;有少部分则流藏在日本、加拿大、英国、美国、西德、苏联、法国、瑞士、比利时、荷兰、瑞典、南朝鲜等

10

国家。

三、典藏、管理及利用

殷商王朝掌管典籍的职官,主要是作册(史)。据记载,有殷一代,设立了各类职官,在中央分为外廷政务官和内廷事务官两大系统,其中外廷政务官系统的卜巫和史官两类职官与典籍的关系最为直接。卜巫的职司是主管王朝占卜、祭祀之事,庖制卜甲、卜骨,在尊神事鬼、王权神化的当时,享有极大的权力。史官,本为"史",原为驻守在外之武官。后来变作副贰之官,成为在王左右的史官,时称"作册",掌管文案、记录和典籍的庋藏等事务,亦为要职。如甲骨《前》4、27、3 的乙辛卜辞,就记有"作册受王命赏小臣告";《京津》703 背甲武丁卜辞和《合》268 反甲骨卜辞,均有"乍(即作)册"二字。这不仅有实物可资证明,而且在文献上也有类似的记载可以印证这一点。《尚书·洛诰》有"作册逸",《逸周书·克殷篇》与《史记·殷本纪》有"尹佚",《左传》、《国语》和《汉书古今人表》有殷"史佚"等。《吕氏春秋·先识篇》卷十六里,还记述有这样一个故实:"殷内史向挚(《通典》、《文献通考》作太史或太史令高势)见纣之愈乱迷惑也,于是载其图法(典籍),出亡之周。"向挚是殷末王朝太史,无疑是当时典掌国家典籍的最高长官,他见国将败亡,便携带其所掌管的图籍出逃,投奔于周。这一事实,进一步证明殷商掌管国家藏书者为史官,而向挚可能就是殷商末期的国家图书(档案)馆长。若再联系章学诚《史释》:三代"史则守其文诰、图籍、章程、故事"(《文史义·内篇》卷三),和王国维《释史》:"史之职,专以藏书、读书、作书为事……史之本义,为持书之人"(《观林堂集》卷六),这两段结论性的话语来认识,殷商王朝收藏典籍是由史官掌管,那就更清楚了。不过,从发掘殷墟的情况来看,殷商王朝的图书(档案)馆规模较大,入藏数量甚多,而且与日俱增。因此,当时典掌图籍的史官,可能是比较多的。换句话说，除太史总管外，还会有若干属官具体负责收藏图籍，担任管理员。据甲骨学家关于骨臼刻辞中"某人示"方面的考证，我们已知武丁时的二十多个甲骨文管理员的名字，其中几乎三分之二是妇女，他们的名字是：帚妥、帚妌、帚妅、帚喜、帚𡧌、帚禺、帚笶、帚𠂤等。帚字应为妇，如帚妌就是武丁之后，他不但管理甲骨文献资料，而且还参与内治外攻，（郑伟章《从骨臼刻辞看殷墟甲骨的管理方法与我国图书目录的起源》，《湘潭大学学报》1978 年，第二期）。说明当时图书（档案）管理员的素质好，地位甚高。

既然殷王朝的典籍有专人保管，也就必然有一定的管理方法。不然，殷王朝年年月月，世世代代所积藏那么多的甲骨典籍，怎能妥善地保存下来呢？《隋书·经籍志》"簿录篇"说："古者史官，既司典籍，盖有目录，以为纲纪，体制埋灭，不可复知。"从事实上来说，出土的甲骨文虽未有"目录"一词，但却有"目"字之语。甲骨文之"𥃦"，象人眼之形，如《佚》524"癸已卜壳贞子渔疒目福告于父乙"与《合》165 𦥑"贞王其疒目"；更有侦伺之义，如《前》4、32、6，"贞乎目𡦲方"和《全》650，"贞勿乎目𡦲方"，等就是这样的。

至于录，甲骨、钟鼎文虽无"録"字，却有"录"字，如：𢎥、𢎨𢎨等。据近代学者考证，録之本字作录，其为甲骨、钟鼎文字之形，亦为刻木之声、之形，故成为刻木之义。用作动词，则有详明记识之义；用作名词，则为名目之次第。延至汉代，录字遂开始用为图书目录之简称。《汉书艺文志》载："汉初，张良、韩信序次兵法"，"武帝时，军政杨朴捃摭遗逸，纪奏兵录。"故刘向"每一书已，向辄条其篇目，撮其旨意，录而奏之。"即以图书目录为录。据此可知，殷商典藏之甲骨文书，尽管无后来意义的目录之法，但至少对后世目录的产生有所启发，从而在一定程度上反映出当时对典籍的管理。特别是甲骨文中的骨臼刻辞表明，甲骨典籍的入藏，是经过管理人员"示"（检视）了的。例如：

12

郭沫若《殷墟粹编》载：

1480 片　　戊戌　　　　帚妥示　　一子盉

1486 片　　癸未　　　　帚喜示　　口子齿

1501 片　　辛丑　　　　邑示　　　二子　小臿

商承祚《殷墟佚存》载：

160 臼　　　壬申　　　　邑示　　　三子臿

998 臼　　　辛卯　　　　帚示　　　二子㝬

容庚《殷墟卜辞》载：

68 臼　　　丑　　　羊立示囗子　　岳

85 臼　　　丁亥　　　𢆶示　　一子　小臿

胡厚宣《战后京津新获甲骨集》载：

289 片　　　丁丑　　　雪示　　　口　　岳

290 片　　　口口　　　雪示　　　二子　小臿

上述九例骨臼，内容都很规范、明确，每例均为四项：第一项为时辰；第二项为某人示；第三项为**子**数；第四项为贞卜者。对于这类骨臼刻辞，郭沫若考释说："'谓其性质如后人之署书头，或标牙签。盖骨既卜，必集合若干骨为一包（组），裹而藏之。由肩胛骨之性质而定，势必平放，平放，则骨臼露于外，故恰好利用其地位以作标识。'故余释其中之'示'字为际，谓骨经某人检视"（《殷墟粹编·考释》）。这说明当时庋藏的甲骨并不是杂乱无章地堆放着，而是将甲骨文分别按照一定的方法有秩序地存储的。其步骤有二：一是将若干甲骨集合为包（册、组），然后有秩序地收藏；二是在每组（册）甲骨之中挑选一根最长的肩胛骨，在其露于外部的骨臼上刻上文字（即如上述九例），平放露出文字，以作标识，便于查看取用。其骨臼刻辞就具有犹如后世之"书头"或"牙签"的性质了。所以，有人说我国图书目录起源于骨臼刻辞，还是有道理的。

13

但它并不是今天意义上的图书目录,而是当时管理典籍的一种良好办法。

殷商庋藏典籍的管理方法,还突出地表现为积累分藏。从殷墟发掘的实际情况来分析,大体上可归纳成两种类型:一种是有些穴窖只保存了某一世的甲骨书册;另一种是有些穴窖则收藏了若干世王朝的甲骨文书。前者,说明对历代王室的典籍进行了整理,方能分代储藏;后者,更说明是历代流传,逐步积累和整理了的典籍。但无论是一代之储,还是几代之藏,它们都是一种有意识的保存和不断收藏的结果。同时,又都是以殷商王室的甲骨刻辞为主体,并将外地用过的甲骨文集中于殷都,结集归藏、归档于殷商国家图书(档案)馆的。这些都说明,当时已产生了与之相适应的图书管理方法,而这种管理方法,即使当时图书、档案得以妥善保存下来,又提供了在一定范围和程度上的利用。

殷商典籍的以藏为用,概括地说,主要表现在三个方面:第一,日后稽考,以资借鉴,"以法存先王之道",如《盘庚》三篇演说辞,始终贯串了引用先王的治世经验。第二,用于文化教育。因为殷商继承前世"官守学业"、"学在官府"的传统,实行政教合一、官师一体的制度。殷商的学校有左学、右学之分,右学为"大学",设于京师之郊;左学为"小学",设于侯国。此外,还有序和瞽宗二种,序为乡学,瞽宗是专门传授礼乐的教育形式。

这些内容,既有古籍记载,也有甲骨文可以证实。从甲骨文的"学"字来看,其中爻是算筹交错的形象,表明算术运算已成为学校教育内容。同时,甲骨文字现已出现三万大数,识字教学势必也是当时的必修科目,从而说明殷商藏书也用于教育。第三,利用所藏典册,著录帝王、贵族谱牒。在这方面,如前面提到的商王十三世谍谱和商代一贵族十二世系谱,就是利用储积典册加以稽考,进行著录的结果,也是当时典藏为用所表现的一种真实性。当然,殷商之典藏为用又是极其狭隘的,因其被奴隶主贵族所垄断,故只能

14

暴露其为奴隶制社会服务的性质。

综上所述,殷商时期,殷王朝已在其首都有意识、有处所、集中收藏储积了大量的甲骨典籍,又有与之相应的典掌人员和管理方法,加以妥善保存,且时有所用。由于有这些典藏内容,并互为要素,结为一体,客观上就形成了当时前所未有的、雏型的殷商国家藏书事业,而且给后世以影响。所以,我们认为中国古代国家藏书事业是导源于殷商的,殷代国家图书的典藏实开了我国古代图书馆的先河。

第三节　西周的官府藏书

一、西周图书的内容和形式

西周图书的内容,是西周社会政治、经济、思想文化的记录和反映。在我国历史上,西周是高度强盛的奴隶制国家,各方面都比前代兴旺发达。早在东周之世的孔子就曾指出:"周监二代,郁郁乎文哉"(《论语·八佾》)。意思是说,"三代之礼,至周大备。"其文明和进步,远远超过了夏、商二代。政治上,西周国家机器更加完善。周王是最高统治者,"溥天之下,莫非王土;率土之滨,莫非王臣"(《诗·小雅·北山》)。周王之下,设置三公(太师、太傅、太保)、五官(司徒、司马、司空、司土、司寇)、六卿(太宰、太宗、太史、太祝、太士、太卜),其下各有诸多僚属,分工治理王畿之内一切行政、祭祀、财务、生产、文化等事务。在地方有众多的分封诸侯,各依等第设官置守,分土实行自治,定期向周王室纳贡,并承担戍卫与征伐任务。这就构成了自中央至地方的一套庞大的统治机构。

西周的统治,一方面是实行"分封制"。周王将土地、人民分封给宗室、姻亲和功臣,建立诸侯国;诸侯王再将土地人民封给卿做采邑;卿再分封给士为禄田。其目的是为了叫他们"藩屏周"室。据《荀子·儒效篇》说,周初三次就分封了七十一国,其中姬姓之国独居五十三人。另一方面是实行"宗法制",并与分封制互为表里。周王自称天子,为天下"大宗",王位由嫡长子继承,世代保持大宗地位。其他诸子为诸侯,是为小宗。但诸侯在自己的封国内又是大宗,侯位亦由嫡长子继承,余子封为卿,成为小宗。如此递推,形成宗法严密,亲疏分明的统治秩序。与此同时,周实行同姓不婚制,通过联姻,将旁族纳入宗法制范围,使之趋于完备。这样,宗法制使政治关系加上了一条血缘、亲属纽带,更强化、巩固了西周的贵族统治。

经济上,西周的土地制度为"井田制",农业生产在整个经济生活中占有非常重要的地位,并比前代有了更进一步的发展,主要表现为:生产工具的进步,生产技术的提高,农作物种类与产量大增。西周的手工业更加繁盛,史有"百工"之称。随着生产的发展,商业活动也更趋活跃,都市出现了市场。

在思想文化方面,西周有重大进步。一方面,把天作为有意志的上帝看待,周天子自认为受天命以自立,依照天命统治奴隶。另一方面,以周公旦为代表的政治家们总结了商亡的教训,明确治天下不全靠天命,还要重人事,于是得出了"天视自我民视,天听自我民听"的政治结论,从而系统地提出礼、乐、刑、政一整套政治主张和统治术。其思想核心是"敬德保民","明德慎行"的礼治。礼的基本精神是"名位不同,礼亦异数"。由此规定了君臣、父子、夫妇、兄弟、朋友等的尊卑与亲疏关系,要求人们的言行举止都须合乎礼仪规范,否则便是"非礼"。据文献记载,西周有五礼三十六目:吉礼十二个项目,凶礼五个项目,宾礼八个项目,军礼五个项目,嘉礼六个项目。在这些项目中各自还有许多具体项目,内容极其繁富,形成了一套礼仪制度。它既是处理奴隶主阶级内部关系

16

的准则，又是对奴隶大众的统治术，所谓"礼不下庶人，刑不上大夫"（《礼记·典礼上》），就是一种最好的概括语。到了西周末期，还产生和形成了阴阳五行观念，这是中国古代的一种自然哲学，也是中国古代哲学思维的起点。

西周社会各方面的发展是与教育分不开的。西周的教育虽仍为贵族垄断，"学在官府"，但比之夏商更受重视，发展更快。不但首都之郊有大学，诸侯国都城亦有泮宫（即大学）。乡里设庠、序，统称小学。小学习文字，习礼仪，大学治经术。既培养了统治阶级的人才，又促进了社会的进步。特别是由于文化教育的发展，文字的日益丰富，应用文字撰著各种图书文献，包括文字训诂学本身著作，如《史籀篇》和《尔雅》（相传为周公所作，实系秦汉经师缀辑旧文，递相增益而成）等书籍，也开始兴盛起来。

西周图书的著作权是属于史官的。古书说"上古学术文化统于王官"，指的就是这事。现在流传的《周易》、《尚书·周书》、《诗经》和《周礼》、《仪礼》、《礼记》等，据说就是根据上古史官保存的文献编定的。虽然编定的时代已是春秋时期，有的也许还要晚些，甚至书中的有些材料是否是当时的还很成问题。但是，这些书籍至少有一部分材料来源甚古，反映了那时的社会情况。

《周易》：是古代占卜的书籍。内容包括经、传两部分。经主要是六十四卦和三百八十四爻，以及解释卦、爻的卦辞、爻辞。传包括解释卦辞、爻辞的七种文辞共十篇，称为《十翼》。《易经》的作者，大概是一位西周末年的筮官；《易传》为战国、秦汉间人的作品，非一时一人之作。《周易》这部占卜书，主要通过象征天、地、风、雷、水、火、山、泽八种自然现象的八卦形式来占卜推测自然和人事的变化；内容有战争、农业、行旅、婚姻等事，具有"刚柔相推，变在其中矣"的含有朴素辩证法的思想。

《尚书》：是现存最早的上古官府典章文献汇编。分虞书、夏书、商书、周书四部分，相传原有百篇，秦始皇焚书后只剩下二十九篇。《尚书》分别记述了上古四代的史事,保存了这些时期特别是商周时代的重要史料。

《诗经》:大体为西周初年至春秋中叶诗歌的名篇选集。它原有三千篇,孔子删定后只有三百零五篇。《诗经》分风、雅、颂三大类,《风》有十五国风,多是各地民间诗歌,反映风俗民情,疾苦利病;雅分大雅、小雅,多为贵族所作宴会乐歌,反映政治得失和国势盛衰;颂是统治阶级的祭祀乐歌,追述历史,颂扬祖先。《诗经》提供了关于周的兴起、周初经济制度和生产情况的重要史料,对中国文学发展也有深广的影响。

"三礼":集中记录和论述了夏、商、周三代礼制的各项内容。《周礼》实际上是周朝的一部综合法典,它的吉、凶、宾、军、嘉五礼,包括立法、司法、行政各项内容;《仪礼》包括夏、商、周三代人的各种行为规范;《礼记》的内容更广泛,汇总了修身、齐家、治国、平天下的全部要领。虽然周公制《周礼》,孔子编《礼记》之说不可信,三礼可能都是汉儒编纂的书籍,但是,他们不可能毫无根据地全部臆造,其所涉及的各种礼制内容,可以相信大部分内容反映了三代,特别是西周的礼制。

在社会经济条件的制约下,西周的图书形式与内容相适应,比商代进步,集中表现为文字载体材料的发展变化。(一)殷商典籍,多为刻辞甲骨,西周因多是以著草代替甲骨卜筮,故甲骨文逐渐减少。(二)殷商青铜铭文较少、简单,西周青铜器铭文甚为普遍,而且字数大增,一些铭文自成篇章。如著名的周宣王训诰"毛公鼎",铭文近 500 字,就是一篇重要而完整的历史文献。(三)石头玉版书籍也较殷商时代为多。《大戴礼·保傅》卷三说:"胎教之道,书之玉版,藏之金柜,置之宗庙,以为后世戒。"《素问》一书中也有"著之玉版,每旦读之"之语。《韩非子·喻志》还记叙说:"周有玉版,纣令胶鬲索之,文王不予;费仲来求,因予之"。(四)简策书籍比前行用较多较广。这在古籍中屡有记载:如《礼记·

中庸》有所谓"文、武之政,布在方、策"的记载;《仪礼·聘礼》中也有"束帛加书将命,百名以上书于策,不及百名书于方"的说法等。可见,西周图书形式多为简策,只不过由于年代久远,竹木易于腐朽,很难保存下来,所以现在尚能见到的都是西周以后的实物。

二、西周国家藏书的设置和典掌

西周的国家结构形式是方国联盟和分封制,在宗法贵族君主政体下,形成一种完善的国家政权机制。其中央机构里,专门设置了国家藏书的处所,名叫"盟府"或"周府"。典掌国家藏书则分别由内服政事寮中的史官系统和司徒系统负责。

史官系统有大史、小史、内史、外史、御史五大司职。其中,大史、小史、外史三种史官之司职与典藏国家图书的关系最为密切,而且是西周国家图书的主要典藏者。

(一)大史。西周时,设"下大夫二人,上士四人。"其职司是"大史掌建邦之六典……凡邦国都鄙及万民之有约剂者藏焉。"(《周礼·春官宗伯》)。《古今图书集成·理学汇编》经籍典总部引令解:"太史,史官之长,主藏者,……约,盟剂也;剂,券书也,皆藏其书于太史也。"《隋书·经籍志》亦称:"周官御史掌治朝之法,太史掌万民之约契与质剂,以逆邦国之治。然则,百司庶府各藏其事,太史之职各总而掌之。"据此可知,太史为史官之长,是主藏者,无论是盟约契券,还是六典及文献图书都是由他全面负责掌管的。

(二)小史。他是太史之属司属官,是时设有"小史中士八人,下士十有六人,府四人,史八人,胥四人,徒四十人",总共八十人。其司职如《周礼·春官宗伯》所说:"小史,掌邦国之志,奠系世,辨昭穆……佐大史。"郑玄注:"郑司农云:志谓记也;春秋传所谓周志,《国语》所谓郑书之属是也。史官主书,故韩宣子聘予鲁,观书大史氏。系世谓帝系,世本之属是也。小史主定之。"这些表明周之小史是辅佐大史之官,分工主管国史及帝王皇族谱系。

（三）外史。也是太史之属,时设有"外史上士四人,中士八人,下士十有六人,胥二人,徒二十人",共六十人。其职责若《周礼·春官宗伯》所说:"外史掌书外令,掌四方之志,掌三皇五帝之书。"郑玄注:"志,记也。谓若鲁之春秋,晋之乘,楚之梼杌。……楚灵王所谓三坟五典。"这些记载和解释也同样说明,西周之外史是典掌诸侯国史及古史的专官。上述三史典掌图书及档案,大体上都为史家所公认。其三史之名,可能既是具体的史职官名,又是史职之有司,故三史之下均有若干分工的徒属具体经管。他们都有一定品级。据载,西周官有九命之别,九命为最高级别,一命最低。通常是天子上公九命,王之三公为八命,卿六命,大夫四命,上士三命,中士再命,下士一命。若把这些品级与上述三史卿士相比附,那就更清楚了。

西周典掌图书的另一系统,是掌邦教司徒之属的土训和诵训及其他职官。

（一）土训。设"中士二人,下士四人,史二人,徒八人",共十六人。《周礼·地官司徒》说:"土训,掌道地图,以诏地事;道地慝,是辩地物而原其生以诏地求。"所谓"道地图",是指山川原湿的图;所谓"道地慝",是记载如瘴虫之类事物的书籍。而这些地图、书籍则由土训所掌管。

（二）诵训。设"中士二人,下士四人,史二人,徒八人,"共十六人。《周礼·地官司徒》说:"诵训,掌道方志,以诏观事;掌道方慝,以诏辟忌,以知地俗。""方志",是记形胜事实的书册;"方慝",是记传说的体俗、畏恶之事的典籍。由此可知,诵训是具体管理形胜、体俗方面书籍的官员。

其他职官典掌图书,也不乏其例。如天官冢宰的司会掌管"凡在书契、版图者之贰。"司书掌藏"邦中之版,土地之图"。"二司"既是官名,又是机构之称,《周礼·天官冢宰》说:"司会中大夫二人,下大夫四人,上士八人,中士十有六人,府四人,胥五人,徒五十人。司书上士二人,中士四人,府二人,史四人,徒八人。"

以上司职说明,西周的国家典籍已立官分守,各有所职,甚为完备。故《文献通考·经籍考总叙》说:"成周之时,自太史以至小行人,皆掌官府之典籍者也,其名数亦多。"同时,也表明西周的文化学术,本于王官,备于周室,大致都出于官守。"而天下以同文为治,故私门无著述文字"。⑫

三、关于诸侯国的藏书

西周的地方政体是诸侯国,它依照等第设官置守实行自治,具备有周王室(中央政府)的各种文物制度,其中分官典掌封国藏书则是其重要内容之一。考之《周官》,当时各国都有方志,其志则分别由小史、外史、诵训诸官典掌。如前所述,《小史》:"掌邦国之志。"《外史》:"掌四方之志。"《诵训》:"掌道方志。"这是诸侯国与周王室设官典掌书籍方面的共同处。但诸侯列国在典藏书籍方面,又有其不同处,即有闾史、州史之设置与闾府、州府之藏书。《礼记·内则》卷五记载说:"宰告闾史,闾史书为二。其一藏诸闾府。其一献诸州史。州史献诸州伯,州伯命诸藏州府。"其所藏书籍内容,主要是本封国的地方史志。这些史志既是封国史官所撰,也为史官所典藏。元人马端临的《文献通考》中"史考"对此叙述较为翔实,即可证明这一点。

注释:

①郭沫若《古代文字之辨证的发展》见《考古学报》1972 年第 1 期。
②于省吾《关于古文字研究的若干问题》(《文物》1973 年第 2 期。)
③《马克思恩格斯选集·家庭·私有制和国家的起源》第四卷第 21 页。
④郭沫若《卜辞通纂考释》第 74 页。
⑤于省吾《释上甲六示的庙号以及我国成文历史的开始》(《甲骨文释林》第

193 页）。

⑥《汉书·艺文志》卷 30。

⑦《国粹学报》第二年丙午第七号。

⑧《图书馆学》台湾"中国图书馆学会"出版委员会编。

⑨陈梦家《殷墟卜辞综述》第 19 章第 3 节。

⑩胡厚宣《＜甲骨文合集＞的编辑和内容》(《历史教学》1982 年第 9 期)。

⑪钱存训《中国书史·甲骨文》。

⑫章学诚《文史通义》。

第二章 春秋战国时期的图书馆事业

第一节 春秋时期的藏书

一、春秋时期藏书的时代背景

春秋时期,是我国由奴隶制向封建制迅速转变的阶段。在此阶段,社会的各个方面都发生了巨大的变革。政治上,周王室衰微,周天子仅是名义上的共主;诸侯强大,各自独立,"礼乐征伐自诸侯出"。各诸侯国之间,"弱肉强食",互相兼并,争战不休。强大的诸侯齐桓公、晋文公、楚庄王、吴王阖闾、越王勾践,曾先后称霸中原,史称"春秋五霸"。除这些霸主外,其他较强大的秦、鲁、郑、卫、曹、蔡、宋、许等诸侯国,也都曾相继兼并了若干弱小的封国。他们力求强大,提高政治权力,竞相改革,争聘士人,士供卿大夫奔走,成为家臣,忠于家主,造成"政自大夫出"的局面。这样,就使昔日建立在分封制和宗法制基础上的统治秩序发生了根本的动摇。在经济上,井田制已无法维持,土地私人占有逐渐合法化;鲁国推行的"初税亩",按田征税,取代以往"籍田以力"的徭役租,为地主经济的发展大开了方便之门;私营手工业和私营商业陆续出现,不断增多,有的竟成巨富,这些使原来的奴隶制生产关系逐步转变为封建制生产关系,促进了生产力的发展。加之铁器工具的普遍应用于农业、纺织、木工等业,这就更有力地推动了经济的发展。

由于社会政治、经济的巨大变革,使思想文化领域发生深刻的变化。打破了以往"文化学术统于王官"的格局,学术、文化下移,民间陆续涌现文学、游说之士,或受聘于诸侯,为之奔走,出谋划策;或著书立说,相互驳难,自成学派;或聚徒讲学,培养士子,传播文化知识,从而奠定了中国历史上一个空前的思想自由、百家争鸣、学术繁荣的基础。《汉书艺文志》诸子篇分析说:"诸子十家(派),其可观者九家而已。皆起于王道既微,诸侯力政,时君世主,好恶殊方,是以九家之说蜂出并作,各引一端,崇其所善,以此驰说,取合诸侯。"所谓九家,即儒、道、阴阳、法、名、墨、农、纵横、杂各家。此外,还有兵家等。他们大多创始于春秋时期,而集大成于战国。

在学术下移的前提下,由于王室衰微,诸侯国的独立发展,周王室一统天下的国家藏书也相应转移。即由周王室集藏全国图书于一地而渐变为各诸侯国遍藏图书,并出现了私人藏书的萌芽。因此,春秋时期,图书典藏的形态,便有东周王室藏书与诸侯国藏书及私家藏书三种类型。

二、东周王室藏书

东周王室的藏书,沿袭旧制,在首都洛邑王宫殿内。其典藏之所,名叫"盟府",或称"故府",而诸侯则称之为"周府"。周府的藏书甚为丰富,既保存有较完整的西周王室所藏的旧籍与档案,又庋藏着东周时期特别是与诸侯交往中逐步积累的新书和资料。这新书和旧籍,传承与新聚就构成了东周王室藏书的总和。

其具体收藏情况,目前虽不可考,但从某些侧面却能略知其梗概。一是从孔子整理编订"六经"的过程,透露出东周王室藏书的信息。《史通·六家》记载说:"孔子观书于周室,得虞、夏、商、周四代之典,乃删(留)其善者,定为《尚书》百篇。"说明孔子编定

24

《尚书》是以周王室所藏上古四代之书为依据的。孔子在整理《诗》时,也充分利用了周王室保存的历世采诗官收集的诗歌,"纯取周诗,上采殷,下取鲁,凡三百五篇。"《史记·孔子世家》还记载说:"古者《诗》三千余篇,及至孔子,去其重,取可施于礼义,上采契、后稷,中述殷、周之盛,至幽、厉之缺,始于衽席。故曰:《关雎》之乱以为《风》始,《鹿鸣》为《小雅》始,《文王》为《大雅》始,《清庙》为《颂》始。三百五篇,孔子皆弦歌之。"在编纂《春秋》时,孔子"据鲁亲周",也参考了周王室所藏的大量史志。他曾"使子夏等十四人求周史记,得百二十国宝书。"可见周王室典藏的地方史志非常完备。二是从古籍记载东周王室收集书籍情况来看,也反映出东周王室收藏书籍的来源甚广。如《国语·周语》里有一则记载说:"天子听政,使公卿至于列士献诗,瞽献曲,史献书。"所谓献诗,是指采诗官向民间采集的歌谣献给周王,因为从诗歌中"王者所以观风俗,知得失,自考正也。"所谓献曲,是把搜集的乐曲奉献给周王。所谓献书,是指史官编写的各诸侯国史记。这些书籍,在周王的高度重视下,经过长期收集和积累,无疑使周王室藏书日益丰富,更加充实。

东周盟府藏书,设有专官典守。因藏书室置于殿柱之下,故职官名"柱下史",或称"守藏室史"。李耳就曾担任过东周守藏室史,负责掌管东周王室的国家藏书。《史记·老子韩非列传》卷63说:"老子者(约公元前580—公元前500年),楚苦县厉乡曲仁里(今河南归德境内)人也。姓李氏,名耳,字聃,守藏室之史也。"《史记·张苍传》又说:"老子为柱下史,盖即藏室之柱下,因以为官名。"后人尝因老子为周之柱下史,而代称之为"柱史",进而还以"柱下"一辞作为老子《道德经》的代称。如《后汉书·王充传》卷49说:"贵清静者以席上之腐议,束名实者以柱下为诞辞。"指的就是老子及其《道德经》。

东周王室之藏书,也重视其利用。其应用范围大体有三:一是直接作为治世参考,或"垂训鉴戒"之用,以巩固和维护其政治统治;二是提供官府教育的教材,以培养士子;三是为编撰新书间接提供资料,或传播信息。如孔子问礼于老子,并阅其所掌之藏书,参用其他征藏文献,编定出《易》、《书》、《诗》、《礼》、《乐》、《春秋》六部经典,开创了儒家学派。又如老子本人因曾为守藏室史得阅大量藏书,而后有《五千言》之作,并因此成为道家学派的始祖。这些都突出地表现出当时东周王室藏书的特征及其作用。

三、诸侯国藏书

春秋时期的各诸侯国,伴随着他们所形成的独立王国体制,都相应地建立了各自的藏书机构,设置有史官掌管的所藏典籍。如鲁国设有大史,晋国设有太史,齐国设有太史、南史,楚国设有左史,秦、赵二国设有御史等。他们虽然官称不同,但其司职却是一样的,主要是保管典籍,并记录时事,起草文告,宣达王命,献书规劝,讲解史事;同时,还负责祈祷、享祭、占卜等宗教活动,犹若后世之文职官员。

诸侯国藏书的主要来源,一是列国史官记言记事的积累和整理,以及采风与附庸小国献书的储积。二是吞灭弱国所获取的图书。如楚国称霸南方,争霸中原时,就先后吞并了许多小国,在"荆庄王并国二十六,开地三千里"(《韩非子·有度篇》)时,就获得了不少典籍。三是对东周王室藏书流散的接收,特别是在当时诸侯国日益强盛,周室政权日渐衰微的情况下,东周王室的一些官员及士子便携带王室藏书投奔诸侯国。《左传·昭公二十六年》称:"十一月辛酉,晋师克巩。召伯盈逐王子朝。王子朝及召氏之族、毛氏得、尹氏固、南宫嚣奉周之典籍以奔楚",充实了楚国的藏书。《史记·自序》载:"司马氏世典周史,惠、襄之间,司马氏去周适晋",似乎也携带了不少典籍,从而扩大了晋国之藏。据此,春秋之世,各国都有一定的藏书是无可置疑的。据有关文献记载,其所藏书又以史记为盛,几乎无一国莫不藏有大量史书。如"晋之《乘》,楚之《梼杌》,鲁之《春秋》一也。"

各诸侯国的藏书多寡也极不平衡。就其典藏图书的丰富程度而言,当首推鲁国之藏。史称,公元前504年,晋侯派韩宣子到鲁国,"观书于大史氏,见《易象》与鲁《春秋》。曰:周礼尽在鲁矣。吾乃今知周公之德与周之所以王矣。"[①]后来,班固在撰艺文志时,也曾简括地说:"孔子以鲁周公之国,礼文备物",得以作《春秋》,左丘明亦因之得以作《春秋左氏传》。这说明《春秋》、《左传》两部鲁国史书的基本材料是来源于鲁国有"礼文备物"之藏的。

春秋时期,私人藏书也开始出现。这是伴随着私学的兴起和公室养士制度的发展,而逐渐产生的。相传邓析、孔丘有藏书不少,可谓中国图书馆事业史上最早的私人藏书家。

总之,春秋时期,由于社会的变革,使图书馆事业也发生了相应的变化。既有国家藏书,也有独立的诸侯国藏书和出现了私人藏书;不仅有专官典藏,而且注意提供利用,产生了一批巨大的学术成果,推动了文化学术的发展。

第二节　战国时期的藏书

一、"百家争鸣"与藏书事业

战国(公元前475—公元前221年)二百余年,是社会剧烈变动的时期。自公元前403年韩、赵、魏"三家分晋",到公元前386年"田氏代齐",相继形成齐、楚、燕、赵、韩、魏、秦七雄并立,逐鹿中原的局面,史称"战国七雄"。

战国时期,各国在激烈竞争、相继变法中,使中国进入了封建社会。封建社会的形成,阶级关系出现了尖锐分化和重新组合,形成了"士"的阶层。士是分属于奴隶主、新兴地主、商人、手工业者和农民等不同阶级或阶层的知识分子,在社会大变动大动荡的战国时代,他们都竞相登上政治舞台,各自站在不同的立场,运用不同的世界观和方法论,就政治、经济、军事、法律、道德、历史、文学、哲学诸方面,精心探求,立意阐发,提出新理论,创造新观念,勾勒新世界,开拓了许多新的知识领域,并形成诸多思想学术派别和门户,从而出现了诸子百家争鸣的新局面。对于诸子百家,司马迁曾将其见解独到,足成一家者,概括为"六家"。他说:"《易大传》:'天下一致而百虑,同归而殊途。'夫阴阳、儒、墨、名、法、道德,比务为治者也,直所从言之异路,有省不省耳。"②而刘向刘歆父子编纂《七略》则将诸子学派分为"九流"。班固《汉书艺文志》又据《七略》而"删其要",把儒家经典列入《六艺略》中,另外在《诸子略》中把先秦至汉初各学派分为儒、道、阴阳、法、名、墨、纵横、农、杂、小说等十家,又著录各家著作,"凡诸子百八十九家,四千三百二十四篇。"还特别指出:"诸子十家,其可观者九家而已。"即所谓的"九流"。实际上还有兵家、医家和文学家等,即使在同一家中,也有许多不同的派别和门户,故统称之为诸子百家。诸子百家开始影响最大的是儒、墨二家。时称"显学",之后两家发生变化,"儒分为八,墨离为三"。同时,道、法、名、兵、阴阳、纵横及农家、杂家也纷纷发展起来,构成学派林立、群星灿烂的形势。

在当时社会各方面都处于破旧立新的情况下,"国无尚道,官无常法",一切都需要探索、试验和鉴别。因此,诸子不尚一尊,而是百家争鸣。一方面许多诸子聚徒讲学,培养士子,开展学术论争,成一家之言。正如荀子评论宋钘所说那样:"聚人徒,立师学,成文曲(章)","率其群徒,辩其谈说,明其譬称"③。特别是他们往往率同弟子周游列国,宣传自己的学说和主张,成为百家争鸣的一条重要途径。如墨子居无定所,率徒"栉沐风雨"来去匆匆,故史有"墨突不黔"之说。又如孟子一生率徒奔走劳碌,娓娓然游说诸侯,愤愤然指斥国君。虽然他的学说,被国君们看作"迂远而阔于事情",但在当时思想学术界有很大影响。另一方面,各诸侯国为扩大势力范围,企图一统天下,而盛行养士之风,使士子得以驰骋思想,著书立说,辩论争鸣。这方面大体有两种情况:一是不少王侯"贵士"、"养士";一是一些卿相、大夫也"好士"、"养士"。前者如战国初期魏文侯立意图强,广招名士,以卜子夏、段干木、田子方、李悝、吴起、魏成、瞿璜、禽滑厘等为师友或为卿相,博采众家之说,择其所长而用,致使四方贤能之士奔走相趋,各驰其说。又如战国中、后期,齐威王、齐宣王都贵文学游学之士。先后曾在都城临淄的稷门创建学宫,不拘一说,广揽学者文士"数百千人",勉其著书立说,讲学辩论,使稷下学宫成为盛极一时的学术理论中心。齐宣王还对学宫的著名学者皆赐列上大夫,"为开第康庄之衢,高门大屋尊崇之"(《史记·孟荀列传》)。齐威王还广开言路,公开号召士人:"能面刺寡人之过者,受上赏;上书谏寡人者,受中赏;能谤议于市朝,闻寡人之耳者,受下赏"(《战国策·齐策》)。有益于学术自由,活跃思想,纵智论争。后者,卿相、大夫之好士、养士,有如齐国的孟尝君、楚国的春申君、赵国的平原君、魏国的信陵君等,均曾养士达数千人之多,其中虽有鸡鸣狗盗之徒,但也有许多学者策士。直至战国末期的秦相吕不韦,还设馆招致宾客,凡三千人,并集合宾客,"使著其所闻,为十二纪、八览、六论,合十余万言,备天地万物古今之事,名为《吕氏春秋》"(汉高诱撰《吕氏春秋·序》)。此书一经问世,就被视为杂家的代表作,"兼儒、墨,合名、法,知国体之有此,见王治之无不贯,此其所长也"(《汉书艺文志·杂家篇》)。这些说明养士而使士得以著书立说,成一家之言,从而以达到为养士者服务的目的。所以,颜师古注释:"治国之体,亦当有此杂家之说。""王者之治,于百家之道无不贯综。"正揭示了养为所用,用为所治的旨意。

"百家争鸣"以当时社会的变革为依归,与藏书事业相联系,而具有明显的特征。韩非曾归纳说：战国之世，"藏书策，习谈论，聚徒役，服文学而议说，世主必从而礼之，曰：'敬贤士，先王之道也'"（《韩非子·显学篇》第19卷）。战国时期，"官学"散在民间，文化下移私人，藏书、读书、著书三位一体，成为社会的一种风气。而藏书为用，用必有藏，则较为突出。从诸子百家争鸣的对象和范围来说，诸子招收门徒，讲学论道，或对弟子解题答疑，必须博古通今，这就需要收藏典籍，以资研究。同时，弟子从师所学，也需要有收藏之典籍，进行阅读；诸子著书立说，研究学问，精心探求，提出精辟见解，批驳对方，展开争论，同样也必须收藏典籍作为参考。诸子立论游说人君，回答现实问题，言之成理，持之有故，更必须收藏古今典籍予以稽考。再从诸子百家争鸣的原则和方法来看，他们互为诘难，相互吸收，取长补短，追求新知，也离不开藏书，不仅要掌握有古代典籍文献，而且要收集有各种有用的现实图书资料。所谓辩论的原则和方法，据刘向《别录》记载，阴阳家邹衍曾总结说："辩者，别殊类使不相害，序异端使不相乱，抒意通指，明其所谓，使人与知焉，不务相迷也。故胜者不失其所守，不胜者得其所求。若是，故辩可为也。及至烦文以相假，饰辞以相惇，巧譬以相移，引人声使不得及其意。如此，害大道。夫缴纷争而竞后息，不能无害君子"（《史记·平原君虞卿列传》裴骃集解）。在辩论中，辩者"别殊类"，"序异端"或引声、巧喻，正说明辩者掌握有许多材料；"胜者不失其所守，不胜者得其所求"，也恰好说明胜者坚持并发展其长处，是由于善于运用藏书，"使人与知"的结果；不胜者学到新的东西，表明新获得了原来没有的藏书。这样，藏书成为"士"研究所必须的物质基础而发展起来。韩非曾对当时私家藏书作过这样的描述："今境内之民皆言治，藏商、管之法家有之（法：《汉书艺文志》著录商鞅撰有《商君书》29篇。管仲著《管子》86篇）……境内皆言兵，藏孙、吴之书家有之"（《汉书艺文志》著录孙武撰《吴孙兵法》82篇，图9卷；孙膑有《齐孙子》89篇，图4

卷。吴起著有《吴起兵法》48 篇)。他还指出:"今学者皆道书策之颂语,不察世之实事,曰:'上不爱民,赋敛常重,则用不足,而下恐上,故天下大乱'"(《韩非子·六反篇》第 18 卷)。据此,可见当时私家藏书是较普遍的。

与此同时,各诸侯国的官府藏书也有所发展。不仅藏书数量增加,而且藏书质量显著提高。它不只是三代所藏的那种文书档案,而是大量"著于竹帛之书"的真正图书。

二、诸侯国的藏书

战国时期,各诸侯国独立发展,都有一定的藏书,其中当以魏国为多。据史籍记载,西晋太康二年(公元 281 年),汲郡人不准盗发战国时的魏襄王墓,一次即获得竹简古书数十车。经过当时学者束皙、和峤、卫衡、荀勖、挚虞等的整理,写定为三十四种,七十五篇,共十余万字的古籍。这批随葬古籍,内容比较广泛,几乎经、史、子、集四部都有,其中尤以《竹书纪年》十三篇最为重要。这是一部编年体的古代通史,上起夏代,下讫魏安厘王二十年(前 257 年)的重要史事,具有校史、补史和笺史的学术价值。这批古籍编撰的时代各个不同,除少数为战国时的著作外,大多为西周和春秋时代的作品。前后数百年之作埋藏一处,显然是收聚积储之书。这积储当然不是魏襄王的私人藏书,而是当时魏国的官府藏书。因为他是一国之君王,享有国家的一切特权,所以将这些简策心爱之物,随棺入葬是很自然的事了。这批古籍也自然并非魏国藏书之全部,但透过这一事实可窥豹一斑,足见魏国藏书之大略。

必须指出的是,战国时期,各国在收藏书籍的同时,也常常因"兼并潜窃","恶礼乐之害已",而焚弃书籍。特别是对三代诗、书、札、乐之类的书籍往往加以去除。孟子在回答卫人北宫锜的问题时,就曾说:"诸侯恶其害已也,而皆去其籍。"《商君书·去强篇》还强调说:"国有礼有乐,有诗有书,……上无使战,必削至亡。""国用诗、书、礼、乐","敌至必削"。所以,《韩非子·和氏篇》则说:"商君(商鞅)教秦孝公连什伍,设告坐之过,燔诗、书,而明法令。"这充分暴露出封建地主阶级的反动、落后,并给后世禁毁书籍以恶劣的影响。

三、私人藏书兴起

战国时期,因"贵言传书",私人著述成风,私家藏书亦应运而生,广泛兴盛起来。既有学士、策士之藏,又有卿相、大夫聚书。其著名者有墨子、惠施、苏秦、孔鲋等人。

墨翟(约前486年—前376年),战国时思想家,墨家学派的创始人,私人藏书家。他原居宋国,曾任大夫,后迁居鲁国,做过木工,自称"贱人"。他藏书甚多,游历各国时,也往往载书随行。《墨子·贵义》说:"子墨子南游使卫,关中,载书甚多。"他南游于楚国,还献书于楚惠王,"王受而读之,曰:良书也。"

惠施(约前370年—前318年),战国时的名家代表人物。宋国人,曾任魏惠王相。他是著名的思想家,也是著名藏书家。《庄子·天下篇》载称:"惠施多方,其书五车"。

苏秦(?—前284年),字季子,雒阳人。战国时的纵横家、藏书家。史称,苏秦开初游说失败,回家后,"乃发书,陈箧数十,得太公《阴符》之谋,伏而诵之,简练以为揣摩。"④间接地反映出苏秦家中藏书较多。

孔鲍,字子鱼,又字甲,孔子的八世孙,战国末期及秦朝著名的经学家、藏书家。他收藏的书籍,主要是儒家经典。秦朝实行挟书律时,孔鲋、孔腾父子即将其保存的儒家经典隐藏于旧宅墙壁中。《资治通鉴·始皇三十四年(前213年)》载:"魏人陈余谓孔鲋曰:'秦将灭先王之籍,而子为书籍之主,其危哉!'孔鲋曰:'吾为无用之学,知吾者惟友,秦非吾友,吾何危哉?吾将藏之,以待其求,求至,无患矣!'"既经隐藏,则鲜为人知,直到汉武帝末年才被发现。

《汉书·艺文志》卷30"书家篇"说："武帝末,鲁共王(即鲁恭王刘余)坏孔子宅,欲以广其宫,而得《古文尚书》、《论语》、《孝经》凡数十篇,皆古文字也。共王往入其宅,闻鼓琴瑟钟磬之音,于是惧,乃止不坏。孔安国者,孔子后也,悉得其书,以考二十九篇,得多十六篇。"颜诗古注："壁中书多,以考见得行事二十九篇之外,更得十六篇。"这批藏书因是古文字,与通行的今文不同,故被定名为古文经,对后世影响较大。值得一提的是,战国时的私人藏书,埋藏于地下的已曾有过多次出土。考古发掘证明,出土的书籍多为墓葬之物,可能是作为书籍的主人的殉葬品随棺入葬而埋藏于地下的。所以,这些棺内的死者也就可能是那时的私人藏书者。

注释:

①《左传·昭公二年》
②唐司马贞《史记索隐》
③《荀子·正论》卷12
④《史记·苏秦列传》,裴骃《史记集解》

第三章　秦汉时期的图书馆事业

第一节　秦朝的藏书与焚书

一、强化的中央集权制度和文化专制政策

公元前 221 年,秦统一中国后,建立起强化的中央集权制度。秦王嬴政附会三皇五帝之说,首创"皇帝"尊号,自称始皇帝,并规定自称为"朕",表示皇位至尊,皇权无上。为巩固统一,加强中央集权,废除分封制,设立郡县制,中央及郡县所设各种职官,都对皇帝负责,由皇帝任免和调动。秦始皇雄心勃勃,锐意改革,想建立起子孙相传永世不替的万代基业。除了政治上大加革兴,在经济上、文化上也采取了许多大胆的措施。他不仅充分肯定土地私有制度,"令黔首,自实田",而且化异为同,实行"车同轨,书同文,行同伦"的著名国策,造就了统一国家的宏规巨制,对中国历史的发展产生了巨大的影响,其基本的政治、经济制度在中国延续了两千年。

在文化上,秦始皇以阴阳家的"五德始终说"为理论根据,实行严厉的文化专制政策。他从创立和巩固永久统治的基业出发,除改革文字的"书同文"及同化中原习俗的"行同伦"外,一方面集中全国书籍予以庋藏利用,其规模可谓冠绝往世;另一方面却厉行焚书坑儒、颁布挟书律,废除私学,"以吏为师"的政策,可以说开

了封建国家文化专制的先河,对先秦诸子文化的继承发展有着极大的破坏作用,对于古代图书馆事业也造成了巨大损失,成为一大厄运,故历史上目之为"暴秦"。

二、秦朝的藏书系统

秦统一六国后,以兼并诸侯国时所获得各国的大量藏书和自身长期积累的书籍为基础,建立了秦朝中央的藏书系统。

(一)国家藏书

秦朝的国家藏书在殿中御史府。御史府置"御史大夫,以贰于相",主要司纠察之任,并在"殿中掌图籍秘书",为掌管国家藏书的最高长官,御史大夫之下有中丞、御史二层属官。中丞协佐御史大夫,御史(或称侍御史)则具体典掌国家图书。据文献记载,冯劫曾为御史大夫,赵高曾为中丞,张苍曾任御史。即是说,张苍是直接管理秦朝国家藏书的官员,犹如国家图书馆长。所以,元人马端临考证其源流说:"侍御史于周为柱下史,老聃尝为之。及秦时,张苍为御史,主柱下方书,亦其任也。"又说:"苍为柱下御史,明习天下图书计籍。"①张苍是武阳人,历算家,曾跨秦汉两代。秦时为御史,主管国家藏书。入汉,以列侯居汉朝中央丞相府,也主管郡国上计的图书。汉文帝时,升迁为御史大夫,尤以掌管中秘见长。由于他长期管理图书,"无所不观,无所不通,而尤邃律历"②,著《律历》一书,成为西汉初期的治世名著之一。

(二)丞相府藏书

秦丞相府是辅助皇帝,掌管和处理全国政务的中央机构。其长官是丞相,为百官之首。由于处理政务的需要和便于日后稽考,所以聚藏了大量的图书文献。这可从汉灭秦,"萧何独先入收秦丞相(府)、御史(府)律令、图书"和"尽收秦丞相府图籍文书"的记载得到证明:秦丞相府确实典藏了不少图书秘籍。

(三)明堂藏书

秦明堂是秦始皇、秦二世宣明政教的地方。其职官为博士，"掌通古今，秩比六百石，员多至数十人"。③秦始皇时，有博士官七十余人，如淳于越等；秦二世时，也有博士官三十多人，如叔孙通等。他们博学多才，所掌为古今史事以备帝王"待问"，因此离不开大量的典籍阅读参考。所以，秦朝明堂博士官处聚藏着大量的图书。

此外，在秦王朝宫中，还有"石室"、"金柜"两个具体的皇室藏书处所。从广义来说，它们也是秦朝国家藏书的一部分，故唐代司马贞曾解释说："石室、金柜皆国家藏书之所。"

三、厉行挟书禁令，焚书坑儒

秦始皇厉行挟书禁令，焚书坑儒，是我国古代学术文化史上的一个重大事件，也是我国古代图书和图书馆史上的一次历史曲折，对当时及后世带来了极坏的影响，成为两千年来人们笔舌之战，进行辩论和研究的重要问题。

秦始皇三十四年（公元前213年），秦始皇寿诞之日在咸阳宫大宴群臣，文武大臣和博士官七十余人都前去祝寿，议论朝政。对"师今还是师古"这个重大问题，发生了激烈的争论。博士淳于越主张师承古法，分封诸侯，回复到商周时代。丞相李斯当即反对这种倒退的主张，他说："五帝不相复，三代不相袭"，政治措施各不相同，皆是因时代发展变化而相异的。他认为"今陛下创大业，建万世之功"，是必须充分肯定的。他痛斥一些愚儒"不师今而学古"，"语皆道古以害今"，"率群下以造谤"的谬论，危害当今中央集权统治，必须否定，彻底禁绝。于是，李斯便向秦始皇提出了禁毁《诗》、《书》、百家语的法律建议："臣请史官非《秦纪》，皆烧之。非博士官所职，天下敢有藏《诗》、《书》、百家语者，悉诣守、尉杂烧之。有敢偶语《诗》、《书》者，弃市。以古非今者，族。吏见知不举者，与同罪。令下三十日不烧，黥为城旦。所不去者，医药、卜筮、

36

种树之书。若欲有学法令,以吏为师。"秦始皇采纳了李斯的建议,"制曰:可。"④自此,即形成了正式的"挟书令",焚烧诗书、禁绝私学,在全国实行起来。

由于挟书禁令的实行,当时民间藏书成为罪恶,学习古代文化遗产难逃酷刑,人人处于恐怖状态之中。或上缴、自行焚毁,使大量的经籍化为灰烬,或转移隐藏墙壁、山洞,带来了无数典籍的散佚。

焚书与坑儒相联系,秦始皇以严峻的法律对儒生进行残酷镇压。秦始皇三十五年(公元前 212 年),术士侯生,卢生等诽谤秦始皇、攻击朝政。于是秦始皇乃"使御史悉案问诸生,诸生传相告引,乃自除。犯禁者四百六十余人,皆坑之咸阳,使天下知之,以惩后,益发谪徙边。"⑤这就是历史上最早的坑儒事件。总之,秦始皇以严峻法律,实行极端专制主义,焚书坑儒,后果是非常严重的。既扼杀了百家争鸣,压抑了学术文化的发展,也直接焚毁了先秦传存下来的大量文化典籍,造成了文化上的巨大损失,反映了封建地主阶级的反动性和落后性。

第二节　西汉国家藏书体系的建立

一、西汉的文化政策

西汉是人民大起义推翻秦王朝所建立的一代封建王朝。西汉初期,统治者鉴于秦朝灭亡的教训,采取了安定社会和与民休息的政策。令萧何定律令,韩信定军法,张苍定历法及度量衡程式,叔孙通定礼仪,以完善统治制度,促进社会的安定。同时鼓励生产,减轻赋税,提倡节俭,广罗士子任官,既充实了统治力量,又可消弥士子的怨望,使人心安定。在思想领域采取"治道贵清静而民自定"的方针,崇尚无为,贵重清静,主张黄老之道与刑名之学,作为思想统治的工具,与政治、经济相表里,与文化、学术相连贯。但随着国家力量逐渐强大之后,统治者加强统治权力的需要,儒家学说则取代黄老之学而成为封建统治需要的学说。

西汉的文化政策,大约可分为三个阶段。初期为文化的恢复阶段,自刘邦令陆贾撰《新语》、叔孙通制礼仪和刘邦本人"过鲁以大牢祀孔子"开始,到惠、文二帝时,采取了一系列措施,其中主要有二项。一是汉惠帝四年(元前 191 年),废除秦朝施行的"挟书律",使被秦禁毁的书籍得以解放。于是,"天下众书往往颇出,皆诸子传说。"与此同时,从事于儒学研究、著述和传播的广大"儒者,始以其业行于民间"。二是汉文帝时,以太常掌故晁错从秦博士伏生受《尚书》。晁错在伏生家学完《尚书》返回后,还"因上书称说,诏以为太子舍人、门大夫,迁博士"。⑥这一举动表明当时统治者对传统文化真正重视和提倡的态度,也进一步解除了人们著书、读书和藏书的顾虑,为传承发展传统文化初步打开了局面。经过一番振兴救弊的恢复,传统学术出现了发展的状况,"使《书》分为二,《诗》分为三,《论语》有齐、鲁之殊,《春秋》有数家之传。其余互有蹉驳,不可胜言。"⑦学术空气显然已经活跃起来。

西汉中期,在汉武帝统治期间,政治、经济、文化达到了最昌盛的阶段,为整个汉代的文化繁荣奠定了基础。汉武帝在文化上的基本方针是"罢黜百家,独尊儒术。"这一方针,初出于丞相卫绾之奏请:"所举贤良,或治申、商、韩非、苏秦、张仪之言,乱国政,请皆罢。"⑧后定于儒家学者董仲舒提出:"春秋大一统者,天地之常经,古今之通谊也。今师异道,人异论,百家殊方,指意不同,是以上亡以持一统,法制数变,下不知所守。"于是建议:"诸不在六艺之科,孔子之术者,皆绝其道,勿使并进。"⑨汉武帝采纳了董仲舒的建议,遂决定实行罢黜百家,独尊儒术的方针。因为董仲舒的主要思想是从儒家经典引申发挥来的,但他是一种王霸兼采,德刑并用,

38

标榜天人感应,附会阴阳五行的一种新儒学。他把这套新儒学的思想应用于现实的社会政治和思想文化,强调大一统和以灾异说形势,既以神权卫护皇权,复以灾异警策统治者,是一套非常适合统治者需要的思想体系。直到东汉末,这种思想一直为统治者所尊信。

为尊崇儒学,汉武帝曾采取了两项重要文化政策,一是立太学,初设《诗》、《书》、《礼》、《易》、《春秋》五经博士五人。以后历世帝王相沿不改,并不断发展,增加博士人数。宣帝时增至十二人,王莽时增《乐经》博士,每经五人共三十人。所设博士在于教授学生。开初受学的太学生仅五十人,至成帝末增至三千人,东汉时多至三万人。除京师外,各地设立郡国学,主要课程也是依照皇帝旨意讲授儒经。于是天下学者都以经学为主导而不敢逾越其范围。二是鼓励和提倡著书立说,发展学术文化,在史学、文学、艺术和哲学各个领域都取得了辉煌的成就。与此同时,并致力于藏书建设,使之成为一代文化典籍的宝库。

西汉末期,社会矛盾日益尖锐,朝廷无力缓解,显示出末运的危亡景象。国戚王莽则于公元八年,篡汉而立“新”朝,社会阶级矛盾更加激化,全国到处发生农民起义。公元二十五年,起义军领袖之一汉宗室刘秀称帝,定都洛阳,西汉至此灭亡,其时史称东汉。在这种局面下,文化处于萎缩、萧条的境况。其政策主要表现两个特征:一是自汉成帝至汉哀帝期间,政府下令以刘向、刘歆等人整理国家藏书,取得了巨大成绩;二是在学术上发生了今古文经之争,对政治、经济、文化各方面产生了很大影响。西汉末期,刘歆在整理官府藏书过程中,陆续发现以战国时盛行的篆体(古文)书写的《左氏春秋传》、《毛诗》、《逸礼》、《古文尚书》等古文经书,不仅与当时流行的今文(隶书)经书在文字上不同,而且在某些内容和研究方法上也相异。古文经出世,治学者要求立为官学,设置博士,遭到今文经学家的反对。王莽时,托古改制,承认古文经学的地位,始立古文经博士。王莽新朝垮台,古文经学被废,仅成为私学。古今文经的纷争起落,对于汉代文化发展都有着直接的影响,并成为西汉国家藏书的深刻时代背景。

二、西汉的国家藏书体系

伴随着汉代中国大一统封建王朝的建立和发展,西汉国家藏书体系便逐步形成和发展起来。"汉兴,改秦之败,大收篇籍,广开献书之路。"在长安城未央宫内,创建了石渠阁、天禄阁和麒麟阁三座藏书阁,初步奠定了国家藏书的基础。至汉武帝时期,因"书缺策脱,礼坏乐崩,圣上喟然而称曰:朕甚闵焉!于是建藏书之策,置写书之官,下及诸子传说,皆充秘府"。⑩至此,"外则有太常、太史、博士之藏,内则有延阁、广内、秘室之府",正式形成了西汉一代的国家藏书体系。及至汉成帝时,又有发展,使谒者陈农求遗书于天下,以充实其禁中与外府之藏书。据《汉书艺文志》称引《七略》著录的图书,除大量的复本外,仅单本书籍就有 13269 卷(但《隋书经籍志》却说《七略》著录图书大凡三万三千九十卷)。据此可知,西汉国家藏书相当丰富。

西汉国家藏书的处所,主要为内禁的石渠、天禄和麒麟三阁,三阁中又以石渠、天禄二阁为最。

石渠阁:在长安城内未央宫殿北,为汉初萧何创建。阁之周围用石头筑成河渠,渠中引水环护,以防火防盗。故名石渠阁。该阁收藏的图书主要有三个来源:一是汉初入关时所收缴秦王朝遗留下来的图籍;二是汉武帝时置写书官抄写的书籍;三是汉成帝时征集的图书文献。由于来源广泛和连续不断的长期积贮,使之聚藏之书甚为丰富,成为西汉国家的重要藏书处之一。同时,也是学者研讨学问,著书立说的活动场所。如汉宣帝甘露三年(公元前 51年),易经博士施仇与五经博士韦玄成、梁丘贺、孟喜、张禹等就在石渠阁讲论经传时事,查阅藏书,考镜源流,阐发己见,成为西汉学

40

术史上一次著名的活动,从而促进了以藏为用的发展。

值得一提的是萧何可谓中国封建社会倡导国家藏书的先驱。他不仅十分重视图书的收集庋藏,而且还颇具匠心地创建了砻石为渠以导水的藏书馆舍。由于建造科学,一直为后世所继承模仿。清代学者全祖望曾考证说:"古人藏书之地,必穿池沼,盖亦以五行之运为制火也。"如明代范钦的天一阁藏书楼,阁前特建石池与沟渠环绕,以防火灾。及至清政府创建国家图书馆文渊阁时,还以天一阁为模式,砻石为渠以导水,相因修筑文渊阁。可见其影响之深远。

天禄阁:也在未央宫殿北,也是西汉中秘藏书的重要处所之一。该阁专门收藏各地方所献图书,特别是自汉初大开献书之路至汉成帝时命陈农到各地征集天下遗书间,所获得的大量珍秘书籍都庋藏在此阁中。刘向、刘歆父子整理中秘藏书,编辑成中国最早的一部藏书目录《七略》就是在天禄阁进行的。至于其他学者如扬雄等人也曾"校书天禄阁上"。故唐代张九龄撰的《唐六典》卷十里说:"天禄阁亦尚(藏书),刘向、扬雄典校皆在禁中,谓之中书,犹今言内库书也"。

禁中藏书,除三阁外,还有兰台。兰台属于御史系统,设于殿中,庋藏不少图书秘籍。故《汉书·百官公卿表》卷十九上说:"御史大夫,……位上卿,银印青绶,掌副丞相。有两丞,秩千石。一曰中丞,在殿中兰台,掌图籍秘书"。

西汉国家藏书,不仅有禁中的诸多藏书处所,而且尚有外府的太常、太史、博士等处藏书。太常,为汉代中央政府九寺六卿之一,是汉景帝中元六年(公元前144年)由奉常的更名。主要掌典三礼。因此,聚藏了许多书籍。太史,为太常属官六令丞(太乐、太祝、太宰、太史、太卜、太医)之一。主要掌管国家藏书。汉武帝时,更名为太史公,命司马谈为之,以掌其职。"时天下计书,皆先上太史,副上丞相,遗文古事,靡不毕臻",可见其掌管的图书甚多。而司马谈亦因利乘便，著书立说，"据左氏《国语》、《世本》、《战国策》、楚汉春秋，接其后事，成一家之言。"⑫司马谈死后，其子司马迁继承父业，担任了太史令一职，仍然掌管国家藏书，并嗣成父志，"史记石室、金柜之书"，遍览中秘所藏，"悉论先人新次旧闻"，编撰了《史记》这部鸿篇巨制。至于博士处藏书，因其掌通古今，教授生员之需要，也典藏有一定的图书。但博士的设置并非汉代立国就开始的职官，而是在汉武帝建元五年（元前 136 年），才初置五经博士。至宣帝黄龙元年（元前 49 年），博士人数由原来五人稍增为十二人。直到王莽新朝博士人数更有增加。这种职官在西汉一代，前后相续近一百五十年，始终都典掌了一部分国家藏书。因此，在史籍上，屡有西汉太常、太史、博士藏书的明确记载。

第三节　西汉国家藏书的整理与分类

西汉时期，政府曾先后对国家藏书进行了三次整理。

第一次是汉初，高祖刘邦令萧何、韩信、张苍、叔孙通等主持整理国家藏书，序次了律令、军法、章程、礼仪，"删取要用"，并有"定著"。故《史记·自序》称："萧何次律令，韩信申军法，张苍为章程，叔孙通定礼仪。"

第二次是汉武帝元朔五年（公元前 124 年）之后，由于对外用兵的需要，专门对国家所藏兵书进行系统整理，并撰制了《兵录》。故《汉书艺文志·兵家篇序》说："武帝时，军政杨仆捃摭遗逸，纪奏《兵录》。"

如果说上述两次整理尚有局限性的话，那末第三次则是史无前例的大规模的全在面整理，并编撰了我国第一部系统的国家藏书综合分类目录——《别录》和《七略》。这是在整理的基础上所产生的巨大成就，在中国学术文化史上展现了炫丽的光彩，在中国图书馆事业上更具有划时代的意义。

一、整理与编目的缘起

西汉政府一经建立,即开始大量收藏典籍,武帝时期达到了高潮,直到西汉末年,经过三百年来的收葺积聚,中央所藏已"积如丘山",蔚然可观。有的藏在政府有关部门,有的储于宫禁诸多秘室之府。这样的分散收藏和众多各异本子的积累,既无是正的定本,又无统一的目录,显然不适应学术、文化、教育的需求,也不能充分表现一代文化典籍的盛况,怎能为维护和发展汉王朝封建大一统服务? 于是,汉成帝在河平三年(前 26 年)决定对国家藏书进行全面整理,同时又派谒者陈农更广泛地"求遗书于天下。"

为搞好这项意义重大且艰巨复杂的工作,成帝乃亲自诏令刘向统领和著名的专家负责,并挑选一些学识渊博的学者,组成了一个强有力的机构,独立开展工作。《汉书·艺文志》曾记述其组织机构和工作程序说:汉成帝诏"光禄大夫刘向校经传、诸子、诗赋,步兵校尉任宏校兵书,太史令尹咸校数术,侍医李柱国校方技。每一书已,向辄条其篇目,撮其旨意,录而奏之。"即是说,这个组织机构是按图书内容、性质分成六类,以类编为六组的。刘向负责三个组,其余三组由任宏、尹咸、李柱国各负责一组,而刘向又最后总其成,"录而上奏",向皇帝负责。在各组里,还有一批学者具体进行整理工作,可考的有刘歆、杜参、班斿、王龚、臣望(失其姓)等人。汉哀帝建平元年(前 6 年),刘向病逝。哀帝又命刘向之子刘歆嗣其父业,统领其事,圆满完成了这项任务。诚如《汉书·艺文志》所说:"会向卒,哀帝复使向子侍中奉车都尉歆卒父业。歆于是总群书而奏其《七略》。"

二、整理的程序及方法

刘向、刘歆等人整理图书的程序是井然有序的,方法也是缜密有效的。概括地说,首先,汇集众本。整理图书,要有丰富的书本作基础。如前所述,从汉建立的公元前206年到公元前26年,已积累有近200年的各种图书,这些书本都散存于宫廷和政府藏室,这就为整理图书提供了物质前提。据马端临考证说:"皆古文旧书,多者二十余通,藏于秘府,伏而未发。孝成皇帝闵学残文缺,稍离其真,乃陈发秘藏,校理旧文"[13]。马端临又引宋人程大昌《演繁露》说:"汉世藏书,旧知有禁中、外台之别。今读刘向叙载,所定列子之书而知中秘之外,又有太常、太史与中秘而三也。向言所校三藏本篇章,大率中书多,外书少,知汉留意中秘,故比他本特备也。史迁绌金匮、石室以成史记,岂尝许其稽阅中秘邪?或太史所藏于汉家事实,则金匮、石室以加严邪!"[14]由此可知,西汉整理书籍是以集藏众本,以便"陈发""校理"的。为提高整理的质量,弥补官藏之不足,还广泛征集私人藏书,以解决集中众本之阙失。

其次,校雠定本,排定篇章。在汇集各种本子后,接着进行比勘选择,从中挑选出一个较好的本子作为底本,与其他本子对勘校雠。如《古文孝经》一卷,"刘向典校经籍,以颜本(秦汉间颜芝所藏本)比古文,除其繁惑,以十八章为定"[15]。对于这种学术性强的细微工作,刘向称之为"校雠"。他曾形象地描写说:"校雠:一人读书,校其上下,得缪误为校;一人持本,一人读书,若怨家相对,故曰仇也"[16]。通过这样严肃、认真、细致的工作,于是便产生出了一种又一种准确的具有较高学术价值的定本。底本既经校雠成为定本,需将全书的每篇作统一安排,次第先后,结构为一个完整的合乎逻辑的书本,这就是当时的排定篇章。如将《礼经》结构为17篇,编定为《士冠礼》第一,《少牢下编》第17;又如《礼祀》结构为23篇,排定《乐本》第一,《窦公》第23。同时,对一书异名者也要统一书名。如定本的《战国策》一书,曾有《国策》、《国事》、《短长》、《事语》、《长书》、《修书》等多种称名,刘向认为"战国时游士辅所用之国,为之策谋,宜为战国策"[17]。于是遂将此书定名为《战国策》,并自此成为永久的书名。

再次,缮写清本,编撰叙录。所谓缮写清本,就是把校雠编定的本子用竹简缮写成清本。即如刘向的《叙录》所说:"皆已定,以杀青书可缮写。"写就以后,用素丝、青丝、缥丝之类的绳索编连成策,以便长期保存和永久阅读。刘向这次整理缮写的清本除主要用竹简外,也还杂用了一些缣帛。这些用简策或缣帛写就的清本,就是当时人称的"新本"。

与此同时,"每一书已,向辄条其篇目,撮其指意",这就是刘向编撰的叙录。这种叙录,类似后世的图书解题。其基本内容包括三个部分:(一)新本的篇目,(二)校定情况,(三)撮述全书大意,学术源流及其价值等。对于各书的叙录,刘向最后"别其众录",汇编成《别录》一书。这就是当时国家图书馆藏书的"书目提要",或称"图书目录提要书"。刘向逐本编写的叙录和由叙录而辑编为《别录》,其主观的直接目的是上奏皇帝,供皇帝批准和参考。但客观上的作用却是评介图书和指导读者的重要工具,并成为后世图书解题、提要、评述或出版说明等的滥觞,在中国影响了两千多年。

三、编制的综合图书分类目录

汉哀帝建平元年至二年(前 6—5 年),刘歆等在整理藏书的基础上,编制了西汉国家图书馆藏书的综合图书目录及图书分类法——《七略》一书。即如《隋书·经籍志》"簿录篇"所说:"《七略别录》二十卷,刘向撰;《七略》七卷,刘歆撰。""刘向《别录》,刘歆《七略》,剖析条流,各有其部。"应该说,《别录》和《七略》都是著录的同一书藏,其思想体系和使用价值,基本上是相同的。但由于《七略》囊括《别录》而编有"辑略",故比之单有《别录》更具有系统性和较强的适用性。

《七略》是我国第一部国家图书分类目录,也是世界上最早的图书分类目录之一。可惜《七略》的原本,大约在唐代就散佚了。今有洪颐煊、严可均、马国翰、顾观光、姚振宗五家辑佚本,但却反映不出原书的全貌。惟东汉时,班固将《七略》"删其要",编成的《汉书艺文志》则可反映《七略》的概貌。《七略》的大类叫"略",小类叫"种",种下有家,家下列书名篇或卷数目,篇卷之下还有简单的注释。《七略》中,另有"辑略"一卷,是全书的叙录,说明每个大类和小类的内容、源流和意义。班固称:"《七略》剖析艺文,总百家之绪。"这样,就构成了《七略》的完整体系。

《七略》,首列辑略,次列六艺略、诸子略、诗赋略、兵书略、数术略、方技略等六略。总共著录图书38种,596家,13269卷(实为677家,12994卷)。这一著录,综合体现了西汉一代的图书成就,系统地反映了西汉末年以前官府度藏的各种重要文化典籍。《七略》是在整理的基础上编撰的,不仅在整理并撰写叙录上作出了学术性的重要贡献,而且使广博藏书"新义分方,九流区别,典籍益彰"(荀况《汉纪》论《七略》),形成分类体系,奠定了封建社会图书分类的思想理论基础,对以后近两千年封建社会的图书分类和编目工作产生了深远影响。东汉班固又把《七略》节编为《汉书艺文志》,进而开辟了后世封建王朝编著正史艺文志的先河。总之,《七略》这部完整的巨著,其价值和影响是很大的。诚如范文澜先生在《中国通史》第二编第九节里评价那样:"《七略》是一部完整的巨著。它不只是目录学、校勘学的开端,更重要的还在于它是一部极可珍贵的古代文化史。"

第四节　东汉时期的国家藏书事业

一、历世政府重视聚书

东汉政府建都洛阳时,仅有经籍秘书二千余辆之装载,为改变当时"礼乐分崩,典文残落"的局面,自光武帝刘秀开始,即重视收聚图书。史称:"光武中兴,爱好经术,未及下车,而先访儒雅,采求阙文,补缀漏逸。先是四方学士多怀协图书,遁逃林薮。自是莫不抱负坟策,云会京师,范升、陈元、郑兴、杜林、卫宏、刘昆、桓荣之徒,继踵而集。"⑱使国家藏书日益增多。

汉光武帝死后,汉明帝继位,也重视图书的收藏。永平年间,贾逵献《左氏传》《国语》的解诂 51 篇,明帝视之为宝,命人写藏于秘馆。章帝时,更下令"网罗遗逸,博存众家"书籍。章帝以后,虽然国势日危,宦官与外戚交相祸乱朝政,至献帝时,皇帝已成傀儡,天下割据,互相征战不已。但是,历世政府仍未放弃聚书传统。史称"和帝亦数幸东观,览阅书林",继续征书;"安帝览政,薄于艺文",也曾以马融为校书郎中与刘珍、刘陶验等收集图籍,典校东观秘书。即使以荒淫无道著称的桓、灵二帝也未尝不注意图书的聚藏,始有秘书监的设立和熹平石经的出现。由于长期的积累,及至东汉末年,收藏的图书已由建国时的"二千余辆"增至"三倍于前"。其数量是綦然可观的。

二、东汉的国家藏书

东汉的国家藏书处所较多。据史料记载有石室、兰台、宣明、鸿都、仁寿阁及东观、辟雍等,其中最著名的是兰台和东观。

（一）兰台

东汉沿西汉之制,设兰台为国家收藏图书文献之所,以"中丞在殿中兰台,掌图籍秘书。"由兰台令史具体管理。班固曾为兰台令史,既掌弹劾书奏,亦掌图书庋藏。兰台典藏之书甚为丰富,史称"石室兰台,弥以充积"。其主要来源有二:一是西汉官府遗存下来的一大批图书资料,主要是建武初年,把西汉政府藏书和其他部门的文献档案从长安搬到洛阳的二千余辆图书文献。二是东汉产生的文书档案和新收的图谶、佛经及其他图书,包括利用文书档案新编写的各类史书。由于兰台以典藏经籍秘书为特色,故兰台又称"兰台秘书"。又因班固曾为兰台令史,典掌秘书,编撰史记(《汉书》),故后世也称史官为兰台,并成为一种惯例。唐高宗龙朔二年(662),就曾改秘书省为兰台。唐人诗文中也常称秘书省为兰台,或兰省。如白居易的《秘书省中忆旧山》诗里就曾这样写道:"犹喜兰台非傲吏,归时应免动移文。"

(二)东观

东观是东汉政府在洛阳南宫新建的国家图书馆,巍峨壮观。陆机《洛阳赋》说:"东观在南宫,高阁十二间"。章、和二帝时期,即在此集藏了大量图书文献,之后又不断增藏新书,成为东汉一代最大的国家图书馆。所以,史称"东京图书在东观"。是时,学者也评赞说:"东观为老氏藏室,道家蓬莱山"。意思是说,老子在周曾为守藏史,又叫柱下史,当时四方图书都归集于宫中殿柱之下,今国内图书也聚藏于宫中东观,经籍甚多。所谓蓬莱山,是借传说中的海中神山仙府有许多秘不示人的道法天书,以比喻东观还珍藏了很多幽经秘籍。

东观由于藏书丰富,馆舍宏大,也是当时重要的学术活动场所。许多著名学者都曾在此利用藏书,从事读书、著书和校书活动。汉明帝永平年间,班固等奉诏在东观修撰《汉纪》,书成后,定名为《东观汉纪》。汉章帝永和元年(84),诏命"黄香诣东观,读所未见书"。汉和帝永元十三年(101),诏班固之妹班昭"就东观藏书阁"续完汉书八表及《天文志》，和帝并亲自视察东观，"览书林，阅篇籍，博选艺术之士，以充其官"，加强对东观藏书的管理。汉安帝永初四年(110)，诏"谒者刘珍及《五经》博士，校定东观《五经》、诸子、传记、百家艺术，整齐脱误，是正文字"。直至汉灵帝建平、熹平年间，还以蔡邕为首的一批著名学者入东观整理藏书，再行校定《六经》文字。这都明显地反映了东观藏书的效用和功能。

三、东汉秘书监制度的创立

东汉后期，为加强政府对国家藏书的管理，于"桓帝延熹二年(159)，始置秘书监一人，掌典图书，古今文字，考合同异。"[19]秘书监既是东汉政府初创的专门执掌国家藏书的职官，也是我国藏书史上首创的藏书单位和管理机构，因而具有国家行政管理和文化事业的双重性质。作为职官来说，这时初设的秘书监，是因事置官名署，官与署之名合一并用的。即是说当时的秘书监是政府管理国家藏书的机关，又是典藏国家藏书的长官职称。当时的秘书监，有监一人，如张驯尝典领秘书近署，为监署之长，秩俸"六百石，月钱三千五百，米二十一斛"，相当于六品官。他上属九卿之一的太常，下隶秘书郎、校书郎中和校书郎。作为事业单位来说，当时的秘书监本身就拥有一定藏书。据史料记载，其时的秘书监就发轫于东观，几乎东观就是秘书监的同义语。它无论在聚藏、管理或校勘、整理图书方面，都发挥了积极作用，对后世影响很大。其秘书监制度，世代因循一千二百余年，并逐步得以完善和发展，成为我国古代图书馆事业的重要内容。

第五节　两汉国家藏书的厄运

一、西汉末年国家藏书的焚毁

西汉末年，在讨伐王莽新朝的战火中，使西汉政府和王莽政权聚藏二百余年的图书，大多被焚毁或散失了。诚如牛弘所说："及王莽之末，长安兵起，宫室、图书，并以焚烬。此则书之二厄也。"②这的确是继秦始皇焚书之后，国家藏书所遭受的一次毁灭性损失。其经过是王莽之末的淮阳王更始元年至更始三年（公元23年—25年），在两次兵燹之灾中造成的。

第一次，更始元年（23），汉淮阳王刘玄举兵讨伐王莽，火烧王莽新朝宗庙、明堂、辟雍，使贮藏于这些处所的图书，一并焚毁。

接着于是年十月，讨莽之兵攻入长安城，其"官府邸第尽奔亡。二日己酉，城中少年朱第、张鱼等恐见掳掠，趋欢并和，烧作室门"，延烧整个未央宫三日，使主藏宫内的诸多殿阁藏书就此化为乌有。

第二次，更始三年（25）夏，赤眉、樊崇等率领数十万起义军攻入长安，"遂烧长安宫室、市里，……民饥饿相食，死者数十万，长安为虚，城中无人行。宗庙、园陵皆发掘。"藏书，乃至城内民间藏书，连同长安宫室、市里一并化为灰烬，宣告西汉一代藏书彻底破产。所以，马端临《文献通考·经籍考序》里，明确地结论说："刘歆总群书著《七略》，大凡三万三千九十卷。王莽之乱，焚烧无遗。"

二、东汉末年国家藏书的散亡

东汉政府积聚二百年的国家藏书，是在东汉末年，董卓之乱时,被践踏破坏、焚烧遗弃而散亡了的。汉献帝初平元年（190），董卓专权,为避讨伐锋芒,决定放弃国都洛阳,挟持献帝刘协迁都长安,并迫使洛阳及附近居民随迁关中。临行时,董卓乃命军士放火烧毁洛阳城及周围近百里的居舍。于是,洛阳留存的国家藏书,顿时都被焚毁殆尽。即使在董卓移都西迁,从辟雍、东观、兰台、石室、宣明、鸿都诸藏中挑选运行的那批图书秘籍,也遭到了极大的破坏,"其缣帛图书,大则连为帷盖,小乃制为縢囊。及王允所收而西者,载七十余乘。道路艰远,复弃其半矣。"㉒真可谓斯文扫地,充分暴露出封建统治者的腐朽愚昧及其反动疯狂的本质。

初平三年（192）,董卓被诛后,其部曲重新复合,举兵攻破长安,献帝逃居弘农。其时,国家幸存的一点图书,又遭破坏。仅有一点凤毛麟角的"符策、典籍,略无所遗"。所以,史称这次"长安之乱,一时焚荡",图书秘籍"莫不泯尽焉"。自此以后,在相当长的一段历史过程中,由于军阀割据,国家藏书也就随着军阀争战而处于时聚时散,聚散相随的状态中。

第六节　两汉私家藏书的发展

两汉私家藏书比之秦朝有较大的发展,有的藏书数量几乎可与政府藏书相等。他们广泛存在于民间,成为社会文化学术的一支重要力量。其所以藏书,用意是多种多样的。但主要目的是以我为用,作为阅读、研究或讲学的参考,有时也为社会好学之士提供阅读,甚至为国家征藏提供善本,以填补其遗阙。

汉代私家藏书的发展,有其深刻的社会原因。一是两汉政府都重视学术文化,特别重视国家藏书,并广开献书之路,启发了私家藏书;二是政府提倡私家藏书,早在西汉初期即明令废除了秦朝的挟书禁律,解除了民间藏书的顾虑,客观上起了鼓励私人藏书的积极性;三是汉代重视教育,太学不断扩大,郡学迅速发展起来,士子读书、用书的需求相应增加,为私家藏书奠定了社会基础。与此同时,为适应社会读书人的需要,图书市场应运而生。西汉有著名的"槐市",东汉有称誉的"书肆",而且出现了"佣书"之人,专门为人抄录书籍,这就为私人藏书,开辟了重要的收藏渠道。社会环境的刺激促进了私家藏书固然是基本的原因,但作为私家藏书的个体来说,原因却是多种多样的。他们的规模大小,藏量多少和藏质的高低,一般都取决于藏书家本人的财力、需要、学养和志趣爱好等主观条件的差异而不均等。据不完全统计,西汉的藏书家有伏生、颜芝、刘德、刘安、董仲舒、孔安国、刘向、富参、文中圭、杨雄等。东汉的藏书家有马融、张衡、郑玄、班固、贾逵、王充、傅毅、曹曾、蔡邕等。他们的藏书虽各不相等,但往往能深入地收藏着某些时代或某个方面的图书,并进行校勘、批注而表现出一定的深度,具有某种特色。其典型者,当首推西汉的河间献王刘德和东汉的著名学者蔡邕。

刘德(前?—前130),汉景帝之第三子,汉武帝之弟,封为河间王(治地在今山东河间县境内),卒谥"献王"。故人称河间献王。他是一位好学之士,"其学举六艺,立《毛氏诗》、《左氏春秋传》博士。修礼乐,被服儒术,造次必于儒者,山东诸儒多从而一游。"㉖刘德更是西汉一代的图书收藏大家。史称他"修学好古,实事求是(颜师古曰:务得事实,每求真是也)。从民得善书,必为好写与之,留其真(师古曰:真,正也。留其正本),加金帛赐以招之。由是四方道术之人不远千里,或有先祖旧书,多奉以奏献王者,故得书多,与汉朝等。……献王所得书皆古文先秦旧书,《周官》、《尚书》、《礼》、《礼记》、《孟子》、《老子》之属,皆经传说纪,七十子之徒所论。"㉗这段记载表明,汉时刘德为了学习和研究,凭借家有巨富之财,以金帛为号召,采用写副本与售者而自己留真本的办法,向民间收集了大量的善本书籍。其家藏图书之多,几乎可与国

52

家之藏媲美，而且皆为古文、先秦旧书，颇具特色。刘德其人，可谓西汉一代的私人藏书大家。

蔡邕（132－192），字伯喈，东汉陈留圉（今河南杞县）人。东汉文学家、书法家，也是著名的藏书家。他博学多才，著述甚多。灵帝时，拜为郎中，校书东观，迁为议郎。熹平四年（175）与堂谿典等写定"六经"，文字，书册镌碑，立于太学门外。碑立，观视及摹写者车乘日千余辆，堵塞街陌。后因上书论朝政阙失，被流放朔方。遇赦后，他畏宦官陷害，亡命江湖十余年。董卓专权时，被任为侍御史，官至左中郎将。董卓被诛，邕亦下狱而死。蔡邕家中藏书极为丰富。据裴松之注《钟会传》引《博物记》说："蔡邕有书近万卷，末年载数车与（王）粲。粲亡后，相国椽魏讽谋反，粲子与焉。既被诛，邕所与书悉入业（业：即王业，王凯之子，王粲之侄）。"㉓又《后汉书·列女陈留董祀妻传》卷84载：曹操曾问蔡邕之女蔡琰（字文姬），"闻夫人家先多坟籍，犹能忆识之不？"文姬曰："昔亡父赐书四千许卷，流离涂炭，罔有存者，今所诵忆，载四百余篇耳。"这又进一步证明当年蔡邕藏书甚多，并从蔡邕藏书的流散也说明私家藏书的兴衰，是以藏书家本人及其世家的成败为转移的。

注释：

①《文献通考·职官考》卷53"侍御史"。
⑲《文献通考·职官考》卷56"秘书监"。
②《汉书·任敖传》卷42。
③《汉书·百官公卿表上》卷19。
④⑤《史记·秦始皇本纪》卷6。
⑥《汉书·晁错传》卷49。
⑦⑫⑮《隋书·经籍志》卷32。
⑧《汉书·武帝纪》卷6。
⑨《汉书·董仲舒传》卷56。

⑩《汉书·艺文志》。

⑪王应麟《困学纪闻》卷16 注。

⑬⑭《文献通考·经籍考序》卷174。

⑯《文选·魏都赋》李善注引。

⑰刘向《战国策叙录》、《师石山房丛书本·别录佚文》。

⑱㉒《后汉书·儒林传序》卷79 下。

⑳《隋书·牛弘传》卷49。

㉑《汉书·王莽传下》卷99。

㉓㉔《汉书·河间献王刘德传》卷53。

㉕《三国志·钟会传》卷28。

第四章　三国、两晋、南北朝的图书馆事业

第一节　三国时期的图书馆事业

东汉末年,全国各地大小军阀割据称雄,赤壁之战后遂形成了魏、蜀、吴三国鼎立的形势。各国都为一统天下,争战不休。他们为了战争的需要,都努力发展生产,恢复经济;为了巩固和扩展各自的势力,也都采取措施以发展社会学术文化,而建设图书馆事业则是其一项重要内容。

一、魏国的国家藏书

魏国的国家藏书事业,是在魏氏取代汉室的争战中建立的。史称:"魏氏代汉,采掇遗亡,藏在秘书中外三阁。"①初由秘书令兼管。曹丕称帝,变革官制,将原设立的秘书令一分为二,乃"置中书令,典掌尚书奏事,而秘书改令为监,掌艺文图籍之事"(《文献通考·秘书省》卷56)。秘书监内分别设置了监、丞、郎、令史和校书郎等职官。如王象、王肃曾为秘书监,薛夏、严苞曾任秘书丞,刘劭曾做校书郎,郑默曾任秘书郎。

魏国的秘书监不仅始终注意图书的收集和保藏,而且很重视对藏书的整理和编目及利用。其中,较突出的先后有两次。

第一次是魏文帝(曹丕)黄初年间,诏命王象、缪袭、刘劭、韦诞、桓范等学者整理藏书,编辑了类书《皇览》。《三国志·魏书·

文帝纪》卷二说："初,帝好学,以著述为务,自所勒成垂百篇(案:指所撰《典论》)。又使诸儒撰集经传,随类相从,凡千余篇,号曰《皇览》"。这部类书卷帙甚为浩大,据《魏略》说,《皇览》"合四十余部,部有数十篇,通合八百余万字"。它既是古代的一种百科全书,也是古代文献资料的渊薮,并成为类书的先河。故《玉海·艺文·承诏撰述篇》说:"类事之书,始于《皇览》"。此书早在隋朝已散佚。现在仅有清代嘉庆孙冯翼及道光时黄奭的两个辑本传世。

第二次是魏国末年,由秘书郎郑默负责对魏国家藏书的整理,并编制了魏国家藏书目录,名叫《中经》。据《晋书·郑袤附子默传》卷44称:"默字思元。起家秘书郎,考核旧文,删省浮秽。中书令虞松谓曰:'而今而后,朱紫别矣。'"这里所说的"考核旧文,删省浮秽",就是对当时魏国家藏书的校订整理。所谓"而今而后,朱紫别矣",是反映当时在整理的基础上,创造性地编制的国家藏书目录《中经》。郑默的《中经》打破了《七略》的分类体系,采用四部分类著录,为后来西晋荀勖以甲乙丙丁四部之法编制《中经新簿》奠定了基础,在中国图书馆学史上作出了一定的贡献。

二、蜀国的国家藏书

蜀国建都成都后,依照汉代制度,设置了国家藏书处所,名为"东观"。其所藏书设专官典掌,有东观郎、秘书令、秘书郎、秘书令史、秘书吏等职官。王崇字幼远,学业渊博,曾任东观郎职,并利用藏书"著《蜀书》及诗、赋之属数十篇"。另一位职官是却正,史称他少时"安贫好学,博览坟籍。弱冠能属文,入为秘书吏,转为令史,迁郎,至令"(《三国志·蜀书·却正传》)。据此可知,蜀国之藏书不仅有专门的处所,而且设置有专官进行管理。

三、吴国的国家藏书

吴国占据江东,数次迁都,最后定都建业,亦按汉制设置东观,收藏国家图书,命官典掌。其职官有东观令、秘书丞、秘书郎,下隶诸多吏员。东观令为最高长官并兼领国史,秘书丞佐令典掌图书,秘书郎具体管理图书。据史料记载,孙皓时,华核曾以文学入为秘书郎,后升为丞,再迁为东观令,领国史。他在任职期间,不仅典掌东观藏书,而且还利用东观藏书"讲校文艺,处定疑难。"事实上,还在孙休时,就曾委命博士韦曜"依刘向故事,校定众书,又欲延曜侍讲。"足见吴国对国家藏书的重视及其注意藏书作用的发挥。

四、三国时的私家藏书

三国时期的私人藏书家不多,据史料记载,较著名的有蜀国的向朗、王错,魏国的王修、王弼。他们的藏书数量都不太多,但在藏用结合上却表现了一定的特色。

向朗(168－247)字巨达,蜀国宜城(今湖北宜城)人。少师事司马德操,后归蜀为巴西太守,官至步兵校尉、领丞相长史。因马谡逃亡,朗知情不报,于建兴六年(228)被罢官回成都居家,开始聚藏书籍,成为著名藏书家。史称:向朗"自去长史,优游无事垂二十年,乃更潜心典籍,孜孜不倦。年逾八十,犹手自校书,刊定谬误,积聚篇卷,于时最多。开门接宾,诱纳后进,但讲论古义,不干时事,以是见称。上自执政,下及童冠,皆敬重焉。"② 由此可知,向朗晚年呕心沥血二十年,"积聚篇卷,于时最多"。他不仅聚藏丰富,而且对藏书潜心研究,虽年事已高,但仍孜孜不倦地校雠刊定;他不仅把藏书作为自己阅读研究之用,而且"开门接宾",提供士子阅读,"诱纳后进",充分表现了藏书家的本质特征,故赢得官民和士人的敬重和称誉。

王锴,字鳣祥,蜀国人,藏书家。他家藏图书数千卷,皆一一阅读、研究,并写就札记。他善于书法,精心抄写了多种佛经,为佛教寺院所珍藏。据《无事为福斋隋笔》说:"潼川城外有琴泉寺,昔有塔于乾隆年间为雷震圮,内贮《法华经》全部,皆鳣祥所书,笔法娟秀,真墨宝也。"

王修(?－218)字叔治,魏国营陵(今山东昌乐)人。官至大司农郎中令、奉常。他平生笃行仁义,体恤危难,不治生业,惟好藏书。及曹操率军"破南皮,阅修家,谷不满十斛,有书数百卷"。[③]

王弼(226－249)字辅嗣,魏国山阳(今河南焦作)人,玄学家、藏书家。据说他家藏图书近万卷。这些图书主要是汉末蔡邕藏书辗转传承至他家保存的。王弼充分利用其藏行进研究,取得了显著的成绩。著有《周易略例》、《周易注》、《老子指略》、《老子注》等。所注《周易》,富有哲理,士人称说:"见弼《易注》,所悟者多。"

第二节　两晋时期的图书馆事业

一、西晋国家藏书的兴亡

西晋国时甚短,前后仅有 50 余年。其国家藏书聚散相随,兴亡相继。大体来说,可分为前后两个时期。从晋武帝泰始至晋惠帝永康以前是为前期,自永康以后到晋愍帝之灭亡是为后期。前期可谓兴盛阶段,后期则处于衰亡的境地。

西晋前期,国家藏书在新陈代谢中甚为兴盛,并出现了太康时代的繁荣。首先,西晋国家藏书是接收曹魏国家藏书为基础建立起来的。由于魏晋为和平交替王朝,国家藏书都未遭受损失,而被西晋全部直接继承下来,故史称:魏国藏书,"晋氏承之,文籍尤广。"其次,不断扩收图书,充实秘阁之藏。较突出的是咸宁年间,吞灭孙吴,收缴了吴国的全部藏书,以及获得汲郡出土的十余万言竹简古书。据《古今书最》说,这时,西晋国家藏书已具相当规模,计有单本图书一千八百八十五部,二万九千零三十五卷。再其次,加强国家藏书的管理。一方面,新置机构,遣派人员,从组织上加强管理。晋武帝时,将"图书分为甲、乙、丙、丁四部,使秘书郎四人,各掌其一焉"(《晋起居注》),并"核省校阅,正完脱误"。晋惠帝时,乃新置秘书寺,典掌三阁图书,并辖管著作局,与中书省相统摄,成为中央政府中一个独立的机构。据《唐六典·秘书省》说:永平元年(291),晋惠帝就曾下诏曰:"秘书典综经籍,考校古今图书,自有职务,远相统摄,于事不专,宜令复别置秘书寺。"自此,典掌国家藏书的机构及其长官的地位大为提高,故时人称"班同中书,寺同内台。"其重要性是不言而喻的。另一方面,加强对国家藏书的整理编目,取得了巨大的成就。(一)晋武帝泰始十年(274),秘书监荀勖与中书令张华合作,参照刘向、刘歆故事,"复校错误十万余卷书。"(二)荀勖又依照郑默《魏中经簿》编制了西晋国家书目《晋中经簿》,简称"新簿"。这是我国古代第一部采用四部分类法的综合性国家书目。据马端临考证说:"秘书监荀勖又因《中经》更著《新簿》,分为四部,总括群书。一曰甲部,记《六艺》及小学等书;二曰乙部,有古诸子家、近世子家、兵书兵家、术数;三曰丙部,有史记、旧事、皇览簿、杂事;四曰丁部,有诗赋、图、汲冢书,大凡四部,合二万九千九百四十五卷。但录题及言,盛以缥囊,书用湘素。至于作者之意,无所论辩"。④(三)荀勖、束晳等人奉命对汲冢发掘所献的"竹书数十车"进行整理,"校缀次第,寻考指归,而以今文写之。""以为中经,列在秘书。"这些都切实地体现了西晋国家藏书在整理上的重大学术成果。说明西晋前期国家藏书事业的兴旺发达。

西晋后期,国家藏书日趋衰亡。自晋惠帝永宁元年(301),赵王司马伦废惠帝自立为帝后,司马宗室诸王之间相互争夺最高统治权的斗争,让成"八王之乱",长达十六年之久。在长期政治动乱中,使国家藏书遭受了严重损失。延至晋怀帝永嘉之时,北方匈奴举兵南向,攻破晋都洛阳,俘掳怀帝,大肆焚掠,使国家残存之图书又遭焚毁。故史称:"晋惠、怀之乱,京华荡覆,渠阁文籍,靡有孑遗"。自此,西晋一代国家藏书便在社会动乱中灰飞烟灭。牛弘总结说:"此则书之四厄也"。

二、东晋国家藏书事业的恢复

偏安于江南的东晋建立后,即开始致力于国家藏书事业的恢复工作。一面收集聚藏,一面整理编目。故《隋书·经籍志》称:"东晋之初,渐更鸠聚。著作郎李充以勖旧簿校之,其见存者,但有三千一十四卷。充遂总没众篇之名,但以甲、乙为次(注:即指《晋元帝四部书目》,此书目又名《四部簿》,因依晋元帝时遗留之书而编目,故又叫《晋元帝书目》)。自尔因循,无所变革。"这里所谓的李充"以甲乙为次",是因其时书少,既不作解题,又不分小类,而甲乙的内容仍包括四部。清代学者钱大昕补编的《元史·艺文志序》指出:"至李充为著作郎,重分四部:五经为甲部,史记为乙部,诸子为丙部,诗赋为丁部,而经、史、子、集之次始定。"所谓"自尔因循,无所变革",是因其时典籍混乱,李充乃删除烦重,以类相从,分作四部,甚为条贯,于是这种分类便成为后来秘阁藏书分类编目的制度。也如钱大昕所说:"厥后王亮、谢朏、任昉、殷钧撰书目,皆循四部之名。虽王俭、阮孝绪析而为七,祖暅别而为五,然隋、唐以来志经籍艺文者,大率用李充部叙而已"(同上)。据此可知,李充在目录学上的贡献是不可低估的。

尔后,又经过七十年的努力,国家藏书达到 36000 卷之多,比之晋初剧增了十倍。为加强藏书建设,东晋武帝太元十六年(391),秘书郎徐广奉诏校雠秘阁四部图书。这是继李充校书之后的又一次校雠整理国家藏书活动,虽无书目传世,但却为当时国家藏书建设作出了贡献。

与东晋对峙的北方五胡十六国,由于互相兼并,战火连年,使文化典籍受到极大摧残,官府藏书十分萧条。诚如牛弘所说:"永嘉之后,寇窃竞兴,因河据洛,跨秦带赵。论其建国立家,虽传名号,宪章礼乐,寂灭无闻"(《隋书·牛弘传》卷49)。到了公元417年,刘裕领兵攻入长安,活捉后秦国王姚泓,"收其图籍,《五经》、子史,才四千卷。"而且"皆赤轴青纸,文字古拙"。不难想见,从这些量少质差的幸存书籍,足知其时官府藏书的萧条景象了。

三、两晋的私家藏书

两晋时期,隋着纸写本书与私人著述的发展,私家藏书日渐增多,而且尚呈现出一定的特征。如:张华(232－300)字茂先。史称他"雅好书籍,身死之日,家无余财,惟有文史溢于机箧。尝徙居,载书三十乘。秘书监挚虞撰定官书,皆资华之本以取正焉。天下奇秘,世所希有者,悉在华所"。⑤可见其收藏之广博、奇秘、精深。范蔚祖孙三代均为钱塘江上著名藏书家,有书七千余卷。其所藏书,不仅自我使用,而且还提供世人阅读。据说,当时远近来其家阅读者,常有百余人之多,范蔚还为之备办衣食,提供生活上的条件。特别是他所藏书籍,多为世所罕传秘本,故前来他家阅读的人甚多。陈颐道尝写《怀范子安诗》云:"七录香芸新秘阁,百年黄叶小江村"。意思是说范蔚祖孙居住在钱塘江上,家藏珍本可与秘阁媲美。与范氏藏书匹敌的还有褚陶,陈颐道《怀褚委雅诗》说:"西京典籍同刘向,南国藏书匹范平。"至于东晋的葛洪,尤以收藏道书著称,而桓玄则因"博综艺术",最好收藏书画。上述各家收藏特色,是显而易见的,在当时也是很典型的。

第三节　南北朝时期的图书馆事业

公元 420 年至 589 年,中国形成了南北对峙的政治局面,史称"南北朝"。南朝偏据南方,因晋旧都建业,经历宋、齐、梁、陈四个朝代,共一百七十年。北朝统治北部,起自北魏,后分东、西二魏,继而北齐取代东魏,北周取代西魏,嗣后北周灭北齐,最后隋灭北周。由于朝代变易,立国不同,都城屡有变迁。魏初都平阳(今山西临汾)后迁洛阳,北齐建都于邺(今河南邺县),北周定都长安。前后共一百六十年。南北朝时期,图书馆事业时起时伏,曲折发展。南北朝相比,又以南朝为盛。

一、南朝的国家藏书

(一)刘宋王朝(420－478)对国家藏书事业的恢复。早在刘宋立国之前的 417 年,宋武帝刘裕攻入长安,将秦国官藏的四千卷图书全部没收,运到江南予以妥善保存。其后,于 420 年灭东晋,又将东晋图书馆的大量藏书,全部接受。于是,刘宋一经建国,就以此为基础,建起了国家藏书,经过宋统治者一度经营遂逐渐恢复了国家图书馆事业,并有所发展。南朝又甚为重视整理藏书。刘宋立国后的宋少帝景平元年(423),就诏令秘书丞殷淳负责对秘阁藏书予以整理,编撰了《四部书大目》四十卷。文帝元嘉三年(426),派秘书监谢灵运、秘书丞殷淳等继续"整理秘阁书,补定遗阙。"元嘉八年(431),谢灵运编撰了国家藏书的《四部目录》四十卷,著录图书一千五百六十四帙,共一万四千五百八十二卷。到宋后废帝元徽元年(473),王俭为秘书丞时,仍继续整理藏书并在整理的基础上,编撰了《元徽元年四部目录》,著录图书一万五千七百零四卷。是年,王俭改革四部分类法,依照《七略》的体例,私人别撰官目《七志》：一曰《经典志》，记六艺、小学、史记、杂传；二曰《诸子志》，记今古诸子；三曰《文翰志》，记诗赋；四曰《军书志》，记兵书；五曰《阴阳志》，记阴阳图纬；六曰《艺术志》，记方技；七曰《图谱志》，记地域及图书。又附录道书和佛典二类，实为九志。从这几次整理藏书和随之而产生的书目来看，刘宋王朝的国家图书馆事业已经恢复建立起来，是无可置疑的。

（二）萧齐王朝（479－502）的国家藏书略有发展。其所聚图书分别庋藏于秘阁、东宫和学士馆，并注意整理。齐高帝（萧道成）建元间，曾命著作郎沈约于东宫"校四部图书"，并利用校订之书编撰了《晋书》、《宋书》、《齐纪》、《高祖纪》等史史。齐武帝（萧颐）永明中，又命秘书丞王亮、秘书监谢朏对秘阁藏书详加整理，并编撰了《四部书目》，著录图书一万八千零十卷。值得一提的是，还在建元二年（480），尚书令柳世隆曾向秘阁借书二千卷运至家中朝夕诵读抄写，自此开了国家藏书外借之先河。这些在一定程度上反映出齐朝图书馆事业的发展。然而到了齐末东昏侯永元二年（500），梁武帝帅兵围攻齐都，"兵火延烧秘阁，经籍遗失"。

（三）南梁王朝（502－557），崇尚文籍，国家图书馆事业甚为发达。其藏书处所主要为秘书省、文德殿和华林园。秘书省、文德殿主藏四部及术数之书，华林园则集藏佛教经典。据史料记载，各类图书藏量竟达数十万卷之多。

南梁王朝的藏书是逐渐发展起来的，也是不断进行整理予以编目庋藏的。梁初，秘书监任昉对政府藏书"躬加部集，又于文德殿内列藏众书"，编纂了《四部目录》，又编纂了《文德殿目录》，著录图书23106卷。"其术数之书，更为一部"，成为《五部目录》，从此产生了五部分类法。到了梁天监中期，一批学者对秘书省藏书进行整理，著作郎刘遵乃编制了《梁东宫四部目录》。著录图书"几三万卷"。及至梁武帝末年，侯景之乱，侯景遣百道攻城，纵火焚烧东宫台殿，"所聚图籍百橱，一皆灰烬"。而幸存者，仅有文德殿藏书。之后,元帝移都江陵,克平侯景,"收文德殿及公私经籍,归于江陵,大凡七万余卷"。自此,梁朝之国家藏书即以它为基础,继续扩大庋藏。然而,在元帝承圣三年(554),梁将萧察与西魏军相勾结,于是年十一月攻破江陵。元帝怕经籍落入敌手,说:"读书万卷,尚有今日,是以焚之。"于是,乃命舍人高善宝放火,将中秘书十四万卷化为灰烬,并欲投身书火之中,以身殉书。这就是历史上所说的梁元帝将国家藏书"咸自焚之"的故事。梁元帝这一荒唐愚蠢的行动,致使一度兴盛的南梁藏书毁于一旦。这就是牛弘所说的"此书之五厄也"。

当我们叙述了梁朝国家藏书兴亡之后,不能不注意到该朝阮孝绪编撰的《七录》在目录学上所作出的重要贡献。阮孝绪(479-536),字士宗,人呼"居士",谥号"文贞处士",河南尉氏人。他酷爱图书,立志革新目录,对"遗文隐记,颇好搜集。"自言于"普通中,博采宋、齐以来王公缙绅之馆,苟能蓄聚坟籍,必思致其名簿。凡在所遇,若见若闻,校之官目,多所遗漏。遂总集众家,更为新录"(《七录·序》)。意思是说,他在梁武帝普通年间,广泛地搜集了私家藏书目录,深入研究了前代所有的"官目",经过认真的比较和总结,按照当代图书发展的实际情况,创造性地撰成了《七录》十二卷。

《七录》分内外篇。内篇为五录,即:《经典录》九部,记六艺;《纪传录》十二部,记史传;《子兵录》十一部,记子书、兵书;《文集录》四部,记诗赋;《术技录》十部,记数术。外篇为二录,即:《佛法录》五部;《仙道录》四部。合为《七录》,共五十五部,著录图书6288种,44521卷。其收录的书籍,显然比当时官私书目所载为多。然而,阮氏《七录》有三点是最值得称道的。第一,创立了比前人明细的图书目录。由于分类明细,铨配比较适当,使图书得以更准确地归类,读者更便于检索。所以,《隋书经籍志》称道《七录》"分部题目,颇有次序。"特别是把以往属于经部的史记杂传独立出来别为纪传录,把军书志改为兵部与诸子志合并归入子兵录,并增加佛法录、仙道录,这不仅全面反映出当时社会学术思想和藏书的面貌,而且表现了阮氏目录学思想的进步和创新精神。第二,继承了《别录》、《七略》撰写提要的优良学术传统。阮氏自称《七录》"总括群书四万余卷,皆讨论研核,标判宗旨"。由于《七录》每录有总叙,每部有小序,所以《隋书经籍志》虽说它"远不逮"刘向、刘歆,但也承认它是"准向、歆"叙录的优良学术体制传统的。阮氏这种学术传统的继承性,后来为一些目录学家所仿效。如许善心仿阮孝绪《七录》,更制《七林》,各为总叙,冠于篇首。又于部录之下,标明作者之意,区别其类例。第三,汲取已有的研究成果,力求著录完善。他自言《七录》所达到的目标是使"天下之遗书秘记,庶几穷于是矣。"为此,他得到了"通人"刘杳多年研究目录的成果,汲取了"王公缙绅"的"名簿"和"多所遗漏"的"官目",从而使《七录》既登录古今之书,又兼收所见所闻之书,构成一部臻于完备的目录,具有辨章学术的价值。可惜《七录》已佚,但唐释道宣撰的《广弘明集》中第三卷内,还保存着《七录序》文及其门目部分,可推寻其崖略。至今,它仍不失为研究中国古代图书馆事业史的一份早期的重要文献。

(四)陈王朝(557-589)的国家藏书非常薄弱。因为它是在梁末的废墟上的重建,毫无藏书基础,加之国时甚短,聚集有限。虽宣帝太建中尝钞写古籍,但规模却远逊于梁。所以陈朝国家藏书很少,"考其篇目,遗阙尚多"。及至陈末,后主下令禁断佛道及其经典,使仅有"遗阙尚多"的藏书而更加残缺不全了。

二、北朝的国家藏书

(一)北魏国家藏书事业的兴衰。它的兴起,发端于北魏建国初年对图书的征集。其征集之始末,《魏书·李先传》卷33里,明确地记载了北魏开国的道武帝与博士李先的一场对话:太祖(道武帝)问先曰:"天下何书最善,可以益人神智?"先对曰:"唯有经书。三皇五帝治化之典,可以辅王者神智"。

又问曰:"天下书籍,凡有几何? 朕欲集之,如何可备?"对曰:"伏羲创制,帝王相承,以至于今,世传国记,天文秘纬不可计数。陛下诚欲集之,严制天下诸州郡县搜索备送,主之所好,集亦不难。"太祖于是班制天下,经籍稍集。

当收集一定经籍后,即进行初步整理。据称,天兴四年(401),道武帝乃下令"集博士儒生,比众经文字,义类相从,凡四万余字,号曰《众文经》"(《魏书·太祖道武帝纪》卷二)。这是北魏初期对国家征藏书籍的第一次整理。

北魏国家藏书的真正兴起,还是公元424年,在北魏击灭夏、北燕、北凉而统一北方之后。北魏献文帝时,秘书郎高谧"以坟典残缺,奏请广访群书,大加缮写,由是代京图籍莫不审正"(《魏书·高湖传》卷32)。特别是北魏孝文帝时期,迁都洛阳,改革胡俗,诏立国子太学,四门小学,"高祖钦明稽古,笃好坟典",大力收集图书。一方面派人到南齐借国家藏书抄录,以充实其藏。这就是历史上所说的:"孝文徙都洛邑,借书于齐,秘府之中,稍以充实"。另一方面,"诏求天下遗书,秘阁所无,有裨益时用者加以优赏"(《魏书·孝文帝纪》卷7下)。与此同时,又命秘书监卢昶整理秘阁藏书。卢昶在整理的基础上,编制了《甲乙新录》的秘阁藏书目录。继孝文帝之后,到了北魏宣武帝时期,国家藏书事业有了空前的发展。一是诏"重求遗书于天下",获得了比以前任何一次征集的图书还多,使"观、阁藏书倍加丰实"。一是以秘书丞孙惠蔚为首,率领"四门博士及在京儒生四十人,在秘书省专精校考,参定字义",对东观及殿阁藏书进行了全面整理,取得了"典文允正,群书大集"的可喜成就。

北魏的国家藏书之盛况为时不久,到了北魏孝明帝元诩时,胡太后毒死孝明帝,另立三岁的元钊为帝。游击将军尔朱荣以为明帝报仇为借口,率军攻入洛阳,发生了骇人听闻的"河阴之变",把胡太后及元钊少帝沉入黄河,杀死北魏王公百官二千余人,百姓被害者近万人。在这一片恐怖混乱之中,北魏的国家藏书也遭到了严重破坏,不少图籍散佚民间。自此北魏国家藏书事业便一蹶不振,彻底瓦解了。

(二)北齐的国家藏书事业甚为弱小。公元550年,高洋篡东魏立国称帝,是为北齐文宣帝。他采用搜集与整理相结合的办法,建立和开展了国家藏书事业。天保年间,"诏令搜求图书,校定群书"。特别是他允准学者樊逊、高乾和、周子深按刘向校书故事,借用藏书家邢子才、魏收、辛术、穆子容、马子瑞、李业兴等的藏书,"参校得失","凡得别本三千余卷,《五经》、诸史,殆无遗阙"(《北齐书·樊逊传》卷45)。迨至北齐后主天统、武平年间,又有所增加。故史称:"后齐迁邺,颇更搜聚,迄于天统,校写不缀"(《隋书·经籍志序》),集北齐国家藏书之大成。

(三)北周的国家藏书比较单薄。公元557年,宇文觉篡西魏立国称帝,是为北周闵帝。北周闵帝至北周明帝时期,由于"戎马生郊,日不暇给",忙于巩固政权,对藏书无所作为。直至北周武帝时,才开始致力于聚藏国家图书。但因藏书底子薄弱,所以史称"保安之始,书止八千,后稍加增,方盈万卷"(《隋书·经籍志序》),仍然收藏较少。及至公元577年,北周灭北齐,接收其遗下的藏书,也为数不多。但就在这少得可怜的官府藏书的情况下,北周武帝竟于建德三年(574),下令"初断佛、道二教,经、像悉毁",又为官府藏书来源添上了一层阴影。这样,以北周为终结的整个北朝各国藏书事业,便时起时伏,始终处于微弱的状态,而比之南朝历代的国家藏书事业大为逊色。

三、南北朝时期的私家藏书

南北朝时期的私家藏书比之以前任何朝代都更发达。仅见诸于史传的著名藏书家,据不完全的统计就有三十余人。特别是南方的梁朝时期,藏书之家非常普遍,"四境之内,家有文史"。南北朝时期藏书家的藏书也很丰富,庋藏万卷以上的人家亦较多,有的还珍藏了不少稀世秘本,连政府校雠中秘典籍也得借以校阅取正。现就其典型者,分别简述于下。

(一)南朝藏书家

1. 陆澄(425-499),字彦渊,南齐吴郡(今江苏苏州)人,官至国子祭酒。家藏图书万余卷,多系奇秘之书,官府校书,往往提供考订。

2. 沈骥士(419-503),字云被,南齐武康(今浙江武康)人,私学教授。家有藏书数千卷,不幸遭火灾焚毁。年八十,耳目犹聪敏,乃日夜细书抄写,复成书二、三千卷。

3. 任昉(460-508),字彦升,乐安博昌(今山东寿光县)人,文学家、目录学家,齐梁三大藏书家之一。家有藏书万余卷,率多异本,且有藏书目录,为我国古代私藏目录之最。

4. 沈约(441-513),字休文,吴兴武康(今浙江德兴县)人。历仕宋、齐、梁三代,累官尚书令、太子少傅,齐梁文坛领袖,三大藏书家之一。家藏图书二万卷,远近闻名,京都无人可比。

5. 王僧孺(465-522),字僧儒,东海剡(今山东郯城县西南)人。仕官齐、梁,官至御史中丞。与沈约、任昉为当时三大藏书家,家藏图书万余卷。

6. 萧励,字文约。齐仕太子洗马,梁初袭封吴严侯。家中聚书三万卷,略皆诵忆。

7. 崔蔚祖(465-499),字悦宗,清河东武城(今山东武城县)人。南齐为始安王记室,与沈约、谢朓友善。家聚藏书至万卷。邻里来以假借,日数十帙,蔚祖亲自取与,未尝为辞,受人称赏。

8. 孔休源(469-532),字庆绪,会稽山阴(今浙江绍兴)人。仕齐、梁,官至尚书左丞,宣惠将军。聚藏图书七千余卷,手自校注。

9. 刘杳(479—528),字士深,平原(今山东邹平县)人。仕梁,官至尚书左丞。喜好藏书,撰有《古今四部书目》。曾将所写的图书目录草稿全部赠予阮孝绪,助其编撰《七录》。

10. 刘善明(432—480),齐、梁学者。"家无遗储,唯有书八千卷"。

11. 柳世隆(442—491),字彦绪,河东(今山西永济)人。仕官宋、齐,进为侯、公。家有藏书甚多,曾向齐王朝借中秘藏书两千卷,日夜阅读抄录收藏。

12. 张缅(490—531),字元长,范阳方城(今河北固南)人,梁时官至淮南太守。家有藏书万余卷,多为缅与其弟缵手钞。

13. 张缵(499—549),字伯绪,张缅之弟,官至吏部尚书。他遍搜海内图书,积藏图书至二万余卷。

14. 江总,字总持,济阳考城(今江苏境内)人。仕梁、陈,官至尚书令。家传赐书数千卷,总昼夜寻读,未尝辍手。

15. 马枢(522—581),字要理,梁、陈扶风郿(今陕西南郑县内)人。梁为学士,陈为隐士。侯景之乱,邵陵王萧纶举兵援台,乃留书二万余卷以付枢。枢肆意寻览,殆将周遍,隐居茅山。

(二)北朝藏书家

1. 阳尼,字景文,北魏无终(今陕西无终县)人。博通经籍,历官国子祭酒兼幽州中正。家有藏书数千卷。

2. 平恒,字继叔,北魏燕国蓟(今河北蓟县)人。恒耽勤研读,多所博闻,官至秘书令。家有藏书甚多,为避其家人烦扰,乃别构精庐专门收藏图书,并潜心研究。

3. 宋繇,字处业,北魏敦煌(今甘肃敦煌)人。博通经史诸子,藏书数千卷。

4. 李业兴,北魏上党长子(今山西长子县)人。志学勤苦,官至中外府谘议参军。"业兴爱好坟籍,鸠集不已,手自补治,躬加题帖。其家所有,垂将万卷[6]",为北方最著名的藏书家。

5. 李谧（484－515），字永和，北魏涿郡（今河北涿县）人。平生喜好藏书，不治生业，并精心校雠，删削重复，有秘本四千余卷。

6. 穆子容，东魏时官至太守，入齐为司农卿。平生喜好读书、抄书、藏书，其所藏图书万余卷，皆为他亲手抄录所得。时人誉之为"难得之善本善抄"。

7. 辛术，字怀哲，北齐藏书家。曾数次至淮南一带收集宋、齐、梁各代佳本万余卷及顾、陆名画、二王书法，予以珍藏。其聚藏之富，远近闻名。

8. 杨愔（511－560），字遵彦，北齐华阴（今陕西华阴县内）人。平生长居高官，历任尚书令、骠骑大将军、开封王。愔前后受赏赐，积累巨万，但皆散给九族。死后，架箧之中，惟存有图书数千卷。

9. 其他：北齐邢子才、魏收、马子瑞等藏书也较多。

从上述诸多藏书家的藏书活动内容来看，在收集、管理和利用等方面都表现出一定的特征。一是多种途径广泛收集，如用金帛采购，手自抄录，接受赏赐等；二是管理与整理相结合。一般用书箧保存，个别则别构精庐专藏。在保藏过程中，大多亲加校注，甚至整理编制藏书目录；三是使用突破了个人的藩篱，除一般作为个人研读之外，有的则向社会提供借阅，或者给官府整理校勘提供蓝本等。这些不仅体现了南北朝私家藏书活动内容的丰富多彩，而且构成为南北朝时期整个图书馆事业有所发展的重要成分。

注释：

①《隋书·经籍志》卷32。
②《三国志·蜀书·向朗传》卷41。
③《三国志·魏书·王修传》卷11。
④《文献通考·经籍考序》。
⑤《晋书·张华传》卷36。
⑥《魏书·李业兴传》卷84。

第五章 汉代至南北朝时期佛道经典的庋藏

第一节 佛教经典的传入与收藏

一、佛教经典的传入

佛教产生于古印度,两汉之际传入我国。一般地说,传入中国大部分地区的,以大乘佛教为主,称为北传佛教,其经典属汉文系统;而传入中国的西藏、内蒙古地区的则为北传佛教中的藏传佛教,俗称"喇嘛教",其经典属藏文系统。传入中国傣族等少数民族地区的,以小乘佛教为主,称为南传佛教,其经典属巴利文系统。他们与中国的传统文化相结合,从而逐渐形成有中国特色的佛教教派及其所依据的佛教经典。

佛教传入我国,经历了一个渐进发展的过程。西汉"哀帝元寿元年(公元前2年),博士弟子景卢受大月氏王使伊存口授《浮屠经》",[①]但当时"中土闻之,未之信了"。及至东汉初年,佛教在中国也仅处于立寺、奉神阶段。东汉中期,虽有少量佛经"梵夹"流入中国,但"有译乃传,无译乃稳",仍然处于初始阶段。随着时间的推移,到东汉末桓、灵二帝时,外国佛僧相继来华,佛教经典开始大量介绍到中国内地。如安息国僧人安清于桓帝建和二年(148),经西域到洛阳译经,以"义理明析,文字允正,辩而不华,质而不野"(《高僧传》卷一)的文风,先后译出《安般守息经》、《明持入经》、《人本欲生经》等三十部,四十卷。其目的,主要为了传布小乘佛教说一切有部的毗昙学和禅定理论。又如月支国僧人支娄迦谶于灵帝光和、中平年间(178－189),到洛阳译出《般如道行品经》、《首楞严经》、《般舟三昧经》及《阿阇世王经》等十四部,二十七卷。其所译经亦朴实无华,东晋支敏度称其"凡所出经,类多深玄,贵尚实中,不存文饰。"而支谶则历来被视为中国第一个翻译和传布大乘般若学理论的外来僧人。故僧佑说:"迄及桓、灵,经来稍广。安清(安世高)、朔佛(竺佛朔)之俦,支谶(支娄迦谶),严调(严佛调)之属,飞译转梵,万里一契,离文合义,炳焕相接矣"(《出三藏记集》卷二)。之后,佛教之于中国,传布渐广,且行于民间。最典型的是东汉与三国之际的丹阳(今安徽宣城人)人笮融的崇信佛教活动。笮融为广陵、彭城运曹时,史称他"坐断三郡(广陵、下邳、彭城)委输以自入,乃大起浮图祠,以铜为人(指佛像),黄金涂身,衣以锦采,垂铜盘九重,下为重楼阁道,可容三千余人,悉课读佛经,令界内及旁郡人有好佛者听受道,复其他役以招致之,由此远近前后至者五千余人户。每浴佛,多设酒饭,布席于路,经数十里,民人来观及就食且万人,费以巨亿计"(《三国志·吴书·刘繇传》卷49)。据此可知,是时佛教已传入中国内地,不仅在上层统治阶级传播,而且在统治阶级的厉行下,开始影响于民间,为后世佛教的发展奠定了初步的基础。因而,可以说,东汉时期是印度佛教、佛经传入我国的初期阶段。

三国、两晋、南北朝时期,由于统治阶级对佛教的提倡和门阀士族鼓吹玄学,以适应和巩固封建等级制度的需要,加之这一时期社会动荡,战争频仍,人民生活痛苦,易于接受佛教"不修今世修来世"的宣传,为佛教的传播开辟了广阔的市场和方便的条件。从而使佛教、佛经在中国得到迅速发展,并开始在中国扎根,成为中国封建社会上层建筑的一部分,也是中国古代图书馆事业的重要内容。

二、大量佛教经籍的出现

这一时期，大量佛教经籍的出现，为中国公私藏书开辟了书源，丰富了藏书内容。佛教经籍既包括大量传入的梵文及被译成汉文的经籍，又包涵不少佛经注释本和许多新撰编的佛学论著。择其要者而言，三国、两晋、南北朝的各个时期都有其代表人物及其代表作。

三国时期的梵经及译经，可考的有吴国和魏国。在吴国有支谶的弟子支亮，支亮的弟子支谦，世称："天下博知，不出三支"。其中支谦尤为著名。他是月氏后裔，自幼学中外典籍，"备通六国语"，后受业于支亮。三国时迁居吴国，拜为博士，为吴佛经翻译家。从孙权黄武元年（222）到孙亮建兴二年（253）的三十余年间，译出《大明度无极经》、《维摩诘经》、《大阿弥陀经》、《本业经》、《本起经》、《首楞严经》、《大般泥洹经》等大小乘经典 36 部，48卷。又依《无量寿经》及《中本起经》造《赞菩萨连句梵呗》三契，并注释自译的《了本生死经》等，主要弘扬佛教般若哲学。另一位是吴国僧人康僧会（？—280），祖籍康居，世居天竺，后移居交趾。孙权赤乌二年（247）到建业（今江苏南京），孙权为之修筑塔寺，号建初寺，为江南有佛寺之始。他于寺内潜心翻译和注释佛经，计译编有《吴品》（《小品般若》）及《六度集经》二部，14 卷，又注释有《安般守意》、《法镜》和《道树》三经，在吴地影响很大。

在魏国当以僧人昙诃迦罗和朱士行的取经、译经为代表。昙诃迦罗为原古印度人，魏齐王曹芳嘉平二年（250）来洛阳，译有《僧祇戒心》（大众部戒律节要本），在中国首创授戒度僧制度。其译本广为传播，昙诃迦罗本人则被称为中国佛教律宗的祖师。朱士行，为我国内地往西域最早求法的僧人。颍川（今河南禹县）人，高贵乡公甘露五年（260）出家为僧，西行求经，到于阗（今新疆和田一带）取得梵本 90 章 60 余万言。西晋武帝太康三年（282），遣弟子法铙等十人将这批梵本送至洛阳。惠帝元康元年(291)由竺叔兰与西域沙门无罗又等于陈留仓垣(今河南开封东)水南寺译为汉文《放光般若经》20卷、《异维摩诘经》3卷、《首楞严经》2卷。

西晋译经成就最大的是僧人竺法护。他祖籍月氏,世居敦煌,世称"敦煌菩萨"、"敦煌开士"。八岁出家后,即随师竺高座游历古西域各地,声称通晓三十六国语言。自晋武帝太始二年(266)至愍帝建兴元年(313),先后游历敦煌、长安、洛阳等地,沿途译出《光赞般若经》、《贤劫经》、《正法华经》、《大哀经》等154部,309卷,这些佛经大都属于大乘经典。

东晋形成南北地域,译经比三国、西晋又有发展。在北方,可以释道安和鸠摩罗什为代表。道安(314—385),俗姓卫,常山扶柳(今河北冀县)人,佛图澄的弟子,般若学派本无宗的主要代表。东晋太元四年(379)前秦王符坚攻克襄阳,为坚所信任而被带到长安,常以政事咨询。他居住在长安五重寺,一方面统领数千僧众,讲经说法;另一方面译经著述,与法和协助僧伽提婆、昙摩难提、僧伽跋澄等译《阿含经》及说一切有部论书等10部,180卷,100余万字。撰写译经序12篇,注释《道行品经》、《安般守经》、《阴持入经》等22卷,又自著《光赞折中解》、《光赞抄解》、《放光般若折疑难》、《实相义》、《性空论》等,并首次编纂汉译佛经的通录分类书《综理众经目录》1卷,在中国目录学史上占有重要地位。道安还主张废除僧侣世俗姓氏而以"释"为姓,为后世僧徒所遵循。与此同时,又制定"僧尼轨范",为僧团讲经说法、食住及平日宗教仪式作出规定,使佛教礼仪规范化、制度化,并曾两次分散徒众,随身持带经书,传法四方,对佛教的发展起了很大的作用。

鸠摩罗什(344-413),祖籍天竺,生于西域龟兹(今新疆库东一带),中国佛教四大翻译家之一。后秦弘始三年(401),为后秦王姚兴迎入长安西明阁逍遥园,待以国师之礼。自是年至十一年间的八年间,与弟子共译出《大品般若经》、《法华经》、《维摩诘经》、《阿弥陀经》、《金刚经》等经书和《中论》、《百论》、《十二门论》、《大智度论》、《成实论》等佛论,共 35 部,294 卷(一说为 74 部,384 卷)。他所译经论影响很大,其《成实论》流行江南,成为成实学派的主要依据;《法华经》为天台宗所依的基本经典;《阿弥陀经》是净土宗所依的"三经"之一。鸠摩罗什有弟子三五千人,著名者也有数十人,其中道生、僧肇、道融、僧叡等被称为"什门四圣",他们都译著有佛经多卷。

在南方僧人慧远、法显和化驮跋陀罗,也是很突出的。他们在传法、取经、译经和著述等方面,都对佛教的发展有一定影响。

慧远(334—416),俗姓贾,雁门楼烦(今山西宁武附近)人。道安的高徒,尤精"般若性空"之学。东晋太元六年(381)入庐山,创东林寺,广交名僧、名士,与之共同翻译佛经或自撰佛论。如迎请僧伽提婆合译《阿毗昙心论》、《三法度论》等多种,又迎请迦毗罗卫僧、佛陀跋陀罗从长安至庐山共译《达摩多陀禅经》多部。慧远还自著有《沙门不敬王者论》、《名报应论》、《三报论》和《法性论》等 10 余卷,50 余篇,阐发僧人不得与世同礼,灵魂不死、因果轮回,涅槃、法性不变为性以及宣传人死可往生西方"净土"都甚为精辟,故后世净土宗尊之为初祖。

法显(约 337—约 422),俗姓龚,平阳平武(今山西襄垣)人。他深感律藏残缺,誓志寻求,乃于东晋安帝隆安三年(399)至义熙八年(412)和慧景、道整等到天竺求法,游历三十余国,携回一批梵本佛经,史称他是中国僧侣始入印度求经者。法显带回这批佛经,后在建康(今江苏南京)道场寺与佛陀跋陀罗共同译成汉文,共 100 余卷。又别撰游历见闻《佛国记》一卷,成为重要的史料。

南北朝时期,佛教盛行,远比前代广泛、深入。其中佛教经籍既多且广,不仅未译梵本丰富,而且译本更多。在南朝如中国佛教四大译经家之一的真谛,梁武帝中大同元年(546)应邀来中国,随身携带大量梵本与弟子一道专心译经二十余年,译出经论记传 64

部,278卷。在北朝如道希(或称菩提流支),北魏宣武帝永平初从北天竺来中国,在北魏境内永宁寺潜心翻译佛经,成为"译经之元匠",共译佛经39部,127卷。史称"流支房内经内梵本,可有万甲(箧)。所翻新文,笔受稿本,满一间屋。"①据此,也不难想见其时南北朝的佛教经籍数量是很多的了。

三、典藏与编目

佛经既然日益增多,自然经藏便逐渐丰富起来。考诸史料,三国两晋南北朝时期的经藏,主要有官府和寺院典藏两种类型,且多编有目录。

(一)官府藏经与编目

我国官府之庋藏佛经,几乎与佛教的传入同时而相表里。早在东汉明帝永平年间,汉明帝派遣郎中蔡愔、博士弟子秦景等出使于天竺,写浮屠遗范,"蔡愔又得佛经《四十二章》及释迦立像。明帝令画工图佛像,置清凉台及显节陵上,经缄于兰台石室"。②到了魏晋之世,已有不少佛经收藏秘阁,并编制经目。如西晋秘书监荀勖所编制的《晋中经簿》就附《佛经目录》二卷。南北朝时期,南朝各代政府都庋藏佛经,先后出现了一些断代的官藏佛录。有史可据的是宋文帝元嘉八年(431),由秘书监谢灵运主编的《宋元嘉八年秘阁四部目录》,中就著录佛经55帙,438卷。之后,宋后废帝元徽元年(473),秘书丞王俭撰《七志》,又特立佛经目录,并将《佛经录》收入秘阁藏书总目之中。特别是梁武帝时,"大崇佛法,于华林园中,总集释氏经典,凡五千四百卷。"③天监年间,梁武帝先后命释僧绍和、宝唱掌藏佛经,并编撰《华林佛殿众经目录》和《梁世众经目录》,共著录佛经1433部,3141卷,集汉以来政府收藏佛经之大成。至于北朝,则元魏、高齐都先后佞佛,李廓、法上曾两度结藏,其所撰录,也颇为可观。李廓于东魏孝静帝天平年间编撰了《魏世众经目录》,将佛经分为大乘经、大乘论、大乘经注、大乘未译经论、小乘经律、小乘论、有目未得经、非真经、非真论、全非经愚人妄称等十大类，共载经律论真伪本 427 部，2053 卷。但比之南梁收藏著录的佛经总量，仅有其半数之多。延至北齐略有增加，在北齐的三藏殿内所藏已译未译梵本就有一千余箧。释僧法上于北齐后主武平中，乃编撰了《齐世众经目录》，著录佛经 787 部，2334卷。综观上述历代各朝官府所藏佛经及其所撰目录都随着时间推移而不断发展，并为后世官藏佛经打下了良好的基础。

（二）寺院藏经与编目

佛教寺院是佛教僧众供佛和聚居修行及译著佛教文献的处所，随着佛教文献的增多和保存与传播的需要，不少寺院都程度不同地建立了"经藏"，并编撰有藏经目录，从而逐步成为中国古代藏书的一个重要类型。考诸文献，中国佛寺建立经藏，当数南朝齐梁僧佑入定林寺创立的经藏为最早。僧佑（445—518），俗姓俞，祖籍彭城下邳（今江苏睢宁西北），父时居建康（今江苏南京），佛教史学家。十四岁出家，师事定林寺法达，后又受业于法颖。"佑乃竭思钻求，遂大精律部。齐竟陵文宣王每请讲律，听众常七八百人。永明中……凡获信施，悉以治定林，建初及修缮诸寺，并造无遮大集、舍身斋等，及造立经藏，搜校卷轴。使夫寺庙开广，法言无坠，咸其力也。"梁武帝"初，佑集经藏既成，使人抄撰要事，为《（出）三藏记（集）》、《法苑记》、《世界记》、《释迦谱》及《弘明集》等，皆行于世。"④据此所述，则知僧佑于齐梁间，"造立经藏，搜校卷轴"，开辟了佛寺典藏佛教文献的先河。同时，从其撰著诸书中的《出三藏记集》，亦可知其不仅有佛经之藏，而且有经藏目录提要之作。所谓《出三藏记集》，即佛教经录，因系僧佑所著，故简称"佑录"。书名的"出"即翻译，"三藏"即经、律、论，"记集"即记载东汉至梁所译经、律、论的目录，序记以及译经人的传记等。此书共 15 卷，前有总序，后分四类：一为《撰缘记》一卷，记载佛教三藏及译经起源；二为《铭名录》四卷，记载东汉末到梁历代译经目录，以及异译、失译、疑伪经录等，计2162部，5310卷；三为《总经序》七卷，计收经序及后记120篇；四为《述列传》三卷，即译经人之传，计立传者有32人。

僧佑之志，在于遥续安清《经录》，近接《别录》，囊括一切经录而集其大成。事实上，从传存的文献来看，僧佑以前的经录大多散佚，佛录之得以留传至今的书亦以《佑录》为最早。值得注意的是，《佑录》与刘勰有极大关系。《梁书·刘勰传》卷50载"刘勰（465－521）早孤，笃志好学，家贫不婚娶，依沙门僧佑，与之居处，积十余年，遂博通经论，因区别部类，录而序之。今定林寺经藏，勰所定也。"而费长房的《开皇开宝录》则称《佑录》成书于"齐建武年"。由此可知僧佑的经录早成于齐代，最后编定乃为梁刘勰。又可知《佑录》所根据者，必然是定林寺的经藏，进而得知此经藏目录是"悉更删整，标定卷部"的，并透过此目录则知其定林寺所收藏的佛教文献是极为丰富的。

自僧佑于定林寺开创经藏后，在中国南北各地逐步形成了一种风气，大凡寺院都单辟藏经楼阁，建立起了自己的经藏，并撰集有寺院的经录。如庐山东林寺经藏有《庐山录》，湘宫寺经藏有《湘宫寺录》，一乘寺经藏有《一乘寺藏众经目录》，邺城天平寺藏有梵本千余箧，宝山寺经藏有《释道凭录》，以及《真寂寺录》、《义善寺录》、《玄法寺录》、《福林寺录》、《陈朝大乘寺藏录》四卷等。此外，在三国两晋南北朝时期，还先后出现了一大批佛教经籍目录。据姚名达《中国历代佛教目录所知表》称：朱士行于魏高贵乡公甘露五年（260）以前撰有《汉录》一卷，专录汉代诸家译经；竺法护于西晋惠帝末撰有《众经目》一卷，专录自译经论；聂道真于西晋怀帝永嘉中撰《众经目录》一卷，通录古今佛经；支敏度约于东晋时撰《经论都录》一卷，通录古今佛经，又约于东晋成帝时撰分类的《经论别录》一卷；释道安于东晋孝武帝宁康二年撰的《综理众经目录》一卷，在通录的基础上于以分类；释僧睿于晋安帝义熙间撰《二秦众经目录》一卷,专录秦凉译经;竺道祖约于晋恭帝元熙元年撰《汉录》一卷,专录汉代译经;释道流、竺道祖二人合撰的《魏世(译)经录目》、《吴世(译)经录目》、《晋世(译)杂录》、《河西(译)经录》各一卷;在齐初有不知撰人姓名的《众经目录》(简称都录)八卷和《众经别录》(简称别录)二卷;释王宗于南齐武帝时撰的《众经目录》二卷,简称"宗录";释道慧于南齐时的《宋齐录》一卷,专录晋末宋齐译经;释正度约于梁武帝时撰的《释正度录》;阮孝绪于梁武帝普通四年以后撰的《佛法录》三卷,通称"古今";释真谛于陈宣帝太建元年撰的《真谛录》,专录自译经论;菩提流支于北魏永平二年(509)以后撰的《译众经论目录》,简称"支录",等等。

综上所述,佛教自西汉末、东汉初传入我国后,与我国传统思想文化结合起来,经过三国两晋南北朝的发展,形成了独具特色的中国佛教。其佛教经典的大量传入与译著,官府、寺院的庋藏与流传,丰富了我国文化宝库,充实了我国图书馆事业的内容,对社会产生了广泛的影响。

第二节　道教与道书及其庋藏

一、道教与道书

道教是中国固有的宗教。它渊源于古代的巫术和神仙方术,承袭和假托于先秦道家,奉老子为教祖和最高天神,约于东汉后期逐步形成宗教。黄老道则是早期道教的前身。据载:东汉初,楚王英"更喜黄老学,为浮屠斋戒祭祀"。延熹中,桓帝更事黄老之道,并在宫中立黄老浮屠祠,祭祀黄帝、老子,这时,黄老道已具有宗教的仪式。

早期的道教有"太平道"和"五斗米道"两派。

太平道承袭黄老道,因信奉《太平经》而得名。东汉灵帝熹平年间(172－178)为张角所创立,主要流传于河北一带,徒众达数十万人。据《后汉书·皇甫嵩传》卷71称:"初,巨鹿张角自称大贤良师,奉事黄老道,蓄养弟子,跪拜首过;符水咒说以疗病,病者颇愈,百姓向之。角因遣弟子八人使于四方,以善道教化天下,转相诳惑。十余年间,众徒数十万,连结郡国。"于是分信徒为三十六方(部),"大方"万余人,"小方"六七千,各设渠帅统率之。预定甲子年甲子日(汉灵帝中平元年——184,三月五日)起义。口号为"苍天已死,黄天当立,岁在甲子,天下大吉",简称"黄天太平"。后被官兵镇压而失败,太平道自此销声匿迹。

五斗米道,亦称"米道"、"鬼道",为东汉顺帝时(120－144)沛国丰(今江苏丰县)人张陵(又名张道陵)客居于蜀,赴鹤鸣山(一作鹄鸣山,在今四川成都市大邑县境内)学道,于永和六年(141)作道书24篇而创立。因入道者依蜀地本有的形式,须出五斗米,故名五斗米道。又因道徒尊张陵为天师(一说张陵自称天师),也称天师道。它奉老子为教祖,尊为太上老君;以《老子道德经》为主要经典,并加注释,名《老子想尔注》,相传还信奉《太平洞极经》、《太清经》、《太玄经》、《正一经》和《五斗经》等。信道者以地域分治,绝大多数分布于巴蜀一带。陵死,传子衡;衡死,传子鲁。张鲁得益州牧刘焉信任,为督义司马,于汉献帝初平二年(191),攻取汉中,乃"据汉中以鬼道教民,自号师君。其来学道者,初名鬼卒;受本道已信,号祭酒。"⑤张鲁割据汉中,实行政教合一的统治共二十余年。

西晋时,该教仍在社会中活动和传播。泰始、咸宁间,蜀犍为人陈瑞以鬼道教民,自称天师。永嘉年间,张陵的第四代孙张盛移居江西贵溪龙虎山,建立上清宫,尊张陵为"掌教"和"正一天师",从此形成了天师道教派。东晋建武元年(317),著名道士葛洪撰有《抱朴子》内篇,整理并阐述战国以来神仙方术理论,丰富了道教的思想内容,并与儒家名教纲常结合起来,使道教成为维护封建统治的工具。东晋末,孙恩、卢循利用五斗米道形式组织农民起义,后遭刘裕镇压而失败。故自晋末南北朝起,世间又讳言五斗米道而仅称天师道。

南北朝时,统治阶级采取了对早期道教进行变革和利用的政策,得到道教一些上层人士的响应。北朝有嵩山道士寇谦之在魏太武帝的支持下,自称奉太上老君旨意,授以"天师正位",赐以《云中音诵新科之诫》二十卷,令他"清理道教,除去三张伪法"及男女合气之术,用儒家"佐国扶命(民)"思想,创立了以礼拜修炼为主要形式的新天师道,为"北天师道"。在南朝则有庐山道士陆修静为宋明帝重用,"祖述三张,弘衍二葛",整理三洞道书,编著斋诫仪范,使道教理论和组织形式日臻完善,更适应统治阶级需要,被称为"南天师道"。其后,隐居江苏句曲山(茅山)修道的陶弘景因表章汉朝在此修道的三茅君,创立了茅山道。陶弘景著《真灵位业图》,将道教尊崇的神仙分成等级,并在所著的《真诰》中将佛教轮回说引入道教,对教理的发展起了很大的作用。

道教在发生、发展的过程中,先后产生了许多道教书籍,通称"道书"。道书之称,始于东汉。我国自东汉中叶出现《太平经》及有关养生等道书起至南北朝止,道书可谓层出不穷,卷帙上万。仅东晋时,葛洪《抱朴子·遐览篇》卷十九里,就载有道书670卷,符500余卷,共1200卷。殆至南北朝时,南朝道士陆修静撰的《三洞经书目录》就载有经书及药方、符图等18100卷,行世的为6300余卷。至于北朝的道书,也不断增益,为数不少。据北周道士甄鸾天和五年(570)上《笑道论·诸子道书》卷39称:"玄都经目云道经、传记、符、图、论六千三百六十三卷。二千四十卷有本,须纸四万五十四张。其一千一百余卷,经、传、符、图;其八百八十四卷,诸子、论;其四千三百二十三卷,陆修静录中有其数目,及本并未得。"即是说,天和时,道经内容,增入诸子论后,共有二千零四十卷,这是有本可稽的,其余四千余卷乃是号称的虚语,即如《笑道论》所说:"又统收道经目录,乃有六千余卷。核论见本,止有二千四十。余者虚指未出",这话是颇为中肯的。到了建德年间,仅收访集积的道书就达八千零三十卷之多。《云笈七签》卷85王延传称:周武帝令王延校三洞图经,得经传疏论八千三十卷。《道藏尊经历代纲目》亦称:"后周法师王延《珠囊经目》,藏经八千三十卷"。据此可知,自东汉迄于南北朝,中国的道书已相当繁富。但其内容的特点却是庞杂的,或利用诸子学说注解附会而成,或以道教本身的思想及其活动礼仪而创发编纂成书,甚至依托佛教书籍自我阐发而生。可是,道教则往往讳所自出,声称"教自羲黄,经出天宫",加以神秘化。事实上,道教有其基本的经典。这一时期,主要有《道德经》(又名道德真经)、《黄帝阴符经》(简称阴符经)、《太平经》(先后流传有三种:天官历包元太平经、太平洞极经、太平清领书)、《老子化胡经》、《灵宝无量度人上品妙经》(简称度人经)、《上清黄庭外景经》、《上清黄庭内景经》等。

二、道书的庋藏与编目

道书的庋藏,因道书的陆续出现和不断增多而兴起,又因庋藏的兴起和对道书的整理而产生了道经目录。就其庋藏的形态而言,不外有官府典藏、宫观聚藏和私人收藏三种形态。

(一)官府典藏及编目

官府典藏道书,初兴于南北朝。南朝起于刘宋时代。宋后废帝刘昱元徽元年(473),秘书丞王俭整理秘阁藏书,依《七略》撰《七志》时,特辟《道经录》附见于《七志》,合《佛经录》为九条,"上表献之。表辞甚典。"虽"亦不述作者之意,但于书名之下,每立一传,而又作九篇条例,编乎首卷之中"(《隋书经籍志序》卷32)。据此可知,刘宋时,道已为秘阁典藏,且进行整理,始述道书分类条例,备列道书目录于秘阁庋藏的总目之中。自此以后,南朝历世秘阁典藏道书则相沿成习。至于北朝历世官府典藏道书,当以北周武帝宇文邕世较为突出。天和、建德年间,玄都观道士,曾奉诏上道书与目录数千卷,典藏于政府。与此同时,南北朝历世政府都曾设官管理宫观及其道书,甚至诏命宫观某某道士为观主,如"宋文帝为陆先生(指陆修静)置崇虚观,刘法先为馆主,封国师。董牵法彭城人也,宋明帝征为崇虚观主"(《事相·仙观品》卷一)。又如,杨超"梁时入吴包山为林屋馆主,门徒盈千人。又为华阳馆主,于华阳之东,别立招真馆焉"(同上)。以上都直接或间接地说明南北朝政府对道书的典藏是颇为重视的。

(二)宫观聚藏及编目

宫观,是道宫和道观的合称,为道教祀神、作法事及撰著、聚藏道书之所。始见于《史记·封禅书》卷28称:汉武帝于元封二年(公元前109年),"令长安则作蜚廉观,甘泉则作益延寿观,使卿持节设具而候神人……甘泉更置前殿,始广诸宫室",以招来仙神人之属。以后则为道教所袭用之。晋至南北朝时称馆,《晋书·许迈传》卷80说:许迈"学升遐之道","于是立精舍于悬雷,而往来茅岭之洞室,放绝世务,以寻仙馆。"其后南朝各代所立修道之所通称为馆。而道观之称,初用于北方,三国魏元帝咸熙初(264—265),道士梁谌事郑法师于终南山楼观。其后及至北周武帝乃改馆为观,建玄都观等。唐以后始不用馆,而以观字代之,或宫观并称,大道观则称名为"宫"。

1、建康崇虚馆

南朝宋明帝(刘彧)为弘扬道教,广延道士,盛集道书,乃于太始三年(467),在建康(今江苏南京)北郊天印山(即方山)建造了一所道馆,取名为崇虚馆(一说为宋文帝刘义隆所建)。馆内设通天台以待道士,特立道藏阁以贮集道书。其贮集来源有二:一为御赐,如"陆修静奏请御赐道家经并符图1200卷,龙箧贮之,后被回录"(清

·毛德琦纂《庐山志》卷四);二为居馆道士的收罗及自撰,如陆修静。近人陈国符《道藏源流考·道经传授表序》说:"杨、许道经遗传后世,嗣归陆修静。陆氏先已潜衡、熊、湘暨九嶷、罗浮,西至巫峡、峨嵋,搜罗经诀。故至是而尽有《上清经》、《灵宝经》、《三皇经》,遂总括《三洞》诸经焉。"又说陆氏自撰《道德经杂说》、《归根论》和《三元斋仪》等道书 28 种,若干卷。在其贮集大量道书的基础上,于宋明帝太始三年至七年(467－471),由陆修静主持,对崇虚馆道藏阁之道书,全面整理,"仔细研考,去除疑伪";"区分类别,以成条目",即以教义进行分类,将道书分为洞真、洞玄、洞神三大经书类别,各为目录,最后合撰成为《三洞经书目录》。世称此"实为《道经第一部总目录》","盖道书目之最古者。"该目录载有道家经书并药方、符图等,共 1228 卷。唐释道世《法苑珠林》卷 69《破邪篇·妄传邪教》第三记载说:"宋太始七年,道士陆修静答明帝云:道家经书并药方、符图等,总一千二百二十八卷。云一千九十卷已行于世,一百三十八卷犹在天宫。"又《笑道论·诸子道书》卷 36 说:陆修静录中,另有四千三百二十三卷,谓尚未出世。据此,可知当时崇虚馆收藏道书是很多的。最保守地说,其目录所载道书数量当不为虚语。值得一提的是,陆修静于收集、整理、编目道书是有开创性的功绩的。不仅如此,他还与此同时,编撰了斋戒、仪范等道教图书一百余卷,使道教仪式因之而得以完备。故后世尊之为"丹元真人",道观庋藏道经的创始者。

2、长安玄都观

长安(陕西西安市)玄都观,一名通玄观,唐时避玄讳作通道观,北周武帝时建。该观北周时先后聚藏有大量道书。天和五年(570)玄都观道士所上《玄都经目》,增入秦汉诸子论著,共著录该观所藏道书二千零四十卷。继北周武帝又扩建玄都观,下令广集道书,并令道士王延等整理校定,作《三洞珠囊》经目七卷,实录观藏道书八千零三十卷。这比之《玄都经目》所录、所藏,增加了三倍,集汉以来道教书聚藏之大成。

（三）道士私藏与其他编目

道士私人藏道书,是不乏其人的。如晋之郑德与北魏的寇谦之都较著名。郑德收藏道书甚富,仅葛洪亲眼所见的应有二百余卷。寇谦之尝集聚道经千卷,还将方技、符水、医药、卜筮、谶纬之类书予以逐一分类编目。惟因道士编撰道书目录意在弘扬道教,以示道众,故比之私藏道书更为显著。

其他道书的编目,从汉至南北朝,较著名的有以下九种:

1、班固《汉书艺文志》,著录有关道家学派的若干分类和篇卷;

2、葛洪《抱朴子·遐览篇》的道经类和诸符类;

3、孟法师《玉纬七部经书目》;

4、许豫《上清原统经目》;

5、孟安排《道教义枢》;

6、阮孝绪《仙道录》;

7、陶弘景《经目》;

8、《太上众经目》;

9、《三十六部经目》。

上述道书目录,详实地反映了道教书籍庋藏的情况,而他的本身也丰富了道书庋藏事业的内容,具有独特的学术性,从而表现出中国古代藏书事业的多样性。

注释:

①姚名达《中国目录学史·宗教目录篇》。

②《魏书·释老志》卷114。

③《隋书·经籍志·集部序》卷35。

④《出三藏记集》卷2。

⑤《三国志·魏书·张鲁传》卷9。

第六章　隋唐时期的图书馆事业

第一节　隋朝的国家藏书事业

一、隋朝国家藏书的来源

隋朝国时甚短,前后仅有三十八年。但隋朝政府对国家藏书事业却十分重视,认为:"经邦立政,在于典谟矣。为国之本,莫此攸先。"①于是,自始至终都致力于聚藏书籍,取得了"得书最多","盛极古今"的良好效果。其藏书来源,主要有三:一是接收北周和陈国遗存的全部官府藏书。据记载,开皇元年(581),隋开国皇帝杨坚取代北周时,直接接收了北周官府藏书一万五千余卷。虽"部帙之间,仍有残缺,比梁之目止有其半。至于阴阳河洛之篇,医方图谱之说,弥复为少"。②但却是隋建国时国家藏书的基业。公元589年(开皇九年),隋文帝杨坚举兵灭掉陈国,又全部收缴了陈国遗留的图书,史称:"检其所得,多太建时(南朝陈宣帝太建元年至十四年)书,纸墨不精,书亦拙恶。"但也不失填补了隋朝国家藏书之某些缺失。二是开献书之路,搜访异本。隋文帝开皇三年(583),秘书监牛弘针对国家藏书不完备的现状,上书《请开献书之路表》。文帝采纳了他的建议,乃下诏:"分遣使人搜访异本,每书一卷,赏绢一匹,校写既定,本即归主"的办法,于是"民间异书,往往间出。"③从而,获得了不少书籍。三是大量复写副本,精制卷轴,于以分别收藏。大业元年(605),炀帝即位后,即下令将秘阁之藏书,每一单本复制缮写为五十个副本,并根据书的价值分为上中下三品:"上品红琉璃轴,中品绀琉璃轴,下品漆轴",分藏于观文殿的东西两厢书屋。这既充实了藏书,又有利于使用和传存。

二、隋朝国家的三殿藏书

1. 嘉则殿藏书

嘉则殿在西京长安城的宫府内,藏书最多,有书三十七万卷。隋炀帝时,曾命秘书监柳顾言等诠次。经过整理,除去"重复猥杂,得正御本三万七千余卷。"可见其藏书之多,数量之大。它比之历史上政府藏书最多的梁元帝时有书十四万卷还要多一倍半,达到了隋以前国家藏书的最高纪录。

2. 修文殿藏书

修文殿设置在东都洛阳宫中,主藏正御本图书,嘉则殿清理出的三万七千余卷正御本书籍即藏于此。它系隋之中秘藏书,炀帝时大量抄写副本就是取用这里的藏书作为底本的。

3. 观文殿藏书

观文殿是隋炀帝时,在洛阳宫中特意建造的一座国家图书馆。规模宏大,设施考究。殿内为东、西两厢,殿前为"书室十四间,窗户、床褥、橱幔,咸极珍丽。每三间开方户,垂锦幔,上有二飞仙,户外地中施机发。帝幸书室,有宫人执香炉前行,践机则飞仙下收幔而上,户扉及厨扉皆自启。帝出,则复闭如故。"[④]殿后又筑有东、西二台。前后内外,构成一体,颇为宏丽壮观,别具一格。

观文殿所储书籍,内容丰富,庋藏有序。炀帝令人复写的每册五十副本图书,分三品集贮于殿内东西两厢屋内,"东屋藏甲乙,西屋藏丙丁"。殿后的东西二台,专藏书法、绘画,分置为"东曰妙楷台,藏古迹;西曰宝迹台,藏古画"。另在内道场特藏道书、佛经,"别撰目录"。这种分藏图书的办法,不仅收到了有条不紊的效果,而且开创了国家图书馆分类分等专藏的先例,对后世有所启迪。

三、隋朝国家藏书的整理编目与利用

隋朝国家图书馆曾多次对藏书进行整理,在整理的基础上又先后编制了若干书目。可数的有四次之多。第一次是开皇初年,秘书监牛弘对秘阁藏书的整理,编撰了《开皇四部目录》和《开皇八年四部目录》,著录图书一万五千余卷。第二次是开皇九年(589)对新增藏书的整理。一方面对所藏书籍总集编次,存为古本;另一方面,征召天下工书之士如韦霈、杜頵等于秘阁内补续残阙,分写为正副二本,计有三万卷之多。第三次是开皇十七年(579),秘书丞许善心"仿阮孝绪《七录》更制《七林》,名为总叙,冠于篇首。又于部录之下,明作者之意,区分其类例焉"。[⑤]与此同时,又组织李文博,陆从典等学者十余人,专门正定经史的错谬,取得了显著的成效。继后,著作郎王劭于隋文帝仁寿年间,精心编撰了《开皇二十年书目》,总结隋文帝时期国家藏书状况。第四次是隋炀帝大业初年,对东都修文殿和西京长安嘉则殿藏书的全面整理,编制了《隋大业正御本书目录》九卷,成为隋代有名的国家书目之一。

至于对国家藏书的利用,突出地表现在两个方面:一方面是不少学者名儒利用殿阁藏书研讨学问,或相与"讲论得失于东都之下,纳言定其差次,一以闻奏",为帝王提供治世之策;另一方面,隋炀帝在位前后十余年间,曾组织百余名学者利用殿阁藏书专门修书撰著。史称:"自经术、文章、兵农、地理、医卜、释道,乃至捕搏鹰狗,皆为新书,无不精洽,共成三十一部,万七千余卷。"[⑥]创造了丰富的文化史料。这实际上是一种资料汇编性质的百科全书,为后世《永乐大典》、《图书集成》等类书所仿效。

四、隋朝佛道经籍的收藏与编目

1.佛教经籍的收藏与编目。隋朝文炀二帝都崇信佛教。隋文帝普诏天下任听出家,并"官写一切经,藏于秘阁"。炀帝时,又令"沙门智果,于东都内道场撰诸经目录,分别条贯,以佛所说经为三部:一曰大乘,二曰小乘,三曰杂经。其余似后人假托为之者,别为一部,谓之疑经。"⑦具体来说,在佛经的藏量方面,据《隋志》所载,计有:

大乘经 617 部 2076 卷

小乘经 487 部 852 卷

杂经 380 部 716 卷

杂疑经 172 部 336 卷

大乘律 52 部 91 卷

小乘律 80 部 472 卷

杂律 27 部 46 卷

大乘论 35 部 141 卷

小乘论 41 部 567 卷

杂论 51 部 437 卷

记 20 部 464 卷

共计 1950 部 6198 卷。

在佛经的编目方面,隋政府曾下令整理编撰了五部著名的经录:

(1)《大隋众经目录》七卷。此录为释法经等人于开皇十四年(594),奉敕编撰。分为九大类,四十二小类,著录众经 2257 部,5310 卷,素有"整洁"的美称。

(2)《历代三宝记》十五卷,一称《开皇三宝录》,简称"长房录"。隋开皇十七年(597),由译经场博士费长房奉诏编撰。它分为总目、帝年、代录、入藏四个部分。费氏自称:"都所出经、律、戒、论、传,2146 部,6235 卷"。对于这部经录的价值,史有"得在繁富,失在核通"的评说。

(3)《隋仁寿年内典录》五卷,此录为隋文帝仁寿二年(602),释彦琮等奉敕撰编。作者自言:奉皇帝之命,"披检法藏,详定经录,随类区辨,总为五分:单本第一,重翻第二,别生第三,圣贤集传第四,疑伪第五。"共收录佛经 2109 部,5058 卷。

(4)《昆仑经录》五卷。此录为隋炀帝大业二年(606)释彦琮等奉命编撰。分经、律、赞、论、方、字、杂书七类,共 564 箧,1350部,2200 卷。

(5)《众经目录》。此录为隋炀帝大业中,沙门智果奉敕于东都内道场编撰的,共收录佛经 1950 部,6198 卷。

2.道教经籍的收藏与编目。隋朝政府对道教不甚热心,史称"文、炀帝于道士蔑如也"。但对于道书的收藏与编目却未付诸阙如。据《隋志》称,观文殿内道场集藏的道书也较为丰富,计有:

经戒 301 部 908 卷

饵服 46 部 167 卷

房中 13 部 38 卷

符篆 17 部 103 卷

以上共 377 部,1216 卷。这些道书都详载于《隋朝道书总目》四卷之中,而总目则是炀帝命道士所撰,约成书于大业中期。

五、完善和加强秘书省

隋朝政府沿袭前代官制,设置秘书省专事典掌国家藏书事业。但与前代秘书省相比,却更加完善。主要表现有三:(1)提高了秘书省的等级地位。秘书监由三品升为从二品,并增置少监一人,后又改监、少监为令;(2)增加了校书郎人员,由原来的十二人,增添为四十人;(3)新置楷书郎二十人,掌管抄写御书。这些切实可行的措施,加强对国家藏书的领导和管理,收到了良好的效果,丰富了隋朝国家藏书事业的内容。

第二节　唐代的国家藏书事业

　　唐代是我国历史上的一个辉煌时代，政治、经济和文化都很发达。唐太宗时期，出现了"贞观之治"的繁荣；唐玄宗时期，又呈现了"开元盛世"的景象。当时的唐帝国，可谓世界上最强大、最昌盛的国家。在这样的时代背景下，自唐太宗贞观初年至唐玄宗天宝十四年的一百三十年间，国家图书馆事业步入了一个令人赞叹的黄金时代。唐代的国家图书馆事业，集中表现为两京设置的各类藏书所构成的国家图书馆体系。在诸多藏书馆舍中，弘文馆、集贤殿书院、史馆、秘书省、学士院和崇文馆及司经局等的藏书，最为著名，特别值得称道。

一、弘文馆的藏书事业

　　弘文馆是门下省所属的藏书机构，"掌详正图籍，教授生徒"，并参议"朝廷制度沿革，礼仪轻重"。弘文馆聚藏着大量的图书，仅太宗贞观年间，就有藏书二十余万卷之多，并专门建筑弘文阁予以庋藏。唐代著名学者虞世南、褚无量、姚思廉、欧阳询等曾先后典掌其藏书事宜。

　　弘文馆始建于唐高祖武德四年（621），初名"修文馆"。唐太宗贞观元年（627），为弘扬文教，乃更名为"弘文馆"。唐中宗神龙元年（705），因避太子李弘名讳，改名为"昭文馆"，次年复名"修文馆"，景龙中又复名为"昭文馆"。唐玄宗开元七年（719），仍改为"弘文馆"，一直沿用至唐末。

　　弘文馆的职官体制较为完善。它以宰相兼领馆务，号称馆主；由给事中一人判馆事，设各种学士若干人，分管馆内各个方面的工作。开元以后,置校书郎、校理、校雠错误等官,而校书郎则主要负责"掌管校理典籍,刊正错谬"。其下有令史二人,楷书手十二人(《旧唐书》曰:三十人),供进笔二人,典书二人,榻书手三人,笔匠三人,熟纸装潢匠八人,亭长二人,掌固四人等诸多职官工匠。

二、集贤殿书院的藏书事业

集贤殿书院是唐中叶建立的国家藏书馆舍,隶属于中书省。集贤书院分设于长安和洛阳两都宫府,都是在唐玄宗开元十三年(725),由丽正殿书院改为今名的。长安集贤书院在大明宫光顺门外,洛阳的集贤书院在东都明福门外。

两都集贤殿书院的藏书都很丰富,均分为四库庋藏。据《唐会要·经籍》说:开元十九年(731)十月,集贤院四库书,共有八万九千卷。其中,经库一万三千七百五十二卷,史库二万六千八百二十卷,子库二万一千五百四十八卷,集库一万九千九百六十卷。这些库藏图书,新旧备集,既有历史古籍,又有当代新书,甚为齐备。但这些藏书,经过开元二十四年(736)的调整而减少了藏量的三分之一,仅存有五万四千六百四十二卷。可是,到了天宝年间,仅用了十一年时间,陆续缮写了一万六千八百四十三卷,使集贤院的四库藏书总数增加到七万一千四百八十五卷,藏书数量之大仍然是很可观的。

两都集贤殿书院为加强领导和管理,都有较健全的职官设置和明确的职责范围。职官的设置有学士知院事一人,每以宰相担任此职;副知院事一人,常以常侍担任;判院一人,押院中使一人;侍讲学士、修撰官、校理官、待制官、留院官、检讨官若干人;孔目官一人,专知御书典四人,知书官八人,书直、写御书一百人,拓书六人,画直八人,装书直十四人,造笔直四人等,构成了一个完整的集贤院职官组织系统,各司其职。其主要职官学士、直学士、侍讲学士、修撰官的基本职责是:"掌刊缉经籍。凡图书遗逸、贤才隐滞,则承旨以求之。谋虑可施于时,著述可行于世者,考其学术以闻。凡承旨撰集文章、校理经籍,月终则进课于内,岁终则考最于外"。⑧可谓体现了国家藏书事业的基本内容。

三、史馆的藏书事业

史馆是唐代国家重要藏书馆舍之一。始建于武德初年,隶属于秘书省著作局。贞观三年(629),乃移归门下省所辖,由宰相监修国史,并自是废著作局史职而独立组成史馆职官系统。

开元二十五年(737),右相李林甫监修国史,以中书地切枢密,记事史官宜处其附近,经史馆修撰尹愔奏请移史馆于中书省北获准。从此,史馆即隶属于中书省,馆址设在原尚药局内药院内。

史馆的职官设置,主要有监修国史、判馆事、修撰、直馆。下属官员有楷书二十五人,典书四人,亭长二人,掌固六人,装潢直一人,熟纸匠六人。但其职官名目和人数,前后是有发展变化的。一是宰相监修国史,自贞观以后,遂成为史馆的定制,历世多以一宰相监修国史。二是修撰、直馆,天宝以后,他官兼史职者,初入为直馆,久居者为修撰。元和六年(811),宰相裴垍建议:"登朝官领史职者为修撰,以官高一人判馆事;未登朝官皆为直馆"。⑨其余各种名目的属官,一律不设置。朝廷采纳了这个建议,并付诸实行。三是大中八年(854),乃废史馆直馆二员,增修撰四人,分掌四季,并设置了各种名目的诸多属官,共同完成史馆的任务。史馆的任务是:"掌修国史,不虚美,不隐恶,直修其事。凡天地日月之祥,山川封域之分,昭穆继代之序,礼乐师旅之事,诛赏废兴之政,皆本于起居注、进政记,以为实录,然后立编年之体,为褒贬焉。既终藏之于府"。⑩考唐一代,史馆修撰前代史志和本朝国史的成就是非常显著的。修撰前代的史志,如《晋书》、《梁书》、《陈书》、《北齐书》、《周书》、《隋书》等,其中晋、隋二书出于众手,历来誉称精核,"高于古今",而《隋书》十志尤为详明可贵。至于修撰本朝史书也甚为丰富多彩,既有编年体的国史,又有各种起居注实录体、纪传体、会要体及《唐六典》等等。这些史书不但充实了史馆藏书,表现出它们"将欲览前王之得失,为在身之龟镜",而且修撰成这些史书的本身,也是对史馆自身藏书利用所获得的结果,表明了史馆藏书的价值和作用。

四、秘书省的藏书事业

秘书省沿袭旧制,专掌国家图书秘籍,一开始就是唐代国家藏书的重要处所和图书管理机构。唐代两都均设有秘书省。西京长安秘书省源于隋,东都洛阳秘书省约为唐高宗显庆后所建。两都的秘书省以西京为主体,以后东都秘书省逐渐消失。

唐代的秘书省隶属于中书省,职官甚为完备。据记载,秘书省有秘书监一人,少监二人,丞一人,职责是"掌邦国经籍图书之事",又领著作、太史二局。秘书省之属官有秘书郎四人,校书郎八人,正字四人,主事一人,令史四人,书令史九人,典书八人,楷书手八十人,亭长六人,掌固八人。另外,还特设一套工匠,计有熟纸匠十人,装潢匠十人,笔匠六人,专事秘书省整理和装帧图书方面的服务。

秘书省的藏书较多,但前后有所增减变化。开元间,秘书省的图书约有八万卷之多,分"经库类十,史库类十三,子库类十四,集库类三",⑪予以庋藏。天宝年间,安史之乱,秘书省的藏书遭受损失。之后,经过近八十年的不断搜访遗佚,抄录补写,增加新书,编制文案,到唐文宗时,藏书才略有恢复。据《唐会要·经籍》称:开成元年(836)七月,分察使上奏:"秘书省四库,见在新旧书籍共五万六千四百七十六卷,并无文案及新写文书。"几年之后,及至唐宣宗大中年间,秘书省的四库藏书即达七万余卷,与最盛时的开元间藏量不相上下。但唐末农民大起义又冲击了秘书省的藏书,至唐僖宗、昭宗之世,秘书省所藏图书大多丧失,"幸存者不及万卷"。

五、崇文馆的藏书事业

崇文馆是太子学馆,为东宫之属,也是唐代官府藏书的重要馆舍。该馆设立于贞观十三年(629),始名"崇贤馆"。上元二年(675),因避章怀太子李贤讳,改为"崇文馆",自此成为定名。置有学士、直学士、校书郎,但皆无常员,无其人则庶子领馆事。乾元初,以宰相为学士,总领馆事。贞元八年(792),设书直一人,令史二人,书令史二人,典书二人,拓书手二人,楷书手十人,熟纸匠一人,装潢匠二人,笔匠一人。而学士则掌东宫经籍图书,以教授诸生,凡课试举送如弘文馆的办法一样;校书郎则掌校理馆中所藏四库书籍。

六、司经局的藏书事业

司经局为东宫之属,也是唐代官府藏书的重要地方。史称:司经局有"洗马二人,从五品下,掌经籍,出入侍从;图书上东宫者,皆受而藏之。文学三人,正六品下,分知经籍,侍奉文章。校书四人,正九品下;正字二人,从九品上,掌校刊经史"。此外,还配备有书令史、楷书手、书吏、典书、掌固、装潢匠、熟纸匠、笔匠等吏员多人,共同完成其藏书事业的任务。

七、学士院的藏书事业

学士院是专掌内命的机构,也是唐代官府藏书的重要处所。唐玄宗开元二十六年(738),改翰林供奉为学士而设置的学士院。地址在宫廷银台门内,麟德殿西。据唐人李肇编撰的《翰林志》说:"翰林院南厅五间,中架为藏书南库。出北门,横屋六间当北厅,通廊东西二间为藏(书)北库,其中库书各有录,约八千卷,主使主之。西三间,书官居之,号曰待制"。由此可知学士院除西三间为"待制"值班居宿之所外,南北都是书库。这些库藏图书有专人典守,每库均有书目,管理较为严谨。从北库藏书八千卷来看,规模较小,表现了学士院附设的特征,类似今天的机关图书馆性质。在唐代属于这种性质的图书馆又绝非仅此一家,见于记载的尚有太常寺、礼部、国子监及太清宫等也莫不附设有藏书。

上述主要图书馆舍,相互独立,又相互联系,形成了一个完整的唐代中央国家图书馆的藏书体系,反映了唐代国家藏书事业的繁荣昌盛。

第三节　唐代国家藏书事业的特色

唐代国家藏书事业与政治、经济、文化相适应得以迅速发展,超过了历史上任何朝代,表现出它有过之而无不及的显著特色。

第一,藏书丰富,开元最盛

唐代的国家藏书在隋朝国家藏书的基础上建立后,经过历世的多次搜聚天下图书,和不断的"官借缮写"以及新著的急剧增加,使国家藏书大大地丰富起来,到了开元时期,达到了前所未有的高峰。《新唐书·艺文志序》卷57 说:唐代"藏书之盛,莫盛于开元,其著录者,五万三千九百一十五卷,而唐之学者自为之书者,又二万八千四百六十九卷。呜呼,可谓盛矣!"这表明唐代国家藏书是很丰富的,而唐玄宗开元时期则集其大成,征集前代旧籍五万余卷和唐代编撰的新书二万余卷,合计达到82374 卷之多,比之历史上富有藏书的汉代官藏书籍13269 卷,高出了六、七倍。其藏书数量之多,显然是比之历史上有过之而无不及的。

唐代国家藏书的丰富,除藏量外,更有丰盛的藏书内容。首先,唐代继承了汉代至隋朝以来的新学问,并将它们向前推进了一大步。如文学、历史、天文、地志、自然科学以及大量类书的出现,充实了藏书的内容。其次,佛、道二教在唐代进入了全盛时期,佛教经典被大量译写出来,道教著述也比以前有增无减。《旧唐书·经籍志》卷46称:"释氏经、律、论疏,道家经、戒、符箓,凡2500余部,9500余卷。亦具翻译名氏,序述指归,又勒成目录十卷,名曰《开元内外经录》。"可见,唐官藏图书内容是很丰富的,入藏的范围也是广泛的。据《旧唐书·经籍志序》说:开元七年(719),"四库书成,上令百官入乾元殿东廊观之,无不骇其广。"刘肃还说:"开元二十三年(735),侍中裴耀卿,因入书库观书。既而谓人曰:圣上好文,书籍之盛,事自古未有。朝宰充使,学徒云集;观象设教,尽于此矣。前汉有金马、石渠,后汉有兰台、东观,宋有总明,陈有德教,周则兽门、麟趾,北齐有仁寿、文林,虽载在前书,而事皆琐细。方今之日,岂得扶翰捧彀者哉?"(《大唐新语》卷一,转引《古今典籍聚散考》)这些都说明开元藏书的盛况,是前代无法比拟的。

第二,典校缮写,前后亘连不断

唐代政府非常重视典校、缮写国家藏书,在其近三百年的世代里,有一百六十余年对藏书校写不绝,前后亘连相续。其间,规模较大的有四次。第一次是太宗贞观年间的校写。《唐会要》卷71说:"武德五年(622),秘书监令狐德棻奏请购募遗书,重加钱帛,增置楷书,专令缮写。""至贞观二年(628),秘书监魏征以丧乱之后,典章纷杂,奏引学者校定四部。"于是,"太宗命秘书监魏征写四部群书,将进内贮库,别置仇校二十人,书手一百人"(《旧唐书·崔行功传》卷190上)。之后,魏征改任他官,太宗乃命虞世南、颜师古等续其事。这次校写,魏征等就其所校写本各撰叙录。第二次为高宗显庆、乾封至上元元年(656-674)秘书少监崔行功等的继续校写。史称:太宗时的校写工作"至高宗初,其功未毕。显庆中,罢分校及御书手,令工书人缮写,计值酬佣,择散官随审仇校"(同上)。《唐会要》:"乾封元年(666)十月十四日,上以四部群书传写讹、谬,并亦缺少,乃诏东台侍郎赵仁本、兼兰台侍郎李怀俨、兼东台舍人张文瓘等,集儒学之士,刊正然后缮写"。而这校写主要是由崔行功和李怀俨负责,故《旧唐书·崔行功传》卷190上说:行功与李氏"等相次充使检校,又置详正学士以校理之。行功仍专知御集。迁兰台侍郎。咸亨中,官名复旧,改为秘书少监。上元元年卒。"第三次为玄宗开元三年至十九年(715－731)对两京藏书的整理。(1)对京师内库及秘书监藏书的整理,始于开元初。《旧唐书·经籍志》说:"开元三年,左散骑常侍褚无量、马怀素侍宴,言及(内库及秘书)经籍,玄宗曰:'内库皆是太宗、高宗先代旧书,常令宫人主掌,所有残缺,未遑补辑,篇卷错乱,难于检阅,卿试为朕整比之。'"开元五年(717),马怀素为秘书监乃受诏率领当时名儒正式开始了对秘阁藏书的校雠和续《七志》的编录工作。即如《旧唐书·马怀素传》卷102所说:"是时秘书省典籍散落,条流无叙,怀素上疏曰:'南齐已前坟籍,旧编王俭《七志》。已后著述,其数盈多,《隋志》所书,亦未详悉。或古书近出,前志阙而未编;或近人相传,浮词鄙而犹记。若无编录,难辩淄、渑。望括检近书篇目,并前志所遗者,续王俭《七志》,藏之秘府。'上于是召学涉之士国子博士尹知章等,分部撰录,并刊正经史,粗创首尾。"马怀素死后,因整理尚未完成,乃由元行冲继任怀素之职,"总代整比"。于开元九年(721)元行冲等撰成《群书目录》二百卷,著录图书2655部,48169卷。其后,元行冲"以老罢丽正校书事",又以中书令张说代元行冲之职,自开元十三年至十九年(725－731),终于全部完成西京藏书的校写工作。(2)开元五年至六年(713－718),以右骑常侍崇文馆学士褚无量为首对东都乾元殿藏书进行校雠缮写和施架排比。《新唐书·储无量传》卷200所载最详:"初,内府旧书,自高宗时藏宫中,甲乙丛倒,无量建请缮录备第,以广秘籍。天子诏于东都乾元殿东厢部汇整比,无量为之使。因表闻喜尉卢僎、江阳尉陆去泰、左监门率付胄曹参军王择从、武陟尉徐楚璧分部雠定。卫尉设次,光禄给食。又诏秘书省、司经局、昭文、崇文二馆更相检雠,采天下遗书以益阙文。不数年,四库完治。"第四次为德宗贞元年间,对秘书省和殿阁藏书的校写。《唐会要》卷65称:德宗贞元二年(786)七月,秘书监刘太贞请择儒者详校《九经》于秘书省,从之;三年(787)八月,又请添写史书,从之。这次整理,曾四命为集贤学士的秘书少监陈京,在德宗贞元二十一年(805)前所作的贡献最多。他"在集贤,奏秘书官隶殿内,而刊校益理。纳资为胥而仕者罢之。求遗书,凡增缮者,乃作艺文新志,制为之名曰《贞元御府群书新录》"(《柳宗元集·唐故秘书少监陈公行状》卷八)。第五次为文宗大和至开成年间的校写。《旧唐书·经籍志序》卷46记载说:"文宗时,郑覃侍讲禁中,以经籍道丧,屡以为言。诏令秘阁搜访遗文,日令添写。开成初,四部书至五万六千四百七十六卷。"于是,是时的国家藏书得以复原完备,而校写不缀则是其基本的途径便构成一大特色。

第三,分类方法突破了前代,形成了有唐一代的特色

唐代国家藏书的分类编目,虽以隋志之甲、乙、丙、丁为序,但它却是以经、史、子、集将其部类明确地固定了下来。《新唐书·艺文志序》曾指出:"自汉以来,史官列其名氏篇第,以为六艺、九种、七略。至唐始分为四类,曰经、史、子、集。"这种以经史子集四部分类的方法来概括唐代国家藏书的内容,可以说,在中国目录学史上还是首创,并为后世所沿用,至今仍批判地继承着四部分类法这一优良传统。四部分类法,在唐代始于开元九年(721)十一月,殷践猷、韦述、毋煚等人修撰的《群书四部录》200卷。以后,毋煚又略为四十卷,名曰《古今书录》。其时,两都各聚书四部,将图书分经、史、子、集四库入藏,其书本又有正有副,轴带帙签皆异色分别,从而进一步完善了四部分类法的内容。

与此同时,对于四部分类不能范围的图书,则排为《七志》。据五代王溥《唐会要·经籍》称,唐玄宗开元九年(721)曾令"丽正

殿写四库书,各于本库每部为目录,其有与四库书名目不类者,依刘歆《七略》排为《七志》。"由此看来,唐代国家图书馆的图书分类比之前代是颇为严谨的。

第四、分写副本,尤为精审

分写副本,这是唐政府聚书的重要方法之一。史称:"贞观中,魏征、虞世南、颜师古继为秘书监,请购天下书,选五品以上子孙工书者为书手,缮写藏于内库,以宫人掌之。"开元年间,"玄宗命左骑常侍、昭文馆学士马怀素为修图书使,与右骑常侍、崇文馆学士褚无量整比。会幸东都,乃就乾元殿东序检校。……又借民间异本传录,……既而太府月给蜀郡麻纸五千番,季给上谷(今河北易县)墨336丸,岁给河间(今山东清河)、博平(今山东聊城)四郡兔千五百皮为笔材。……其本有正有副,轴带帙签皆异色以别之"(《新唐书·艺文志序》卷57),《唐六典》也称:"四库之书,两京各二本,共35961卷,皆以益州(今四川成都)麻纸写。其经库书,钿白牙轴,带红牙签;史库书,钿青牙轴,缥带绿牙签;子库书,雕紫檀轴,带碧牙签;集库书,绿牙轴,朱带,白牙签,以为分别。"这两段文字表明:(1)自太宗贞观年间至玄宗开元时期,缮写正副二本是在收集或整理的基础上进行的;(2)选派了工于书法的人,使用全国著名纸张、笔墨作为书写材料,抄写、转录书籍;(3)装帧精美,利用高级材料,分部装制,以色区别,显示了唐代四库书的基本特色。

第五、佛藏、道藏,基本成型

唐代国家典藏的佛经和道书盛况空前,几乎汇集了自汉以来佛教、道教传世的一切经典,佛藏、道藏由此而得以基本成型。据史料记载,唐玄宗开元九年(721),集贤院直学士毋煚等奉敕根据当时国家收藏的佛、道书,凡二千五百余部,九千五百余卷,"序述指归",又整理编成《开元内外经录》十卷。自言"若夫先王秘传,列代奥文,自古之粹籍灵符,绝域之神经怪牒,尽载于此二书矣。"⑬可以说为汉文佛道二藏的成型奠定了可靠的基础。

所谓佛藏,即大藏经,古时叫作"一切经",因其内容主要是由经、律、论三部分组成,故又称为"三藏经",简称"藏经"。"藏"有容纳收藏的意思。其汉文佛藏的成型,是经历了由简到繁、由粗到精、由不完备到完善的过程。考诸文献,在唐代,当以唐太宗贞观九年(635)玄琬奉敕撰的《众经目录》为起端之首。之后,贞观末年(647—649)有道宣奉敕撰的《大唐内典录》,收录东汉至唐初译者220人,经典2487部,8476卷,其中"入藏录"收大小乘经律论及"圣贤集传"共800部,3361卷,比之《众经目录》在体例、内容上都前进了一大步。到了武则天天册万岁元年(695),明佺等又奉敕撰《大周刊定众经目录》,杂收大小乘经律论传的各种译本、单本、重本和有名无本或有本失译诸本,总成3616部,8641卷。及至唐玄宗开元十八年(730),西京崇福寺沙门释智升等撰编了最为精详的《开元释教录》,至此,汉文佛藏的规模才得以基本定型。该录共20卷:前十卷为总录,"总括群经",以译人为主,记载东汉至唐十九个朝代所译经典目录及译者传记,计176人。后十卷为别录,以经为主,分为七类:一有译有本,二有译无本,三支派别行,四删略繁重,五拾遗补阙,六疑惑再详,七伪邪乱本。整个七类,又以"二乘区别,三藏殊科,具悉委由,兼明部属"。在七类中,尤以有译有本类最为精详,成为该书的精华所在。他把当时已经流传而实有的大小乘经典1076部,5048卷,条分缕析,次第先后,编为入藏录,且能"别真伪,明是非","摭拾遗漏,删夷骈赘",成为标本,为后世佛藏编辑撰目所遵循。事后,智升又把入藏目录以千字文编号,编定《开元释教录》四卷,为以后历代雕印佛藏所本,相沿不改,表现出了它的深远影响。

至于道藏,自南朝三洞四辅十二部成为道书分类的基本纲领后,发展到唐代修成而通行全国的道藏。先是唐玄宗先天(712－713)中,敕太清观主史崇玄为大使、检校太子仆射卢子真为副使、军卫长史史杲为判官及昭文馆学士崔湜、薛稷、沈佺期,崇文馆学士徐坚、褚无量、刘子玄等"集见在道经,稽其本末,撰其音义",修成《大唐一切道经音义》113 卷。接着,于开元(713—741)中,玄宗乃发使搜访道经,校勘讹谬,在天宝初(742—744)纂修成"藏",取名为《三洞琼纲》,总计 3744 卷(一说为 5700 卷或言 7300 卷)。这可谓我国的第一部《道藏》。天宝七年(748),又诏令全国传写,以广流传。其诏曰:"令内出一切经,宜令崇玄馆即缮写分送诸道采访使,令管内诸道传写"(《道藏尊经历代纲目》)。自此,"天宝道藏"成为全国通行的道藏经。可惜这部道藏及其复本在安史之乱中大多散亡,但晚唐诸帝依然崇道仍竭力收藏缮写不缀。据史料记载:肃宗上元年间收集道经、符箓有六千余卷,至代宗大历时,道士杜光庭奉命大力搜求缮写竟达七千卷。及至懿宗咸通之际,国家在藏的单本道书已有五千三百余卷之多。

除以上特色外,唐代还屡以所贮副本作为进内及赐人之用。据《唐六典》等文献说,开元二十八年(710),秘书郎三人,分掌四库三本,一人掌管一本,因为"凡四部之书,必立三本,曰正本、副本、贮本,以供进内及赐人。凡敕赐人书,秘书无本,皆别写给之。"而别写之书,就是贮本。如武则天曾赐新罗(朝鲜古国名)吉凶礼书,并文辞五十篇,都是新写的贮本。这种以贮本赐人的办法,为后世朝廷以贮本赐臣、赐人开了先例。

第四节　隋唐时期私家藏书的新发展

隋唐时代的私家藏书,继六朝之后有了新的发展。在隋代,既有著名当世的许善心、王颁、崔廓、张文诩四大私人藏书家,又有藏书较富并先后编撰了有名藏书目录的牛弘、王劭、柳䛒和费长房等人。他们都为藏书事业的发展作出了应有的贡献,并为后世私家

102

藏书奠定了基础。

　　私家藏书发展到唐代进入了一个新的阶段。由于唐代政治、经济、文化都很发达，特别是推行科举制度，促使读书人藏书增多，加之写本的盛行，为藏书家提供了方便的物质条件，所以，唐代私家藏书比之前代大为发展。就其表现而论，有以下三点是历来为世人所称道的。

　　一、以长安、洛阳为中心，并围绕着这个中心在全国形成了众多的私人藏书家。唐朝前期，集中于长安、洛阳的著名藏书家有王琳、颜师古、韦述、吴兢、元行冲、李范等。王琳（－702），喜藏书，家中聚书不减秘府，其所藏古画皆为异本。韦述（－757），家中藏书二万卷，皆手校定，黄墨精谨，秘阁所不逮。其中古草隶帖、秘书、古器、图谱无不具备，成为当时著名藏书家之一。安史之乱以后，私家藏书虽受到一定冲击，但知名的仍有不少，如李泌、蒋乂、苏弁、韦处厚、柳仲郢、王涯、杜兼、柳公绰、柳仲郢等人。除长安、洛阳的藏书家外，在全国各地享有盛名的藏书家也数不胜数。如李元嘉、李冲、李撰、李磎、赵匡凝、陆龟蒙、李袭誉、肃颖士、张弘靖、田弘正等，都可与两京的藏书家媲美，有的甚至可与政府藏书等量齐观。如苏弁家"聚书二万卷，手自雠定，与秘府埒"。（《新魏书·苏弁传》卷103）。又如王涯，史称其"家书多与秘府侔。前世名书画，尝以厚货钩致，或私以官，凿垣纳之，重复秘固，若不可窥者，至是为人破垣剔取奁轴金玉，而弃其书画于道"。（《新唐书·王涯传》卷179）。可见唐代藏书家之多，藏量之大，藏质甚高。

　　二、注意综合收藏与专藏相结合，并在专藏方面有所发展。唐代许多藏书家都在万卷以上，他们一般注意在综合收藏和力求完备的前提下，尤其重视专藏，以显示其所藏之特色。如唐高祖的第十一子李元嘉，"少好学，聚书至万卷，又采碑文、古迹，多得异本。闺门修整，有类寒士大夫"（《旧唐书·韩王元嘉传》卷64）。其所藏书，"皆以古文字参定同异"，为当世所称誉。元熹之子冲、撰，继承父业,史称:"冲、撰家书为多,皆文句详正,秘府所不及"(《新唐书·元嘉传》卷79)。又如著名的训诂学家、校勘家颜师古,家中藏书虽比不上其他大家为多,然而却留心于"多藏古图画、器物、书帖,亦性所笃爱。"再如惠文太子李范,平生好学,工于书法,喜聚书籍,其所藏书画,皆为世上最珍贵的藏品。据说这些珍品,最早藏在秘府,后被张易之偷梁换柱窃藏于家。张易之被诛后,其藏为薛稷全部取去。之后薛稷又败,乃落入李范所藏,最后这些书画全部为火灾所焚。上述事例,表现了一定的藏书特色,代表了藏家的一个方向。

三、分类分等收藏,有的还进行编目管理。在这方面,吴兢、李泌和柳仲郢等人是很突出的。

吴兢(670－749),汴州浚仪(今河南开封市)人。聚书颇多,《新唐书·艺文志·目录类》和晁公武《郡斋读书志》说吴氏家有藏书凡13468卷。他将所藏万卷书籍分为五十七类,分别进行著录编目,号称《吴氏西斋书目》。以编目管理藏书不仅是私人藏书家的共同经验和普遍方法,而且吴兢所立的类目富有新意,对后世有一定的影响。自《西斋目录》创立了"文史"一类后,宋代《三朝史艺文志》即取名而条次之。稍后,这种分类又为《崇文总目》所采用。从此,在官修的诸多目录中均建立了"文史"一目。唐宋以后,则演变为史部的史评类和集部的诗文评类。这反映了《西斋书目》在图书的著录和分类上所作出的贡献和影响。可以说,它是第一部可与官修目录并行的书目,也是抗行于私人藏书目录的典型。

李泌(722－789),字长源,京兆(今陕西西安市)人。他七岁能文,玄宗时召试禁中,称为"奇童"。他博学善谋,官至宰相,死后封为"邺侯"。泌好藏书,积书至三万余卷,以不同颜色的牙签分别标记藏书种类:经部用红牙签,史部用绿牙签,子部用青牙签,集部用白牙签,号称"邺架"。世人常因邺架来比喻藏书之多,且有善藏便用之法而成为典故。韩愈曾作《送诸葛觉往隋州读书》诗,赞美说:"邺侯家多书,插架三万轴。一一题牙签,新若手未触。"这种用不同颜色的牙签来分类标识藏书的方法,虽说是从政府藏书方法摹仿来的,但却证明私家藏书的管理,又何尝落后于官府之藏!

柳仲郢(? -864年后不久),字谕蒙,柳公绰之子,柳玭之父,京兆华原(今陕西耀县东南)人。元和末进士及第,官至检校尚书左仆射、东都留守,晚年弃官回归故乡,是晚唐著名的藏书家。他"家有书万卷,所藏必三本:上本贮库,其副常所阅,下者幼学焉。"柳氏这种依照藏书的不同用途,将其图书分为上、中、下三等列藏的方法,在当时可谓较为先进的管理方法。与此同时,他又择其所好,手抄经史,旁录佛、道书籍,配以复本,特立一个门类,号称"柳氏自备",而且"皆楷小精真,无行字",充分表现了柳氏藏书的苦心经营。

四、建造藏书楼,是私家图书馆舍的进步。在唐代以前,私家藏书还没有书楼之举,虽说早在北魏时有平恒"别构精庐,并置经籍于其中"。但真正建造书楼藏书则始于唐代。如唐宪宗时担任过宰相的田弘正(764-821),就曾在"府舍起书楼,聚书万余卷。视事之隙,与宾佐讲论古今言行可否"。又如唐僖宗时的孙长孺,晚年曾在故乡四川眉州专门筑楼藏书。其所藏书,多为御赐书籍。因珍藏于书楼,于是蜀人乃号之为"书楼孙氏"。相传"书楼"二字,还是唐僖宗流亡成都时,亲笔为孙长孺手书的。不难想见,这些例证都明显地反映出唐代私人藏书家藏书事业的发展,并给后世以影响。

五、五代私家藏书也很盛行。现简略记述于下:

王都,唐万年(今陕西西安市)人。平生喜好藏书,后梁末,曾以重金购求图籍名画,聚书多达三万卷,名画数百幅,俱当世精品。王都败亡时,将其所藏图书,自行纵火焚烧殆尽。

李昇即徐知浩（888－943），字正伦，徐州（今江苏徐州）人，南唐开国之主。公元937－943年在位，私人聚藏图书万余卷，又收藏有不少古迹名画。

梁文矩（？－937），字德仪，郓州（今山东郓城县）人。仕后唐，累官太常卿。他喜清静之教，聚道书数千卷。

王溥（922－982），字齐物，并州祁人，累官宰相，三迁一品。溥好学，手不释卷，收藏图书甚为丰富。著有文集二十卷，《唐会要》100卷，《五代会要》30卷。

王锴，字鳣祥，五代前蜀时人，王衍时为宰相。家藏书达数千卷，多为异书。他一一皆视过，并手写藏卷，笔法娟秀。

王景崇，五代山西太原人，以文称。时时购四方书抄写，凡万余卷。

孙陟，五代后梁滑台（今河南滑县东）人，官至兵部尚书、左散骑常侍。平生好收聚图书，有《六经》、《汉书》及诸子百家数千卷。纸墨俱精，校勘甚详。每有间瞬，即披阅摩挲，历年未曾间断。时称其所藏为"善本"。

杜光庭（850－933），唐末五代道士。字宾圣，号东瀛子。原为儒生，应九经不第，入天台山修道。僖宗入蜀，遂留成都。后事前蜀王建父子，官谏议大夫，赐号"广成先生、传真天师。"晚年居青城山白云溪。在蜀集藏道经三千卷，儒书八千卷，并著有《道德经广圣义》等二十余种。

毋昭裔，河中龙门（今山西河津）人，后蜀宰相。家中藏书颇多，也是著名的私人出版家，刻印了大量图书。

孙光宪（900－968），字孟文，陵州贵平（今四川仁寿县东北）人。聚书数千卷，校勘抄写，至老不废。

石昂，后晋临淄（今山东临淄县）人。家有藏书数千卷，广延四方之士，共同探求学问。

李昉（925－996），字明远，五代饶阳（今河北饶阳）人。曾仕汉、周、归宋,三入翰林拜平章事。家中藏书甚多,至辟学馆,给廪饩以延学者。

张宪,后唐晋阳(今山西太原)人,字允中,累官东都留守。平生喜好图籍,家有藏书五千卷,每当公余,即亲自校雠。

罗绍威(910-942),一作罗威,字端已,后梁贵乡(今河北大名县东北)人。官至太师兼中书令,赠尚书令。史称:"绍威好学工书,颇知属文,聚书数万卷,开馆以延四方之士"(《新五代史·罗绍威传》卷39),为当时一大藏书家。

钱惟治(949-1014),字和世,五代临安(今浙江杭州)人。吴越国开国君钱缪之后,入宋,历官检校太师、右武卫上将军、左神武统军,卒,赠太师。善草隶,尤好"二王"书。家中收藏法帖、图书万余卷,多为异本。其本人所写诗文和字迹,也常为世人藏弄。

其余钱氏家族的钱文奉、钱传瑛等,也各有数千卷图书,且有鉴裁。

徐铉(916-991),字鼎臣,唐会稽广陵(今江苏扬州)人,与其弟徐锴(920-974)字楚金,同为江南有名的藏书家。时号"二徐",而锴藏尤多。其所藏书,皆朱黄批点校雠,人称最为精审。

暨齐物,字子虚,杭州人,五代道士。积道书数千卷于大涤山精思院创垂象楼,人称"书楼"。他日以阅读著述为事,每讲述玄学,听者无不叹服。

第五节　隋唐时期的寺观藏书

一、佛寺藏书的特点

隋、唐二代,佛教寺院林立,僧尼遍布天下。据有关史料记载:隋代大业之际,全国有寺院三千九百八十五所,僧尼二十三万众;

唐代到武宗会昌五年（845）反佛毁寺时，国内共有大中寺院四千六百所，小的寺庙四万所，僧尼二十六万零五百人。这些寺院特别是一些大寺院都有一定的藏书；寺院僧尼尤其是那些高僧名尼也往往不舍珍藏，并依托于佛寺。而隋唐的这种佛寺藏书又与当时政府崇佛提倡赞助密切结合，与整个佛教和佛学的空前发展相关联，故寺院藏书又别具特色。

第一，官府与寺院结合，进行庋藏。隋朝一经建立，文帝即下令"京师及并州、相州、洛州等诸大都邑之处，并官写一切经，置于寺内"（《隋书·经籍志》）。及炀帝定鼎东都，一方面下令于洛水南滨上林园置翻经馆，招聘各寺院高僧聚馆翻译整理经籍；另一方面把新收佛书移入名寺与寺内原有收藏合贮，修治编目。唐代，官府与寺院结合藏书，又有新的发展：（1）写经编藏。贞观五年（631），唐太宗命释玄琬于"德业寺为皇后写佛藏经，又于延肖寺更造藏经，并委琬监护"（《释氏稽古》卷四）。"贞观十一年（637）四月，皇太子于延兴寺造一切经"，由智通主持。（2）取经入藏，如玄奘西行取回大量佛经，太宗为之建宏福寺守藏，并主翻译。（3）移经入寺，于以译藏。唐高宗为给他母亲求福，下令修建大慈恩寺并在寺另建翻经院，将宫中藏经取一部入藏寺内，令其翻译一并入藏寺中。他还效法太宗，撰写了经序。（4）诏命新写，增加寺藏。西明大寺院，本已收藏佛书八百部，三千三百六十余卷。后来高僧道宣应高宗诏命入寺，写经数年，至龙朔初年（661－663），使该寺藏经达五千余卷之多。总之，隋唐之时，由于官、寺结合，使佛寺藏书甚为丰富。但也有一些佛寺另辟蹊径，独自收藏的，如东林寺藏经书一万卷就是一例。

第二，收藏佛经与兼收非佛文献相结合。《续高僧传》卷26里说：丹阳南牛头山佛窟寺贞观十九年（645）火焚前，藏书甚丰，有七藏经画：除佛经、佛史外，还藏道书、医方、图符，又藏有俗经史等书籍。又《旧唐书·白居易传》卷166记载："居易尝写其文集，送江州东西二林寺、洛城香山、圣善等寺，如佛书杂传例流行之。"《法苑珠林》卷100也说："庐山东林寺经藏堂纲维主持，一切诸经，以及杂集，各造别藏，安置并足。知事守固，禁掌极牢。更相替代，传授领数，虑后法灭知教全焉"，说明佛寺收藏不仅有佛藏及其它杂集，而且"各造别藏"，"知事守固"，加强管理。

第三，保藏写本与刻石相结合。自汉至隋唐，佛经和其它典籍一样都靠写本存传，但到了魏晋南北朝时期，由于佛教的流行和统治阶级的提倡，为宣传佛教教义服务的佛像、碑塔、窟龛及佛经文字等刻石，遍及全国。如甘肃敦煌莫高窟、山西大同云冈石窟、河南洛阳龙门石窟、甘肃天水麦积山石窟、永靖炳灵寺石窟等等。隋唐继承前世的传统，特别是把佛经刻在石碑上。最著名的是隋大业年间，房山（今北京郊区）静云寺僧人静琬在石经山以碑镂刻佛经，并开凿石窟用以锢藏。静琬前后刻经三十年。他死后，弟子们继续刻石凿窟，到了唐朝及至辽、金、元、明各代，仍继续补刻，历时一千年。仅九个石窟中所藏和埋在地下的石经板就有八千块以上，成为举世闻名的"房山石经"。解放后，中国佛教协会对其进行调查、发掘和整理，拓印了全部石经，总共一万四千二百七十四条，计有佛经一千余部，近三千五百卷。这使佛寺藏经增添了一种极为珍贵的版本。同时，与石刻佛经、佛像相媲美的隋唐寺院佛画也很盛行。如著名的诗人画家王维、吴道子等往往率领弟子在寺院争相画壁画，落笔之际，长幼纷至，观者如堵。杜甫歌咏洛阳佛寺壁画说："森罗回地轴，妙绝动宫墙"。这从另一角度表现了佛寺藏书的多样性。

第四，佛藏与整理、著述及讲用相结合。对藏书进行整理，校勘、注疏是普遍现象。在整理的基础上，产生了不少著名的目录书，如隋代费长房的《开皇三宝录》和智果的《众经目录》，唐代智升的《大唐开元释教录》和释道宣的《大唐东京大敬爱寺一切经论目》等。关于利用藏书进行著述，出现了不少名著，如唐义净的

《大唐西域求法高僧传》及《南海寄归内法传》,释道宣的《广弘明集》、《续高僧传》,道世的《法苑珠林》和惠琳的《一切经音义》等。特别是在发展佛学理论上,杜顺发挥"华严",玄奘建立唯识论学派等,贡献很大。至于利用佛藏,讲经说法,其形式之多,时间连续之长,声势之大,影响之广都远非前代所能相比拟,从而使佛教和佛学在隋唐时期呈现出一派繁荣景象。

二、道观集贮道藏的典型

1. 隋唐盛倡道教,大造宫观。

隋朝开国,即取道教之义定"开皇"为年号,下令"重修楼观宫宇",先后为道士建造了天长观、玄都观、清虚观、至德观等大道观。炀帝步其后尘,又添造了一批宫观,并命道士辑纂《道经》及其目录。

唐朝更倡道教,因以道教宗祖老子同是姓李而历世都倍加崇奉,把道教提高到至高无上的地位。高宗追号老子为"太上玄元皇帝",册封老子妻为"先天太后",作孔子像侍老子。玄宗之世则不遗余力,步步升级。"开元二年(714)三月,亲祀玄元皇帝庙,追尊玄元皇帝父"(《通志·礼略二》卷43)。"开元二十九年(741)正月己丑,诏两京及诸州各置玄元皇帝庙一所,并置崇玄学。其生徒令习《道德经》及《庄子》、《列子》、《文子》等,每年准明经例举送。""天宝元年(742),诏《史记·古今人表》玄元皇帝升入上圣。庄子号南华真人,文子号通玄真人,列子号冲虚真人,庚桑子号洞虚真人。改《庄子》为《南华真经》,《文子》为《通玄真经》,《列子》为《冲虚真经》,《庚桑子》为《洞虚真经》。""二年,西京玄元庙为太清宫,东京为太微宫,天下诸州为紫极宫"(《旧唐书·礼仪四》卷24)。据《唐六典》卷四称:"凡天下宫观,总一千六百八十七所(注:1137所为道士,550所为女道士)。每观观主一人,上座一人,监斋一人,共纲统众事。"而全国道观均赐予大量土地,"免除道士"、"女冠"徭役租税,并容纳一些大道士参加政权。这样,便把道教推到了极盛的时代。

2. 集贮道藏的典型道观

据史料记载,隋唐二朝,道教藏书以宫观为主,于是出现了一些集贮道藏的典型道观。

(1)隋玄都观。《长安志》卷九说:"玄都观,隋开皇二年(582)自长安故城徙通道观于此(南崇业坊),改名玄都"。该观原为北周所建,且多藏道书。入隋后,虽移观址,然藏书未减。《隋朝道书总目》称:此观藏有道书377部,1216卷。

(2)唐昊天观。该观在长安,高宗为太宗追福,改其旧宅为观。《长安志》卷七"南保宁坊"条说:"昊天观,尽一坊之地。贞观初,为晋王宅。显庆元年(656),为太宗追福,立为观。"其时,高宗命道士尹文操字景先为观主。由于该观集藏道书丰富,尹氏乃撰《玉纬经目》,收录所藏道经7300卷。又奉敕修《玄元皇帝圣纪》一部,凡十卷,一百一十篇,并由员半斤作赞。

(3)西京太清宫。该宫自盛唐至晚唐都盛藏道书。玄宗时期贮《道藏经》并撰经目刻石。《类编长安志》卷十说:"唐太清宫道藏经目录碑,秦守正书,赵盈篆额"。陈国符《道藏源流考》则断言:"是唐代长安太清宫当存道藏经。"又《道藏尊经历代纲目》载:"唐文宗太和二年,太清宫使奏陈,止见五千三百定数。"足见太清宫在晚唐时尚收藏有大量道书。

(4)东都太微宫(原名大福唐观)。该观似藏有大量道书。玄宗先天中,敕京太清观主使崇玄领衔修《一切道经音义》时,就曾以此观藏书作为基础之一,并命其观法师侯抱虚、上座张至虚、刘大良、大德等参修。天宝二年,敕西京改为太清宫,东都改为太微宫时,即把该观作为国家掌管的两大道观之一,可知其地位之高。

(5)唐亳州真源县太清宫。该宫为老子故居,始建于隋开皇六年(586)。唐太宗贞观元年(627)敕建为太上老君庙,玄宗天宝二年正月改为紫极宫,同年九月改为太清宫。此宫唐政府颇为重视,集藏有古本道藏。《茅山志》卷25称:宋真宗时道士朱自英"复思《三茅道藏》缺伪,迺载游濑乡,校雠太清宫古本"。这是唐亳州太清宫贮有古本道藏的明证。又孙夷中集《三洞修道仪》曰:"五季之衰,经籍亡佚,宫宇摧颓。岿然独存者,唯亳州太清宫矣。"及至元时《重修亳州太清宫太极殿碑》也说:"文宗太和七年(833),宫经水潦,颇致摧毁。敕宣武军节度使兼充太清宫渐加修葺,寻复完美。"据此,亳州太清宫在唐代集藏道藏,且延续时间很长。

(6)茅山紫极宫。陈国符著《道藏源流考》说:"《茅山志》卷24著录唐碑检校尚书彭渎奉敕撰《经藏碑》。是唐代或五代茅山有经藏,当有《道藏经》。"

(7)天台桐柏崇道观。该观创建于三国吴赤乌二年(239),及至唐懿宗咸通十一年(870),乃有道士叶藏质在观中造《道藏经》一部。有明撰《天台山志》详记其始末可资考证。

(8)唐江州冲阳观。该观为梁普通三年(522)朝史邵陵王奏建,时有道书。入唐后,不断收集,形成了《道藏经》。但不幸于武则天垂拱四年(688),道观遭火灾,药堂所藏经藏也被火焚。及至开元中,重建冲阳观时,才恢复了经藏。

(9)其他道观收藏道书。现尚可考者,有山西阳城阳台观、浮山庆唐观、河南洛阳北邙观、四川成都玉局观、忠州丰都仙都观等。他们都或多或少地收藏着一定数量的道教书籍。

注释:

①、②《隋书·牛弘传》卷49

③《隋书·经籍志序》卷32

④、⑥《文献通考·经籍考总序》卷174

⑤《隋书·许善心传》卷58

⑦《隋书·经籍志四序》卷35

⑧、⑨、⑫《新唐书·百官二、四》卷47,49

⑩、⑪《旧唐书·职官二》卷43

⑬《旧唐书·经籍上》卷46

第七章　宋代的图书馆事业

宋代包括北宋和南宋历时共三百余年。两宋时期,中国封建社会开始移步下坡。其"重文轻武"、"文德致治"是当时的社会政治背景,而主客观唯心主义体系的理学占据了整个学术思想的统治地位,文化教育事业迅速发展,以科技为中心的社会经济蓬勃兴起,特别是刊印书籍非常发达,这些为图书馆事业创造和发展提供了物质条件和学术基础。在继承隋唐以来高度发展的文化成果的前提下,两宋国家、私人和书院图书馆事业比前代更加繁荣。各类图书馆相得益彰,竞相发展,成就辉煌,在中国图书馆事业史上占有重要的地位。

第一节　北宋崇文院与秘书省的藏书事业

一、崇文院和秘阁的设置

崇文院和秘阁为北宋前期的国家图书馆。崇文院设置的时间较早,约起于宋太宗太平兴国三年(978);秘阁建立于崇文院之后,始于宋太宗端拱二年(989)。它们的前身都是宋初沿袭唐和五代国家典藏国家图书处所与制度,而设置的昭文馆、史馆、集贤院"三馆",换句话说,崇文院和秘阁的前身既是三馆,又是在三馆的基础上建立起来的新的国家藏书机构。

（一）崇文院的设置和变迁。公元976年，宋太宗即位，以"国家宣明宪度，恢张政治，敦崇儒术，启迪化源"为出发点，迅速筹建了规模宏大的国家图书馆。太平兴国二年（977），宋太宗视察国家藏书三馆时，见其三馆"渊隘卑庳，仅蔽风雨，固庐缴道，出入其旁。卫士骑卒，朝夕喧杂。每诏撰述，皆移他所。"对于如此破败凋零的恶劣环境，太宗为之感叹万千，他说："如此之陋，岂可蓄天下图书、延四方贤俊焉？""民间有钱的富豪之家尚未如此，何况朝廷"。于是，他下令立即别建馆舍，并亲自参与规划，选择馆址，即"诏有司度左升龙门东北旧车辂院别建三馆，命中使督工徒，晨夜兼作。"馆内"作囿园，植卉木，引金水河以注焉"。"栋宇宏大，轮奂壮丽，甲于内庭，西序启便门，以备行幸"。[①]三馆于当年落成后，于次年（978）二月，正式赐名为"崇文院"。自此，三馆统名为崇文院。崇文院作为宋朝国家图书馆，一直沿用至北宋中后期的元丰年间，前后共110余年。其间，宋真宗大中祥符八年（1015），因荣王宫起火延烧崇文院，于是，遂将崇文院迁置于存古掖门外，故谓之"崇文外院"。到了宋仁宗天圣九年（1031），于旧址新建和恢复了崇文院的规模，将崇文外院迁回左升龙门外。嘉祐四年（1059）乃置于禁中，以内藏库十三间与三馆，作为庋藏崇文院书籍之所。

（二）崇文院内三馆职官的设置。崇文院所属三馆的职官，有直院、直馆、直阁、检讨、校勘、监官、勾当官等。其直馆至校勘，通谓之"馆职"。其所委任，一般"必试而后命"，"不试而命者，皆异恩与功伐，或省府监司之久次者"。[②]由于国家图籍分藏三馆，因此，三馆职官遴选资任都甚为优厚，不同于其他司职。

1、昭文馆：在唐为弘文馆，隶属门下省，是重要的国家藏书处。宋代沿用其制，建隆元年（960）以避赵氏宣祖"弘殷"庙讳，改为昭文馆，仍为国家藏书处所。该馆内设大学士一人，以宰相充任；又设学士、直学士，但不常置；还设直馆若干人，以京朝官充任，掌管馆内所藏的经、史、子、集四库图籍,并负责撰写校雠之事;又设判馆一人,以两省五品以上官吏充任此职。

2、史馆:自唐至宋均为国家藏书重要处所,其基本任务在于负责修纂前朝和本朝国史、实录。监修国史以宰相充任,如宋太祖乾德初(963—965),以赵普为首监修《国史》,开宝中,薛居正以参知政事监修。其馆内职官,有直馆,以京朝官充任;又有检讨、编修之官,掌修国史、日历及典图籍之事;还有判馆事一人,以两省五品以上官员充任。

3、集贤院:宋循唐制,仍为国家重要藏书处所。以大学士一人掌管,由宰相充任;有学士多员,以给谏、卿、监以上官员充任;有直学士和判院事各一人,以两省五品以上官员充任;又有差官二人等。

(三)秘阁的建立和藏书。宋太宗端拱元年(988),为表彰中秘藏书,乃于崇文院中建置秘阁,掌典禁中图书、古今文字。其时书籍来源,是以史馆所藏为基础,选择三馆的部分真善秘本予以聚藏。共有图书万余卷,以及部分名迹、古画。诚如程俱《麟台故事·沿革》所说:“乃于史馆建秘阁,仍选三馆书万余卷以实其中,乃内出古画、墨迹藏其中。凡史馆先贮天文、占侯、谶纬、方术书五千十二卷,图书百十四轴,尽付秘阁。”其中尤以部分古画、名迹最为珍贵,有晋人王羲之、王献之、庚亮、萧子云和唐太宗、唐明皇、颜真卿、欧阳询、柳公权、怀素、怀仁等的墨迹,有顾恺之的画,王维的像,韩干的马,薛稷的鹤,戴松的牛,以及近代东丹王李赞华千角鹿,西川黄荃的白兔等等名画。对于这些秘籍善本的庋藏,时称“秘阁”,犹如今日之“特藏书库”。

由于秘阁为典藏中秘图书的实体,因此,也同三馆一样设官专门进行管理。开初,秘阁的职官,以礼部侍郎李至兼秘书监,左司谏、直史馆宋泌兼直秘阁,左赞善大夫、史馆检讨杜镐为秘阁校理。淳化以后,秘阁置官逐渐定型化、制度化,有直阁、校理、判阁、秘书监及其多种属官。其制度为："直阁以朝官充;校理以京朝官充,掌缮写、储藏、供御典籍图书之事;判阁一人,旧常以丞、郎、学士兼;秘书监领阁事。大中祥符九年(1016)后,以诸司三品、两省五品以上判官"。③据此,可知秘阁的地位是很重要的。

二、三馆秘阁的收藏图籍与整理编目

(一)积极搜求图籍,以充实三馆秘阁弄藏。宋朝开国时,三馆有书仅一万二千余卷。为充实三馆藏书,有宋一代的历世帝王都很重视搜求图籍。据有关史料记载,较突出的有以下几世的搜聚图书成就最大。

宋太祖时,乾德元年(963)平定荆南,尽收其图书以充实三馆。乾德三年(965)平定四川后蜀,派遣右拾遗孙逢吉赴成都收其图籍一万三千卷。乾德四年(966),太祖下诏全国,广泛募购散佚图书,规定凡吏民献书能补其三馆遗缺者,赐以科名或职官。如三礼涉弼、三传彭干、学究朱载等人皆诣阙献书,共有1228卷,然后分藏三馆,并对献书者均赐以科名;又如是年,太祖下诏史馆,凡吏民有以书籍来献者,若所献之书馆中无有,其献书人则送学士院口试吏理,堪任官者就授以职官的奖赏,于是又获得了一批图书。特别是开宝八年(975)冬天平定江南,明年春"遣太子洗马吕龟祥就金陵籍其图书,得二万余卷,悉送史馆。自是群书渐备。两浙钱俶归朝,又收其书籍"。这样,在宋太祖时期就收聚图书有数万卷之多,其成就无疑是显著的。

如果说,太祖时开拓了聚书之端绪,那么,宋太宗更以恢宏的气概,大规模地在全国征购图书,并御制图籍以充实三馆秘阁的庋藏。太平兴国九年(984)诏令"三馆以《开元四部书目》阅馆中所阙者,具列其名,于待漏院出榜告示中外。若臣僚之家有三馆阙者,许诣官进纳。及三百卷以上者,其进书人送学士院引验人材,书札试问公理,如堪任职官者,与一子出身;亲儒墨者,即与量才安排。如不及三百卷者,据卷帙多少优给金帛。如不愿纳官者,借本缮写毕,却以付之。"④自从实行这种办法之后,"四方书籍往往出焉"。到了至道元年(995),这时三馆秘阁虽已收聚了许多图书,但比之开元书目仍有不少阙失。于是,太宗遂命内品监、秘阁、三馆书籍裴愈到江南、两浙各州,寻访图书。数年之间,"献图书于阙下者不可胜计,诸道又募得者数倍"。⑤这时,三馆秘阁所聚图书达到了空前的程度,正如程俱所说:"图书之盛,近代无比"。

在征集图书的同时,宋太宗还着力御制诗文、墨迹,付诸秘阁珍藏。如以御制《秘藏诠》、《秘藏诸杂诗赋》、《佛赋》、《幽隐律诗》、《怀感一百韵诗》、《怀感回文五七言》,以及遣中使李怀节以御草书《千字文》和飞白书数十轴藏于秘阁。又藏《太宗御集》三十卷于秘阁,并复制别本藏于三馆之中。

到了真宗、仁宗时,仍继承前世搜聚图书的传统,借用传写或征购赏赐不断,取得了良好的效果。如咸平二年(999)借京师故相王溥家藏书传写。咸平四年(1001),"更悬金示赏,式观献书之路,且开与进之门",而后即有长乐郡主出献家藏秘本八百卷,得赐钱三十万之巨。其他以献书而受赏赐者,也甚为普遍。据百岁寓公记载,仅"大中祥符中,献书者十九人,得 10754 卷",受赏较为丰厚。仁宗之世,亦"开购赏之科,以广献书之路。应中外士庶之家,并许上馆阁所阙书,每卷支绢一匹,及五百卷特与文资安排。"⑥并派员访购天下遗书,以弥补遗亡之憾,终于获得了诸多秘籍善本。对于北宋聚书之法,郑樵曾作过总结,指出求书有八法:"一曰即类以求,二曰旁类以求,三曰因地以求,四曰因家以求,五曰求之公,六曰求之私,七曰因人以求,八曰因代以求"。⑦这不仅具有实践的效果,而且为国家藏书建设提供了理论价值。

(二)三馆秘阁藏书量的增减变化。崇文院始建时的院藏基础是宋太祖建隆、开宝年间三馆分藏的正副二本图书 46000 卷。经过后来太宗、真宗两朝六十余年的努力收聚,使崇文院三馆六库

118

庋藏正副本达到八万卷之多,若删去重复与讹谬,只单本庋藏总数即有 3327 部,39142 卷。但可惜这些图书在真宗朝一度被火焚烧,仅余万余卷。之后,新建崇文院而逐步恢复了三馆弆藏。据有关史料统计,到仁宗嘉祐年间,三馆收藏单本图书即有 39163 卷。这个藏量与旧崇文院的最高藏量相比,还略有增加,表明了仁宗朝致力于购求遗书和抄录缺本所作出的重要贡献和取得的辉煌成就。

(三)三馆秘阁藏书的整理。点勘校雠藏本,不断对庋藏书籍予以整理,是崇文院的一贯传统。太宗时,曾诏"选官分校《史记》、前后《汉书》","既毕,遣内侍裴愈,赍本就杭州镂板"。[⑧]真宗时,先后诏"选官校勘《三国志》、《晋书》、《唐书》",又重新校定《周礼》、《仪礼》、《公羊》、《谷梁》传、《孝经》、《论语》、《尔雅》七经疏义,凡 165 卷,"模印颁行"全国。特别是景德元年(1004),光禄少卿,直秘阁黄夷简等,完成了校勘新写御书 24162 卷。因为成就卓著,被"赐缗帛有差,校勘官、前大名府馆陶县尉刘筠等六人并授大理评事、秘阁校理"之职。继此之后,于大中祥符年间,以枢密使王钦若都大提举、翰林学士陈彭年为副提举,抄写、校勘三馆秘阁书籍,取得了显著成绩,并于大中祥符九年(1016),加王钦若为检校太师、加张复为兵部郎中。同时直史馆祁旰、钱易、慎镛等对《道藏》进行预校,选本亦加以刊板。及至仁宗时,对三馆秘阁书籍勘整理不遗余力。仁宗即位,即于天圣二年(1024),令宋绶、刘烨为提举,以张观、王质、陈诂、李淑、鼓乘、孙觉等学者校勘《南北史》和《隋书》。继后,又不断扩大校勘队伍,大规模地整理藏书。景祐三年(1036),当仁宗亲御崇文院时,"观三馆秘阁新校两库子、集书,凡万二千余卷",仁宗分外高兴,乃对校勘官、管勾使臣、写书吏等一一加以奖赏,并于是日在崇文院设宴款待辅臣、两制和馆阁官员,以表庆贺。及至嘉祐七年(1062),为进一步去除缪滥残缺,又诏参知政事欧阳修提举三馆秘阁写校书籍,专门设局办理此事,历史上称之为北宋第二次之图书大整理。

(四)修撰《崇文总目》。宋仁宗景佑元年(1034)闰六月,以三馆秘阁所藏有谬滥不全之书,命翰林学士张观、知制诰李淑、宋祁,将馆阁的正副本书看详,定其存废,讹谬、重复并从删去。内有差漏者,令补写校对。仿《开元四部录》约《国史·艺文志》,著为目录,仍令翰林学士盛度等看详。参加提举修撰总目工作的还有宋庠、王尧臣、起复、聂冠卿、郭稹、吕公绰、王洙、刁约、欧阳修、杨仪、陈经、王从礼等。历时八年,于庆历元年(1041)十二月,翰林学士王尧臣等上新修《崇文总目》六十卷(《中兴书目》及《国史志》作66卷)。《崇文总目》分为经史子集四库十九部,四十五类,著录图书30069卷,成为著名的官修国家藏书目录,对当时和后世颇有影响。朱彝尊曾指出:《崇文总目》"辞不费,而每书之本末具见,法至善矣"。《四库全书总目》更全面地作了高度的评价:"今观其书,载籍浩繁,抵牾诚所难保。然数千年著作之目,总汇于斯。百世而下,藉以验存佚,辨真赝,核同异,固不失为册府之骊渊,艺林之玉圃也"。

应该说,在编撰《崇文总目》的前后,有两部官修目录也是不可忽视的。一部是宋真宗咸平元年(998),以三馆秘阁书籍岁久不治,诏朱昂、杜镐和刘承珪等进行整比,著为《三馆秘阁书目》。另一部是宋仁宗嘉祐六年(1061),为搜遗补缺,专门编制了《嘉祐搜访阙书目》,作为访购书籍的依据。大约经过二十余年的努力,新收献书217部,1368卷;奏黄本书6496卷;补白本2954卷。这些书籍比《崇文总目》新增加了1474部、8496卷。即是说,这时三馆秘阁收藏的单本图书已达38565卷了,在很大程度上填补了《崇文总目》之阙佚。

此外,是时的史志目录也相应地丰富起来。既重视编撰前朝艺文志,如欧阳修撰的《新唐书艺文志》;又注意编修本朝艺文史志,如吕夷简等编纂的太祖、太宗、真宗《三朝国史艺文志》,王珪等编的仁宗、英宗《两朝国史艺文志》等。前者虽对前朝书籍发展是一个很好的总结，但后者更富有创新精神，开创了编写当代史志目录的先例，对后世影响较大。

三、崇文院变改为秘书省的设置

宋朝立国，即有秘书省的建制，其时在光化坊，隶属于京百司，有监、少监、丞郎、校书郎、正字、著作郎、佐郎等职官，但均为寄禄官。其所职掌并无书籍，仅是"祠祭、祝版而已"。这是宋神宗以前秘书省的建制和职掌情况。自神宗以后，秘书省的建制、职掌乃至省舍都为之一变，大大扩充和加强起来。据记载，神宗元丰三至五年（1080－1082）改革官制，遂将崇文院改为秘书省，省舍移置于左升龙门，"聚书养贤"，统领三馆秘阁，"视旧甚伟"，"以盛大一时"。

新的秘书省建制，分设为四案："曰国史案，掌编修《日历》事；曰太史案，掌太史、天文浑仪等事；曰经籍案，掌典籍之事；曰知杂案，掌本省杂事。"政和中，又增置"道教案"，共为五案，即秘书省属的五个机构。大约在崇宁以后，还设置了编修国朝会要所和详定九域图志所二局于秘书省。秘书省由于职权范围的扩大，职官也相应增多。其主要职官有秘书监、少监各一人，或少监二人；丞一人；秘书郎二人，通掌省事；著作郎、佐郎各二人，专修日历；校书郎四人，正字二人，校对书籍。在秘书省职官设置的原则上，有以下三点是很明确的，或随着时间的推移而有所变化。

1、自元丰五年（1082）推行新官制改崇文院为秘书省后，即以"寄禄官易监少至正字，以秘书监、少监、丞、郎、著作郎、佐郎、校书郎、正字为职事官，馆职不复试除"。⑨

2、政和七年（1117），始设置提举秘书省官。道录院以大学士至使相三孤（少师、少傅、少保）充职，置管勾文字官二员，视如殿中丞。到宣和二年（1120），则以中贵人提点三馆秘阁，有时亦以节度使至使相为之。

3、政和末,秘书省即不实行定员,导致官吏冗杂且滥。到宣和三年(1121),乃诏三省固定官员人数,而且清理整顿冗滥官员,其多余人员皆定为外补官吏。

四、秘书省所属三馆秘阁藏书的整理与编目

自元丰改制至北宋末,由于政府加意对图书的收集和补写,三馆秘阁藏书也相应增加。于是整理与编目势在必行。在整理方面,较突出的是宋徽宗崇宁、政和及宣和年间:崇宁初有秘阁补写黄本之举;政和中有全面校雠三馆图书和清理借出、存储的措施;宣和四年(1122)专门设置了"补缉校正文籍所",对馆阁藏书进一步加以整理。通过这些措施,使北宋后期三馆秘阁藏书更为完备,这就是历史上所称道的北宋馆阁藏书第三次的大整理。

在整理的基础上,于宋徽宗政和七年(1117),校书郎孙觌、著作郎倪涛、校书汪藻、刘彦适等奉命编撰了《秘书总目》,著录图书55923卷,较《崇文总目》所载,增加了数百部、万余卷图书。之后,更加意征集、缮写,扩大三馆秘阁藏书,及至宣和四年(1122)清点馆阁之储时,已有6705部、73877卷图书,集北宋一代馆阁藏书之大成,成为北宋国家藏书的最高纪录。

五、馆阁藏书的利用与学术活动

(一)馆阁藏书利用的主要表现。1、借阅流通:一是设立借本书库,专供借阅。《宋会要稿·崇儒》篇,记述了当时馆阁书库借书的盛况,并建议"将借本书库原书籍添入经史子集,书数备足及准备阅监";二是已有流通制度。由于"馆阁书库借出图书,亡失已多",乃规定了"其私借出与借之者(损坏图书)并以法坐之"的处罚条文。早在咸平年间,宋真宗就曾说:"近闻图书之府甚不整齐,假借之散失尤多。"于是真宗要主管官员"严行约束,杜绝因

循",并督促归还馆阁。到了北宋后期,就规定集贤书院藏书作为借本书库,其余馆阁藏书概不借出。尽管如此,不少书籍借出或借出而久久不能归还。如三馆秘阁自崇宁四年(1105),借出书籍到政和四年(1114)十年未还者就有4328册卷之多。因此,徽宗下诏:"自今省官取借书籍,并申本省长贰判状权借,依限拘收",反映出流通制度是在实践中不断形成和完善的历史过程。

2、为公私著述、研究提供资料。公用三馆秘阁藏书进行研究、编著,可以说比比皆是,历世无不如此。如太宗时敕撰的《太平御览》一千卷、《文苑英华》一千卷、《太平广记》五百卷,真宗时敕撰的《册府元龟》一千卷,这几种类书部头大、学术价值高,后人谓之"四大类书";仁宗时,宋祁、欧阳修奉命重撰《新唐书》二百二十五卷,欧阳修还以"法严词约,自立门目"编撰《新五代史》七十五卷;司马光受命于君主置身秘阁,用十五年时间编成《资治通鉴》三百五十四卷;宋白、李宗谔修《续通典》,王钦若、杨亿修《历代君臣事迹》,王存、刘奉世编《武经要略》等等。

3、为刻印出版提供正本。因馆阁藏书,历经校勘,错谬较少,所以,凡官方刊印出版的图书特别是监本,大都采用其作为底本印行。这既增加了馆阁复本的收藏,也为中央和地方公私藏书提供了书籍来源。

(二)推动了馆阁学术活动的开展。一方面对馆阁藏书持续不断的校勘整理,前后有数万卷之多,出现了质量很高的校勘本。这些校勘本不仅有儒学诸多书籍,而且还有释藏和道藏。如宋初整理的佛经《开宝藏》5048卷,后由内侍高品、张从信在四川成都监雕;又如宋太宗至道年间(995－997),诏徐铉、王禹偁等校订馆阁所藏道书3700余卷,缮写存入秘阁。真宗大中祥符间再重加整理,命王钦若等运到杭州刊印为《宝文镜录》4365卷,成为道藏的雏形,屡经刊版,传播中外。另一方面,使各学科领域出现了一些新学问。如:在经学方面,由于注重义理,发展出了理学,以北宋的程颐、程颢开其端,为后来南宋朱熹集大成。与此同时,还出现了以周敦颐为代表的理学的"濂学"学派和以张载为代表的另一理学派别"关学"。在史学方面,除《资治通鉴》"贯串古今,精博详审,为史家之创体"外,又开拓了考古学的研究,产生了一系列的考古著作。在文学艺术方面,诗、词、散文、话本、戏曲和书法、绘画等都开拓了新的境界,取得了很高的成就。在目录学上,也成为一门专学。既有《崇文总目》、《秘书总目》之类著录群书的目录学名著,又有多种多样的目录提要书籍,为后世目录学的发展起了继往开来的作用。在科学技术方面,更是蓬勃兴起,推广发明层出不穷。唐、五代开始应用的印刷术,至北宋广泛运用来刻印书籍,形成官府、书坊和私人三大刻书事业系统。仁宗庆历年间,毕升发明胶泥活字版印刷术,对中国和世界文化发展有不可估量的贡献。火药火器在宋代已广泛应用于军事和手工业生产上。北宋开封设有"广备攻城作",专制火药、火器。仁宗时曾公亮著《武经总要》一书,提及当时已有火箭、火球和霹雳火球等各种火器,并记载了三种火药的详细配方。沈括的《梦溪笔谈》记载了罗盘仪的基本原理,他不仅改进了指南针,而且还发明了磁偏角。《梦溪笔谈》内容丰富,包括天文、历法、算学、光学、物理学、地理学等多方面的科技知识,是一部综合性的科学专著。宋代历法改变十九次,反映了天文学研究的活跃。贾宪的"开方作法本源"图,比西方同样的巴斯加三角形早六百年,其"增乘开方法",比意大利鲁菲尼和英国的霍纳提出的同样算法早八百年。秦九韶的《数学九章》,其中的大衍求一术和增乘开高次方的方法,是我国古代数学史上的两项重要成就。如此等等,都与北宋三馆秘阁藏书的利用和学术活动有关,也在一定程度上促进了图书馆事业前进的步伐。

第二节　北宋皇室系统的殿阁藏书

北宋皇室系统藏书主要在禁中,分置于部分宫殿楼阁里。据史料记载,主要集藏于以下九处。

(一)太清楼藏书。此楼为宋太宗时建立,在禁中后花园内。所藏图书范围广泛,内容丰富。主要收藏有御书墨迹,"黄绫装裱"的善本书,以及利用三馆秘阁藏书复制的四部图籍。这些藏书具有明显的特点:一是逐渐积累存藏的。如真宗咸平二年(999)闰三月,诏令以三馆写四部书二本,其中一本即"置后苑之太清楼,以便观览","所得甚多"。二是秘籍善本颇多。如仁宗宝元二年(1039),"上尝集天地、辰纬、云气、杂占凡百五十六篇,离三十门为十卷,号《宝元天人祥异书》,召辅臣于太清楼,出而示之"。⑩据此可知其庋藏有罕见之秘籍。若论其所藏善本,也颇有名,许多书都"以黄绫装裱,谓之太清本"。因为太清本都是经过严密校勘过的,如咸平五年(1002),就曾令刘均、聂震等人对太清楼部分舛误之书进行校勘,并编制了《太清楼书目》四卷。三是为三馆秘阁提供原本进行补写,以充实馆阁藏书。如大中祥符八年(1015),崇文院遭受火灾,太宗、真宗二代三馆秘阁藏书大半被焚毁了。于是,真宗乃命王钦若提点写校馆阁书籍,以陈彭年为副手,借太清楼本予以补写,使得新崇文院藏书得以恢复起来。

(二)龙图阁藏书。龙图阁为宋真宗大中祥符中建立,在会庆殿西北,与禁中诸殿阁相连。阁内收藏的书籍甚为丰富,有御制文集和珍贵书画及宗正寺所进的属籍、世谱,特别是缮写三馆所藏四部书复本有数万卷之多。龙图阁藏书的重要特色是校雠精详、管理有序。真宗曾褒奖说:龙图阁书屡经校雠,最为精详,分为经典、史传、子书、文集、天文、图画六阁保管,并撰有《龙图阁书目》七卷。这些书籍由学士、直学士、待制、直阁等官共同负责,下设若干官员具体管理。

(三)天章阁藏书。天章阁为宋真宗天禧四年(1020)建立,在会庆殿之西,龙图阁之北。次年,仁宗即位,阁乃修筑竣工,付诸使用。以仁宗在位"受天书祥符","取为章于天之义",故名"天章"。前期,主藏部分复本图书。其后,则"图籍、符瑞、宝玩之物,若国史、宗正寺所进属籍,独藏于天章阁,祖宗御容、潜邸旌节亦安奉焉"。⑪天章阁设学士、直学士、待制等官,品级均在龙图阁之下。其藏书主要由天章阁直学士负责,下设若干经办官员具体管理。

(四)宝文阁藏书。宝文阁在天章阁的东西序,群玉、蕊珠殿之北。它原名寿昌阁,仁宗庆历时改名"宝文"阁。自此开始贮藏图书。英宗即位,诏以仁宗御书、御集藏于阁中,并命宰臣王珪撰记立石以为纪念。神宗即位,又以英宗御书附于阁内,并开始设置学士、直学士、待制职官,"恩赐如龙图"阁官阶。

(五)显谟阁藏书。显谟阁为宋哲宗元符元年(1098)建立,阁内主藏神宗御集。宋徽宗时设学士、直学士、待制等官,但其地位在宝文阁官职品级之下。

(六)徽猷阁藏书。徽猷阁为宋徽宗大观二年(1108)建立,主藏哲宗御集。设置有学士、直学士、待制等官。

(七)宣和殿藏书。宣和殿为宋徽宗时建立,殿内所藏典籍、书画及器物古玩甚为丰富,其中尤以所藏的历代书帖、画品及古器物最为名贵。

(八)玉宸殿和四门殿,均各藏有图书万余卷,并各自编有藏书目录。

上述诸多殿阁藏书,虽秘籍善本不少,但均为宫禁之藏,流通极其狭窄。它只为皇帝及其宗室重臣所用,为统治者施政和娱乐服务。正如宋太宗赵炅所说那样:"教化之本,治乱之源,无书籍何以取法。"又说:"退朝之暇,聚图书以自娱",明确地表露了皇室藏书的旨意。

第三节　南宋秘书省的藏书事业

一、南宋秘书省的设置

南宋秘书省始建于宋高宗（赵构）绍兴元年（1131）。是时，因南宋政府尚暂住绍兴府，高宗亦暂寓于府治之火珠山巷，于是，乃以火珠山巷孙氏及吕惟明宅设官屋二所作为秘书省的临时办公地址并置秘阁藏书处。

绍兴二年（1132），随着南宋政府迁移临安府，秘书省及其所属秘阁亦移居临安。初在宋氏宅，后徙于油车巷东法惠寺。秘书省有厅三间，厅后主廊一间，堂五间。其南有屋三间，为秘阁三馆藏书处。其东为实录院。自绍兴八年（1138）正式定都临安后，即于绍兴十三年（1143）以清河坊糯米仓巷西怀庆坊为基地，重新建造秘书省省舍。新省建成后，即于次年六月二十二日奉旨迁入。其布局宽绰，合理有序：

东廊六间、五架，为监门直舍、守门执事官房、装作界；

西廊十间，五架，为点检案、知杂案、经籍案、祝版案、太史案、宿直房；

左文殿五间。殿后有秘阁五间，高四丈；阁前有拜阁台，阁后有道山堂五间、九架，中设抹绿厨，藏秘阁四库书目。其后为秘阁书库，分藏秘阁图书。其中，五间为子库，五间为经库，五间为史库，五间为集库，三间为印板书库，二间为印书作，二间为国史库，一间为国史日历所等。其秘书省官员也分别置立有办公处所及居舍。及至宋理宗绍定四年（1231）秋，秘阁因居民失火而被焚烧，仅存秘书省著作庭及后园。次年，即在废墟上依照旧式规模，"约费三十五万余贯,中外鼎新",恢复了秘书省及秘阁的建筑与设置。

至于秘书省内部机构和职官的设置,也因循北宋后期秘省旧制,分经籍、祝版、知杂和太史四案,有监、少监、承、著作郎、秘书郎、著作佐郎、校书郎、正字及秘阁校勘等官。但在一百五十年间,各种职官时有增减变化。绍兴元年始置秘书省时,只有监或少监一员,丞、著作佐郎各一员,校书、正字各二员为额。之后,秘书省复建史馆,以修《神宗实录》《哲宗实录》,乃选本省官兼检讨、校勘、侍从官充任修撰。绍兴五年(1135),又仿唐代十八学士之制,除监、少、丞外,"置著作郎佐、秘书郎各二人,校书郎、正字通十二人"。绍兴十三年(1143),又沿政和故事,设置多种提举官及编定书籍官。孝宗即位,诏馆职储养人才,不可定员,于是秘省职官乃不定额。可是秘书省的吏额却有定数,《宋史·秘书省》卷164称:"都、副孔目官二人,四库书直官二人,表奏官、书库官各一人,守当官二人,正名楷书五人,守阙一人,正贴司及守阙各六人,监门官一人以武臣充,专知官一人",共十二种官名,二十八人。

此外,遇修国史则开国史院,遇修实录则开实录院,以及编修日历设置日历所,编修国朝会要设立会要所等,都分别设置配备了提举、修撰、检讨等官,"以正名实"。说明南宋秘书省职官是因事设人的。

二、重视搜集与庋藏

宋王朝南渡以后,十分重视对散佚书籍的搜集与庋藏,即所谓"明诏屡下,广行访募","虽处干戈之际,不忘典籍之求",于是"大开献书之路,明张立赏之","四方卷帙遂充三馆"。这究其聚藏之法,主要有以下几条:

第一,实行借书之令,官民纷纷献书,付之秘书省收藏。如"绍兴元年三月十八日,进士何克忠上《太祖皇帝实录》《国朝宝

128

训》、《名臣列传》。六月十六日,故金吾上将军张楸妻王氏以家藏《六朝实录》、《会要》、《国史志》等书来上。诏付秘书省"⑬抄写庋藏。

第二,实行募购优赏。高宗绍兴年间,既下诏"求遗书",又定"献书推赏之格",命令监司、郡守各谕所部,广泛募购图书,"悉上送官",存入秘书省。如高宗命平江府守官到贺铸家购买其全部藏书。之后,贺铸之子贺廪又献其余藏五千卷。于是,乃诏吏部授予贺廪监平江府粮料院官职。继高宗之后的孝宗之世,也采用这种办法来增广藏书。如淳熙十三年(1186),"诏诸路监司、诸郡守臣,各以本路本郡书目解发至秘书省,听本省以《中兴馆阁书目》点对,如见得有未收之书,即复移文本处,取索印本,庶广秘府之储,以增文治之盛。"令"秘书省将未收诸路书籍径自关取"⑭。于是秘书省收藏图书"旧益以富矣"。

第三,设置图书"补写所",以补充秘书省藏书之阙。据史料记载,绍兴十四年(1144)五月二十八日,"诏秘书省复置补写所",获得大量复本图书,以充秘阁。

第四,官府先后修撰了大量书籍,充实了秘书省藏书。仅实录、实训、会要、日历等书就有几十种,数千卷之多。如高宗时,史馆修纂有《重修神宗皇帝实录》200卷,《重修哲宗皇帝实录》150卷,实录院修纂的《徽宗皇帝御集》100卷、《钦宗皇帝实录》40卷、《重修徽宗皇帝实录》250卷,国史日历所修纂的《神宗皇帝宝训》100卷、《太上皇帝圣政》60卷、《太上皇帝日历》1000卷、秘书省修纂《续国朝会要》300卷、《国朝中兴会要》200卷。孝宗淳熙间,秘书省修《孝宗皇帝会要》158卷、《续孝宗皇帝会要》130卷,国史院修《四朝正史志》180卷、《四朝国史列传》135卷,国史日历所修《孝宗皇帝日历》1155卷。光宗绍熙间,秘书省修《孝宗皇帝会要》80卷,国史日历所修《孝宗皇帝圣政》50卷、《孝宗皇帝日历》2000卷。宁宗朝,实录院修《高宗皇帝实录》280卷、《续高宗皇帝实录》220 卷、《高宗皇帝御集》100 卷、《孝宗皇帝实录》500 卷,国史日历所修《光宗皇帝日历》300 卷、《宁宗皇帝日历》110 卷、《重修宁宗皇帝日历》500 卷,秘书省修《光宗皇帝会要》100 卷、《皇帝会要》115 卷、《宁宗皇帝会要》110 卷以及誊写张从祖纂辑《国朝会要》580 卷等。这些新纂书籍除部分收藏于皇室殿阁外,都弄藏在秘书省及其所属的秘阁。

三、重视校雠整理

南宋既致力于文献的积聚,"前后搜访,部帙渐广",加之当时朝廷正组织人力修撰神宗、哲宗和徽钦二宗四朝正史,搜访聚藏的书籍日益增多,但已存在"残阙重复,多所讹舛"的问题。因此,南宋王朝也很重视聚藏书籍的校雠整理,而且历世连续不断。高宗绍兴二年(1132)四月,就有诏"分经、史、子、集四库,仍命分官日校"之举。当时秘书少监王昂曾说:"本省承节次降下御府书籍四百九十二种,今又有曾旼家藏书二千六百七十八卷,未经校正,欲依故例","经日校二十二板,于卷尾亲书臣某校讫字"。"入伏,传宣住校,内有损坏、脱落、大段错谬、不堪批凿者,许将别本参考,重新补写。所有进帐簿纸并装背物料等及校书朱红、雌黄、纸札,欲从本省遇合用报户部下左藏库支供"。这些,具体反映了南宋初期秘书省征藏书籍校雠、整理的情况。所以当时宋高宗也曾有"法汉氏之前规,精校遗亡"的欣慰之语。

南宋对聚藏书籍的校雠,在孝宗淳熙四年(1177),秘书监陈骙与其同僚共同撰写的《南宋馆阁录》卷三"储藏"里,用 319 个字将"校雠式"作了明确的记述。这个"校雠式",是绍兴六年(1136)史馆修撰范冲与秘书少监吴表臣共同参定的,是当时整理搜访藏图书的校勘条例。虽然文字不多,只有几条,但它却明确地规定了校勘书籍的原则、方法、格式及所用的符号,并且举例说明,言简意赅,便于实用。其具体内容则包括正误、增减文字、倒置处理、句读、点发、校者署名等项,已涉及文字校勘的各个领域。有的学者曾指出:这是我国古代文献学史上最早确定的较为完整的校勘条例,不仅对纠正魏晋以来众人校书各出己意、式例驳杂、符号不能统一等弊病有重要的实际意义,而且对后世校书有着深刻的影响。如岳珂《九经三传沿革例》说:"监、蜀诸本,皆无句读,惟建本始仿馆阁校书式,从旁加圈点,开卷了然,于学者方便。"这是句读仿此式之例。岳珂又说:"音有平上去入之分,则随圈发",即在校难读之字的四角中任义一角勾划一小圆圈,表示此字读哪一声。这是标注音调仿此之例。这种方法一直沿用到近现代。式中的规定,如衍讹以雌黄涂,添字则或上下空纸上标写,倒置书"乙"隘等,就与我们今天通行的校书方法已无大差别。至于有关校点符号的规定,也有与现代新式标点相吻合之处,如"其有人名、地名、物名等合细分者,即于中间细点",就与新式标点的顿号格式相同。由此可见"校雠式",确实包含了不少科学的成分,标志着校勘在南宋已发展为一门校勘学,其功绩是应该充分肯定的。

四、管理措施与两次编目

(一)南宋国家藏书的管理较为严密,有一系列环节关联的有效措施。要而言之,略有三项:一是进书有帐簿,入库有牌经,校勘有课程,抄补有规制,著录则有各种分类书目,收藏有专人主管。二是每年例行曝晒书籍,自五月一日为始,至七月一日为止,以防霉损与虫蚀书籍,并在每年定期(原为九月二十三日,后改为七月七日)举行"曝书会",由秘书少监或秘书丞主持,以展示书府文籍之盛。三是出借馆藏图书规定极严,不仅"秘阁图书除供禁中外,并不许本省(秘书省)官及诸处关借,虽奉特旨,亦不许关借";即使"秘书省书籍,除本省官关请就省校勘外,依旧制并不许诸处借出,长贰常切觉察",意思是对外一律不许开放。这些措施,确实对南宋国家藏书事业的恢复和发展起了重要的作用。

(二)秘书省先后编修了两部国家藏书目录。第一部是《中兴馆阁书目》,亦名《南宋馆阁书目》,计七十卷,序例一卷。这部书目是孝宗淳熙三年（1176）十月,秘书少监陈骙等上奏朝廷,请求依照《崇文总目》类次,与馆职人员共同编撰中兴以来的馆阁藏书书目。淳熙五年（1178）三月,书目编成,定名为《中兴馆阁书目》。其所载内容截止于淳熙四年,有部分内容则延伸到了淳熙五年三月。全书内容分为52门,共著录馆阁见在书籍44486卷。第二部为《中兴馆阁续书目》三十卷。这部书目是宋宁宗嘉定十三年（1220）四月二十日,继《中兴馆阁书目》之后的续编。嘉定十二年（1219）闰十二月,秘书省上奏朝廷说:"今来本省自淳熙五年以后,续次搜访书籍,数目亦多",有必要依照前部书目类例,续撰一部馆阁藏书目录。经朝廷批准,下诏秘书丞张攀编撰书目。自此,乃于翌年编成,定名为《中兴馆阁续书目》。此书目不包括"太常、太史、博士之藏,诸郡、诸路刻版而未及献者",新著录图书14943卷。据此可知,上述两部国家书目,不但综合记录了南宋以前传承下来的文化遗产,而且概括了南宋自绍兴至嘉定近百年时间的图书成就,具体反映了国家馆藏书籍的盛况。宁宗以后,又继续收集前世遗书和当代著作,使秘书省馆阁藏书更加丰富。"删其重复","盖以宁宗以后史之所未录者,仿前史分经史子集四类条列之,大凡为书9819部,119972卷"。[16]这就是宁宗以后所编的艺文志。其所著录图书,可以说集南宋国家藏书之大成,也是南宋以前国家藏书的最高纪录。

然而,好景不长。宋理宗绍定四年（1231）,秘书省遭受火灾,秘阁藏书大多被毁。自此以后,南宋一代国家藏书遂一蹶不振,日落千丈。

此外,南宋皇室如敷文阁、焕章阁、华文阁、宝谟阁、宝章阁、显文阁等尚有部分藏书,中央其他机关及地方州府也有一定的藏书,这显然是南宋图书馆事业的一项重要内容,无疑不可忽视。

第四节　两宋私家藏书的继续发展

两宋时期,私家藏书继承和发扬了历史的优良传统,加以雕版印书盛行,得书容易,学者、士大夫往往又以藏书自夸尚,于是便开了一代民间聚书的风气,出现了甚为发达的私家藏书。

一、北宋的私家藏书

北宋的私家藏书是循序渐进的,根据其发展状况,可分为初期、中期和后期三个阶段。宋初承五代乱离之后,书多散于民间,通过各种途径,转辗积聚,出现了许多藏书家。这时的藏书家,当首推江正。江正字叔元,江南人,曾做过越州(今浙江绍兴)刺使,越有钱俶王时的书,他便借来抄写,后来连原本也归他了。及破江南,又得了不少逸书。这样,江正便有数万卷藏书。晚年,他任安陆(今湖北安陆)刺使时,就在那里定居下来,专门造了一座房子来贮藏他的书籍,并编有《江氏书目》。与江正同时著称的还有杨徽之(921—1000),字仲猷,蒲城(今陕西蒲城)人,后周显德中进士,为右拾遗。入宋,于宋真宗时,官至翰林侍读学士,家中藏书极多。但他没有儿子继承,于是便把所有的藏书赠送给他的外甥宋授。授字公垂(991—1040),四入翰林,官至参知政事。他喜好藏书,在其所得舅父遗书的基础上,后来又得了毕文简、杨文庄的家藏善本。至此,宋授便成为北宋的一大藏书家。据载,宋氏家藏图书二万余卷,皆手自校雠,尝谓:校书如扫尘,一面扫,一面生,故有一书每校三、四遍,犹有脱语的经验之谈。宋授死后,其子宋敏求继承其业。《宋史》称:“敏求家藏图书三万卷”,其中,尤以唐人诗集最为著名。苏颂曾称尝说:“敏求家藏书数万卷,多文庄(杨徽之)、宣献(宋授)手泽,与四朝赐札,藏书唯谨;或缮写别本,以备

133

出入,故其收藏最号精密"[17]。因此,是时之士大夫喜读书者,多僦居其侧,竟至使当地的宅值甚为昂贵,可见其影响是较大的。

北宋中期,以王钦臣和李淑为代表,他们都是当时公卿中藏书最富的。王钦臣字仲至,王洙之子,宋城(今河南商丘)人。平生为文至多,爱好古籍,藏书四万三千余卷。其所藏书都亲自校正,世称善本。徐度《欲扫篇》卷下描述说:"予所见藏书之富,莫如南都王仲至侍郎家,其目至四万三千卷;而类书之卷帙浩博,如《太平广记》之类,皆不在其间。闻之其子彦朝云:先人每得一书,必以废纸草传之,又求别本参校,至无差误,乃缮写之。必以鄂州蒲圻县纸为册,以其紧慢厚薄得中也。每册不过三、四十页,恐其厚而易坏也。此本传以借人,及子弟观之。又别写一本,尤精好,以绢素背之,号镇库书,非已不得见也。镇库书不能尽有,才五千余卷。盖尝与宋次道相约传书,目录一本,遇所阙则写寄,故能多致如此。"彦朝死后,其子于宣和年间将家中镇库书献与朝廷,得诏特补承务郎一官。其所藏副本,建炎初,散失了。李叔,字献臣,邯郸(今河北邯郸)人,真宗时进士及第,累迁龙图阁学士。家藏图书57类,1836部,23186卷。著有藏书目录——《邯郸图志》十卷,详载其家所藏图书。此外,又有《艺术志》、《道书志》和《书志》、《画志》等书目。其子李德刍将其书目集编为三十卷。不幸,其藏书及书目都在靖康之变时散失了。

北宋后期,以藏书著名于世的有司马光、李常、刘恕、田伟、贺铸等人。司马光(1019-1086),字君实,陕州夏县人,仁宗宝元年间(1038-1040)进士及第,历同知谏院。神宗时,为御史中丞;熙宁年间,因反对王安石新法,去官居家洛阳,辟地为独乐园,其中专门设立了一个"读书堂"。成天在此披阅书籍,编纂史书、文章,十五年如一日,绝口不论时事。哲宗即位,起为门下侍郎,拜尚书左仆射。光为著名史学家,也是藏书家。聚书至万卷,多为文史,置于"读书堂"中,著有《资治通鉴》等名著,流传于世。李常(1027-

1090)，字公择，建昌（今四川西昌）人，皇佑年间进士，熙宁中为右正言。他早年读书于庐山五老峰下白石庵之僧舍，曾在此处聚藏了九千多卷书。他走后，书仍留藏在山中，山中之人为纪念他，指其所居为李氏山房。后人评论说，他不将自己的书藏在家中，而是"将以遗来者，供其无穷之求，而各足其才分之所当得"，颇有公共图书馆的意思。⑱刘恕（1032－1078），字道原，筠州（今江西高安县）人。年十八，举进士，历官秘书丞。他笃好史学，博闻强记，无论巨细之事，都能稽考，曾协助司马光完成了《资治通鉴》的编写工作而受到高度的评价。恕好聚书，喜抄书。当著名藏书家宋敏求知亳州时，则枉道就借观览，闭门朝夕苦读勤抄，十天功夫就将所缺之书全部抄录完备，竟至"目为之翳"。恕之藏书数量虽不可知，但史称他是当代士大夫中，远近闻名的藏书家，亦可见其崖略了。田伟，宋燕人，后为江陵尉，乃居家于此。他是一位藏书大家，于家专造"博古堂"藏书，有五万八千卷之多（一说为三万七千卷）。宋徽宗政和年间下诏求书，田氏进献秘书省三馆所缺之书就有一千卷。他家所藏之书，其子田镐撰编了《田氏书目》六卷，著录图书 37,000 卷。贺铸（1052－1125），字方回，卫州（今河南汲县）人。哲宗元祐任通直郎，通判泗州，因悒悒不得志，退居吴下。聚藏图书万余卷，皆手自校雠，无一字脱误，达到了惊人的精确地步。《老学庵笔记》说："方回貌奇丑，俗谓之贺鬼头，喜校书，朱黄未尝去手。"潘邠老赠方回诗云："诗束牛腰藏旧稿，书讹马尾辨新仇。"贺铸死后，其子孙于南宋绍兴初年，将其所藏图书予以出售，高宗知道后，下令把他的全部藏书用高价收买下来，充实秘书省三馆。

整个北宋时期，私人藏书家是颇多的。除上述著名藏书家外，影响较大的还有丁顗、王光宪、张昭、王贻孙、刘式、关景仁、毕士安、吕大防、朱昂、沈立、沈思、苏颂、欧阳修、晏殊、富弼、赵宗晟、钱勰、钱惟演、詹景仁、胡定之、晁说之、李清照等等。他们之藏书，都在一定程度上显示出不同的特色,而丰富了私家藏书事业。

二、南宋的私家藏书

南宋时期,收藏图书之风未减北宋,藏书家很多,不少藏书家往往专门构造楼堂贮书。如:方渐积书数千卷,皆手自撰定,置"富文阁"收藏,子孙相传,为"富文方氏",郑樵也尝就读于此。史守之收藏甚富,宋宁宗曾御书"碧沚"二字赐之。全祖望也曾赞叹:"碧沚牙签最富","宣献东楼,鸿禧碧沚最有名"。李衡致仕居昆山,造屋藏书上万卷,号"乐庵"。武伯英喜贮书,家有万卷楼,筑于山西崞县铜川。张铱旁搜博访,日夜手抄,筑堂蓄书,号曰"万卷堂"。张用道富藏书,也筑"万卷楼"以藏,刘将孙特撰《长州万卷楼记》以记其事。周辉居杭州清波门之南,家有藏书万卷,著《清波杂志》十二卷。张邦基性喜藏书,居藏之所叫"墨庄",著有《墨庄漫录》传世。徐南书,构阁以藏书,名之曰"味书阁"。诸葛行仁藏书也多,仅绍兴五年(1135)六月,一次就进贡朝廷所贮图书8546卷,得赐官之赏。这些都有文献记载,也常常为人所乐道。

南宋时期的私家藏书,其称誉最高,影响最大的当数叶梦得、晁公武、郑樵、尤袤、陈振孙、陆游诸家。

叶梦得(1077－1148)字少蕴,号石林居士,原籍吴县(今属江苏),居乌程(今浙江吴兴)。北宋哲宗绍圣四年(1097)登进士第,遂迁祠部郎官。徽宗朝任起居郎、翰林学士,以龙图阁直学士知汝州,积极参预朝政。南宋高宗朝,官户部尚书、迁尚书左丞江东安抚制置大使,兼知建康府、行宫留守,后加观文殿大学士知福州,卒赠检校少保。叶梦得屡经仕宦,学问渊博,性嗜藏书,所藏大约在十万卷以上,"建书楼以储之",分外讲究,成为南宋著名的藏书家,也是两宋最大的私家藏书之一。他先在霅川(今浙江吴兴县治南)卞山,建筑了一座非常华美的书楼珍藏书籍。自言:"宣和五年(1123),余即卜别馆于卞山之石林谷,稍远城市,旧藏书三万余卷,丧乱日来,兵火荡析之余,所亡几半。山居狭隘,余地置书囊无几,雨漏鼠啮,以复蛀败。既殁守不谨,屋与书俱尽于火"。梦得的私藏虽然亡散,但他在高宗绍兴八年(1138),任江东安抚大使兼知建康府及行宫留守时,则在宫府中新建了一座藏书阁,以广公家之藏,供众官吏之阅读。他在《绀书阁》一文中说:

屋壁之藏,幸得保有其余,至于今尚存者,学士大夫相与传习之效也。今四方取向所亡散,书稍稍镂版,渐多好事,宜当分广其藏,以备万一。公厨适有羡钱二百万,不敢他费,乃用编售经史诸书,凡得若千卷。

厅事西北隅有隙地三丈有奇,作别室,上为重屋,以远卑湿,为之藏而著其籍,于有司退食之暇,素习未忘,或时以展诵。因取太史公金匮石室之意,名之曰"绀书阁",而列其所藏之目于左方。

——《建康集》卷四

这座藏书阁以藏公家之书数千卷,并编制有藏书目录,供学士大夫检索、阅读,可以说是南宋的地方机关公共图书馆。

晁公武(1105－1180),字子止,宋澶州清丰(今山东巨野)人,叶梦得的表弟。他家是世代书香门第,自晁迥以来,以翰墨为业者七世,故家中藏书很多。后遭火灾,损失不少,特别是靖康之乱,其藏"尺素不存"。是时,因避祸,公武隋父晁冲之逃到四川,绍兴中举进士第,做了四川转运使井度的属官,关系非常密切。井度嗜藏书,常以一半的薪俸传录异书,历二十余年之久,故度藏书甚为丰富。井度罢官后,就把这些书都送给晁公武。自称:"书凡五十箧,合吾家旧藏,除去复重,得二万四千五百卷有奇。今三荣僻左(时任荣州太守)少事,日夕躬以朱黄仇校舛误,终篇,辄撮其大旨论之"。[19]于是,就写成了"读书志"。因那时他在荣州当太守,所以叫做《郡斋读书志》。这部书分经、史、子、集四部,四十五类,每部有大序,每类首部有小序,每种书有解题。其序仿《崇文总目》,或叙作者略历,或论书要旨,或明学派渊源,或列不同学说,尤重于考订集部别集提要。公武曾解释说:"其人正史自有传者,止掇论其文学之辞,及略载乡里,所终爵位,或死非其理亦附见;余历官与其善恶率不录;若史逸其行事者,则杂取他书详载焉。"这部书著录精审,对当时和后世影响很大。陈振孙赞《郡斋读书志》说:"其所发明,有足观者!"马端临编撰《经籍考》以是书作为基本依据之一。《四库全书总目提要》称其"终为考订者所取资也"。由于这样,《郡斋读书志》的作者晁公武就成为宋以来目录学家心目中的祖师了。

郑樵(1104-1162),字渔仲,兴化军莆田(今福建莆田)人,南宋著名的史学家、目录学家和藏书家。他有志于学,不应科举,筑草堂于夹漈山,刻苦读书三十年。学者称"夹漈先生",自号"溪西逸民"。他博采众籍,长期撰述,著成《通志》二十略,为贯通古今的纪传体通史,颇有学术价值和理论意义。治史主张"会通",提倡"实学",反对任情褒贬。章学诚称他"任以别识心裁,盖承通史家风"。他游历各地,搜奇访古,遇藏书家必借留,读尽乃去。他抄录收藏了不少名篇要籍,成为知名的藏书家。但名声更重的是目录学家。由于他常和藏书家往来,许多藏书家的书,他都去读过,于是他把自己的研究所得,将天下古今之图书,分类著录,写成《群书会记》三十六卷。自谓"虽不一一见之,而皆知其名数之所在"(《献皇帝书》)。之后,又求准入秘书省翻阅藏书,写抄秘书省所颁布的阙书目录,写成《求书阙记》七卷,《外纪》十卷。郑樵在目录学上的成就,集中体现在《通志》中的艺文、校雠、图谱、金石四略,其中又以《校雠略》影响最大。他就图书的类例、著录和提要三个重要问题提出了独特的见解。在类例上,认为"类例既分,学术自明"。从而突破四部成规,提出十二类、百家、三百七十一种的分类体系;在著录上,主张"通录"古今图书,不遗亡佚,全面记载并兼录图谱和金石,以达到"辩章学术,考镜源流"的目的,亦可供求书者之所需;在提要上,主张从实际出发,不强求一律,提出

138

了"泛释无义"的著名见解,认为"书有应释和不应释者",应区别对待。郑樵之从子侨(字惠叔)为乾道进士,侨之子寅字子敬,也好藏书,且有类例。陈振孙尝传录其书,称其藏书为七录,曰经、曰史、曰子、曰艺、曰方技、曰文、曰类。

　　尤袤(1127-1194),字延之,无锡人。绍兴十八年(1148)进士及第,官至礼部尚书。他的诗词与杨万里、范成大、陆游同负盛名,誉为"中兴四将",史称"南宋四大家"。尤袤也是南宋著名的藏书家,尝取孙绰《遂初赋》以自号,光宗又以御书匾赐给他。因此,他就拿"遂初"二字来作藏书堂的名称,成为著名于世的"遂初堂"。其地址在他故乡无锡龙山下。他的藏书大多为抄本,是苦心积聚的。李焘《遂初堂书目跋》说:"延之于书靡不观;观书无不记。每公退则闭户谢客,日计手抄若干古书,其子弟及诸女亦抄书。一日,谓余曰:'吾所抄书,今若千卷,将汇而目之。饥读之以当肉,寒读之以当裘,孤寂而读之以当友朋,幽忧而读之以当琴瑟也。'"他的这种嗜书精神,几百年来,一直被后世藏书家奉为格言,清末民初的藏书家章钰就拿他的话将其藏书室命名为"四当斋"。尤氏辛勤聚书,日积月累,终成大家。南宋毛开在《遂初堂书目序》里曾作了生动的描述,他说:"晋陵尤延之,始自青衿,迄乎白首,嗜好既笃,网罗斯备,日增月益,昼诵夕思。重之不以借人,新若未尝触手。耳目所及,有虞监之亲抄;子孙不忘,多杜侯之手校。表层楼而丽富,托名山而共久,不已盛乎!若其剖析条流,整齐纲纪,则有目录一卷。甲乙丙丁之别,可以类知;一十百千之凡,从于数举"(《遂初堂书目》)。

　　毛开这段文字,一方面指出尤袤藏书甚富,"网罗斯备",且多为抄本、校本、异本。陆游赋诗赞美说:"异书名刻堆满屋,欠身欲起遭书围。"另一方面,综其藏书"剖析条流,整齐纲纪",编撰有《遂初堂书目》一卷。据考,该书目颇具特色,一是分类详瞻,经分九门,史分十八门,子分十二门,集分五门,共四十四个门类,著录图书三千余部。其例略与史志相同，惟一书而兼数本，以资互考，与史志不同。如目录所载就有旧本、旧监本、秘阁本、京本、旧杭本、严州本、越州本、江西本、吉州本、池州本、湖北本、川本大字本、川本小字本、成都石刻本等十多种版本。因此，世人称他是著录版本的创始者。

陈振孙(1183－?)，字伯玉，号直斋，浙江吉安人。颇负盛名的目录学家、藏书家。南宋周密《齐东野语》卷二说："近年惟直斋陈氏书最多，盖尝仕于莆(田)，传录夹漈郑氏、方氏、林氏、吴氏旧书至51180余卷，且《读书志》作解题，极其精详。"这话说明两点：一是陈振孙其时藏书最多，连国家藏书目录《中兴馆阁书目》著录之数已比不上，而这些书都是他亲手从郑樵、方渐等藏书家处传录逐渐积累的；二是仿照晁公武《郡斋读书志》的方法，编制了《直斋书录解题》二十二卷，将历代图书分为五十三类，即：经类10，史类16，子类20，集类7，详录其卷帙、姓名，并对每书得失加以品评。所以，《四库全书总目》评介说："振孙此书在宋末已为世所重矣。……古书之不传于今者，得籍是以求其崖略；其传于今者，得籍是以辨其真伪，核其异同，亦考证之所必资"，可见其学术价值了。

陆宰、陆游、陆子遹祖孙三代是南宋有名的藏书家。陆宰，字元钧，山阴(今浙江绍兴)人，官朝请大夫，直秘阁。南宋绍兴年间，建秘阁，求天下遗书，首命绍兴府登录陆宰家所藏书予以献上，共一万三千余卷。陆宰死后，其子陆游字务观继续聚书，他尝官四川，出峡时不载一物，尽买蜀书以归，有《书巢记》以述其藏书之乐。"书巢"，是其藏书、读书之所，他在记里写道："陆子既老且病，犹不置读书，名其室曰，书巢……。吾室之内，或栖于椟，或陈于前，或枕籍于床，府仰四顾，无非书者。吾饮食起居，疾痛呻吟，悲忧愤叹，未尝不与书俱云云"。游之子陆子遹也喜藏书，至辍衣食，曾少吝，并成为南宋末期著名的私人出版家。

南宋末年，可称道的藏书家要算许裴和周密二人。许裴字忱夫,号海屋,海盐(今浙江平湖县东南)人,隐居秦溪,筑屋以贮书。他在此种了许多梅花,因此就把藏书处称为"梅屋"。他特别注重收藏当代新刊的书籍,并一一加以著录,编成《梅屋书目》。周密的藏书是其祖宗三世相继积累下来的,据他说有书四万二千多卷,还有三代以来金石之刻的图书,计有1500多种。他的藏书地方叫"书种"和"志雅"二堂。他曾在宝祐年间做过乌程令,到了元朝就不做官了,成天对所藏图书进行校读。

综上所述,两宋私家藏书是很发达的。他们具有明显的特征:(一)藏书家众多,成分较为复杂。既有帝王的宗室、贵族,又有大臣公卿,文人学者;既有乡绅地主,又有隐士和市民。(二)藏书丰富,质量甚高。一般都有数万卷之藏,多者达到十余万卷,最少的也有数千卷。不仅收藏古代图书,而且注重当代新书;不仅有一般善本,而且有珍奇秘籍。(三)注意图书的校雠与保藏,不少藏家往往一书二、三校,有的惟恐脱谬,皆校四、五遍;大多亲手仇校,无暇自校则委之他人校勘;他们对藏书备加爱护,如采用曝书、防湿、防蛀等措施。(四)扩大图书流通,公开钞借成为风气。许多藏书家都将所藏之书提供文人学士阅读、抄录,甚至借书给食,以延四方学者。即使藏书家,也莫不互为借钞,以扩充其藏。(五)私人藏书家大多根据所藏图书编写了书目,推动了目录学的发展。不少目录至今仍享有盛名,其目录方法也为今人继承学习。(六)私家藏书有多种版本,特别是宋代雕版图书都纷纷进入藏家,使之收藏更加完备,更具特色。

宋代私家藏书固然是发达的,但它也同官藏一样,聚散相随,大多散失了。周密在《书籍之厄》一文里曾作了这样的概述,他说:"世间凡物未有聚而不散者,而书为甚……宋承平时,如南都戚氏,历阳沈氏、庐山李氏,九江陈氏、番易吴氏,王文康,李文正,宋宣献,晁以道,刘壮舆,皆号藏书之富。邯郸李淑五十七类二万三千一百八十余卷,田镐三万卷,昭德晁氏二万四千五百卷,南都王仲至四万三千余卷,而类书浩博,若《太平御览》之类复不与焉。次如曾南丰及李氏山房,亦皆一、二万卷,然后靡不厄于兵火者。至如吾乡故家如石林叶氏、贺氏,皆号藏书之多,至十万卷。其后齐斋倪氏,月河莫氏,竹斋沈氏,程氏,贺氏,皆号藏书之富,各不下数万余卷,亦皆散失无遗。近年惟直斋陈氏书最多……近亦散失。至如秀岩,东窗,凤山三李,高氏,牟氏皆蜀人,号为史家,所藏僻书尤多,今亦已无余矣。吾家三世积累,先君子尤酷嗜,至鬻负郭之田以供笔札之用。冥搜极讨,不惮劳费,凡有书四万二千余卷,及三代以来金石之刻一千五百余种,庋置书种、志雅二堂,日夜校雠,居然籝金之富。余小子遭时多故,不善保藏,善和之书,一旦扫地"。显然,这是至为可惜的!

第五节　宋代书院藏书的开拓

一、书院藏书的兴起

书院是我国封建社会的一种高于蒙学程度,而不列入国家学制的重要教育组织。作为教育组织,教学与藏书则是其基本的内容和必然的途径。

书院之名,考之载籍。它肇端于唐代开元六年(718)设置的"丽正殿书院",十三年(725)改名为"集贤殿书院"。但这是唐政府中书省的藏书、修书和侍讲的机关,与汉代的东观、兰台、隋朝的观文殿及明清二代的文渊阁相类同,并非士子讲学肄业之所。正如清人黄以周《论书院》中所说:"今之书院,在古为天子藏书之所,其士子所以肄业者。在汉谓之讲堂,谓之精舍,或谓之精庐……而其名实始于唐开元之丽正。丽正本曰修书院,乃乾元旧殿,后又改为集贤殿书院。其制与汉之东观、兰台等,初非士子肄业之处,此犹今之文渊阁也。"⑳。唐代也有一些私人读书处称"书院",文献有所记载,唐人诗篇也有反映。如唐宪宗元和年间,士人李宽就曾在衡州石鼓山之巅构屋筑室读书,号称"书院",也不是授徒讲学之所。而真正作教育机构的书院,则始于五代之学馆。

五代时期,由于官学破坏,庠序失教,为适应"士病无所于学"的情况,所以,在民间陆续办起了一些私家学馆,且以有较多的藏书而相得益彰,为史家所称记。如后梁魏州的罗绍威,宋史学家薛居正称他"好招延文士,聚书万卷,开学馆,置书楼"㉑。又如后唐临淄石昂,欧阳修说他"家有书数千卷,喜延四方之士。士无远近,多就昂问学,食其门下者或累岁,昂未尝有怠色"㉒再如后蜀毋昭裔,出私财百万,经营学馆,培养士子,聚书也甚为丰富,并刻印"九经"诸史,促进了四川文化的复兴。还有江州陈衮,五世同堂,长幼很多,建家塾,藏书千卷,延四方学者,江南不少名士皆肄业于其家。特别是南唐升元四年(940),在江西庐山白鹿洞建立的学馆,一般都认为它是我国书院起始的标志。据载,这个学馆置田以给诸生,由李善道为洞主,掌教授并有藏书。当时即称为"白鹿洞国庠",又叫"庐山国学",对当时和后世影响较大,成为宋代书院藏书的先声。

二、宋代书院藏书的典型

宋代书院在五代的基础上迅速发展起来,遍及全国各地。据有关史料不完全的统计,宋代有书院397所,其中北宋约占三分之一,南宋占三分之二强。主要分布在江西、福建、江苏、浙江、湖南、河南、四川等地。其中最著名的有江西的"白鹿洞书院",湖南的"岳麓书院"、"石鼓书院",河南的"嵩阳书院"、"睢阳书院",江苏的"茅山书院",世称北宋天下四大书院或六大书院;及至南宋,又有江西的"象山书院"和浙江的"丽泽书院",加上白鹿、石鼓二书院,人称南宋四大书院。这些书院都设置有自己的藏书,以供师生阅读参考,成为一代书院藏书的典型。

白鹿洞书院。在江西庐山。它最早为唐代李渤兄弟稳居之读书处,五代时因洞建学馆,入宋仍为学馆并有藏书。宋太宗为鼓励其学,乃于太平兴国二年(977),赐予"九经",入藏书院。仁宗皇佑五年(1053),孙琛对书院予以修葺扩建,命名为"白鹿洞之书堂"。南宋孝宗淳熙六年(1179),朱熹为南康太守时,因书院破败予以重建,并请准朝廷于八年(1181),赐以国子监本经书。同时,书院又向各地征求书籍,如刘仁季赠朱熹的《汉书》四十通,送书院收藏。这样,白鹿洞书院便有了自己的专门藏书。为加强教学和对藏书的管理,订出了有名的《白鹿洞书院教条》。

岳麓书院。在湖南长沙的岳麓山。宋太祖开宝九年,潭州(今湖南长沙)太守朱洞在岳麓山抱黄洞下兴建,有讲堂五间,斋序五十二间。真宗咸平二年(999),继任潭州太守李允则扩大其规模,中开讲堂,揭以书楼。与此同时,又获得朝廷赐予书院的国子监刊印的诸经注疏本及《史记》、《玉篇》、《唐韵》等书籍。大中祥符八年(1015),真宗正式赐名为"岳麓书院",并任命其山长周式楷为国子主簿,再次增赐书院以中秘书,使该书院藏书大大丰富起来。

嵩阳书院。在河南嵩阳。起建于五代,宋太宗至道二年(996),因其地址在太室山,故赐名"太室书院",并赐书籍。真宗大中祥符三年(1010),又赐予书院"九经"。仁宗景佑二年(1035),勒西京重建,于是将其更名为"嵩阳书院"。自此,成为定名。其所藏书,多为朝廷所赐的监本。

睢阳书院。在河南商丘。宋真祥符二年(1009),诏应天府新建此书院,时以戚同文旧居改造,有学舍150间,藏书1500卷,并以曹诚为助教。宋仁宗景佑二年(1035),将此书院改为府学,名为"应天府书院",政府拨给学田十顷,并聚藏了不少图书。

石鼓书院。在湖南衡阳。原系唐宪宗元和年间士人李宽构屋于石鼓山的读书处,宋太宗至道间,郡人李士贞就其遗址重建。仁宗佑景年间赐额为"石鼓书院",并赐学田与图书。

茅山书院。在江苏句容与金坛间,宋仁宗天圣元年(1023),侯遗居茅山,营建书院,教授生徒。次年,朝廷赐以书籍,政府拨以学田。南宋理宗淳祐中,孙子季知金坛县,访其故址,加以修葺。之后为道观占据。

象山书院。在江西金溪。南宋江西金溪陆九渊(字象山)的门生彭兴宗,于淳熙中筑精舍于应天山,以纪念和传播其师陆象山之学而得名。彭氏创建书院后,尝因院藏书籍甚少,而亲自下山四处购买书籍,如向朱熹购求,终于聚藏了一定的图书,发扬了陆氏经学。

丽泽书院。在浙江金华,为南宋经学家、教育家吕祖谦所创建。吕氏在此聚徒讲学,提倡治经史以致用,主张"明理躬行",反对空谈心性,因与朱熹、张栻都是好友,世称"东南三贤"。书院藏书甚富,生徒甚众,为浙东学派的形成奠定了基础。

此外,在浙江杨简创办的"杜洲书院"有专设的书库和蒋友松创立的"南国书院"藏书三万余卷也很有名。特别引人注目的是,宋代四川,也有涪州"北岩书院"、夹江"同人书院"、黎州"玉渊书院"、蒲江"鹤山书院",世称四川四大书院。其中,尤以鹤山书院藏书最多,影响最大。鹤山书院是南宋著名理学家魏了翁(字华父,号鹤山)在家乡蒲江白鹤山下创办的。魏氏为庆元进士,官至端明殿学士,同签书枢密院事。他曾先后两度弃官居家,开门授徒讲学,生徒甚多,连蜀中名士游似、吴泳、牟子才等皆造门受业,于是义理之学在四川广为传播。该书院拥有大量藏书,据载有十万卷之多,为全国书院藏书之冠。

从上述典型书院之藏书来看,我们可以得出这样的认识:书院之名,原为藏书之所,后虽成为授徒育才的书院或精舍,仍然重视藏书。其目的主要是"以备学者看读",丰富学术,助长士子知识。

故清戴钧衡在《桐乡书院四议》中说:"昔宋太宗、真宗之世,有司必表请赐书,江述之于白鹿洞,李允之于岳麓皆是也。然则,书院之所以称名者,盖实以为藏书之所,而令诸士子就学其中者也"。这段话,从书院的称名上强调既称书院,就必须谋求藏书,才能成为名实相符的藏书学问之所。

宋代书院藏书还有两个特点:一是聚书途径多种,来源较广。其谋求之法,或表请朝廷御赐,或为民众捐赠,或自行购置,或利用山长、助教家藏,甚至自行刊印。如丽泽书院在绍定年间重刻司马光《钧韵指掌图》二卷和吕祖谦《新唐书略》三十五卷,象山书院刻印袁燮《絜斋家塾书钞》十二卷,咏泽书院刻印朱熹《四书集注》大字本十九卷,竹溪书院刻印《方岳秋崖先生小稿》八十三卷,龙溪书院刻印陈淳《北溪集》五十卷、《外集》一卷,环溪书院刻印《仁斋直指方论》二十六卷、《小儿方论》五卷、《伤寒类书活人总括》七卷和《医学真经》一卷,建安书院刻印朱熹《朱文公集》一百卷、《续集》十卷和《别集》十一卷,鹭州书院刊印《汉书》一百二十卷,等等,既丰富了书院的庋藏,也推动了社会学术文化的发展,其作用是不可低估的。二是藏书有道,管理有方。书院藏书主要供书院师生使用,书院内一般设有专人管理藏书,其职名叫"管干"。据《白鹿书院志》卷十一记载:"原有书籍若干,其洞志书目若干,查明造具收管。除现在四柱清册交洞中管干收管,其书有缺失,当事及四方绅衿愿送收藏者,仍入册注日月,收于新收项下。在洞生徒借读者,写一票于管干处,领出以便稽考。缴书销票,不许耽搁延捱,致误后来借阅。损失者勒限赔补。"

其藏管理之法,可谓详尽:藏书有目,书目注于册,管干有专人,借读写有票据,损失负责赔补。白鹿书院藏书如此,其它书院亦大体有类似之法。这些都给后世书院及公私学校藏书以深刻的影响。

第六节　宋代佛藏、道藏的刊版与庋藏

一、两宋佛藏的刊版与庋藏

宋政权建立后,一反五代后周打击佛教的政策,予以适当的保护和提倡。诸如恢复兴建佛寺、塑造佛像、大度僧人、特设经院以及派僧人赴印度求法等方面都比较突出,特别是在佛学方面,颇为发达。不仅出现了一批像怀琏、祖印、契嵩、慧龙、净源、继忠、克勤、法云、法贤、惟净、志磐、佛印等既是名僧,又是佛学家。他们的译著很多,如契嵩的"辅教编"、克勤的"碧岩集"、法云的"翻译名义集"、志磐的"佛祖统记",以及大量的各种"灯录"和"语录"等等。而且由于印刷事业的兴起,手写佛经逐渐减少,官府和寺院编刻的大藏经迅速崛起,庋藏、编目也因之而有新的发展。

(一)两宋佛寺编制刊版的《大藏经》

两宋时期,佛教寺院继北宋初政府刊印《开宝藏》之后,潜心编纂、竭力集资,先后雕印了如下几种《大藏经》:

1,《崇宁万寿藏》,又名"福州东禅等觉院藏"。这是我国最早的一部由寺院编制的藏经。北宋神宗元丰三年(1080),该寺院住持释冲真和普明、咸晖等发愿雕印,至徽宗崇宁二年(1103)完成,共收佛典1450部,6434卷。比《开宝藏》尚多千余卷。由于所集佛典较为完备,故在南宋孝宗淳熙三年(1176)以前又曾增印,广为诸多寺院庋藏。

2、《毗卢藏》。北宋徽宗政和二年(1112)到南宋高宗绍兴二十四年(1154),由福州开元寺僧本悟、惟冲、了一等劝缘雕印,收佛典1429部,6117卷。

3、《思溪圆觉寺藏》,又称"湖州思溪圆觉禅院版"。该藏在北

宋末南宋初,以其禅院所藏佛典进行编辑,由湖州居士王永从等出资雕印成书,收佛书 1453 部,5480 卷。

4、《思溪资福寺藏》,一称"湖州思溪资福寺版",简称"思溪本"。该藏集其本寺藏经和他寺藏本,于南宋理宗嘉熙至淳祐年间(1237 – 1252),付诸雕印成书,收佛典 1459 部,5740 卷。

5、《平江碛砂藏》,简称"碛砂藏"。此藏是平江碛砂(今江苏吴县)延圣禅院僧人法忠、清圭等编辑,并于南宋理宗绍定四年(1231)到元英宗至治二年(1322)先后主持雕印成书,收佛典 1532 部,6362 卷。

以上这些大藏经都是两宋佛寺编辑刊印的,每部藏经不只编辑的工作量大,而且雕板都在十万块以上,其工程尤为浩大。同时也说明这些佛寺藏经丰富,并为其他佛寺藏经提供了来源。

(二)两部解题详明的佛藏目录

佛藏目录,在两宋时期甚为普遍,几乎凡有佛典庋藏都有目录。如上列各藏就各有目录,但多仅明名数,未志内容。而能由表面深入内部,详明著作大义者,则要数尚存的《大藏经纲目指要录》和《大藏圣教法宝标目》两部解题目录。

1、《大藏经纲目指要录》八卷。该录为开封法云禅寺释惟白编撰的。据惟白自叙说:"崇宁二年(1103)癸未春,得上旨游天台,中秋后至婺州金华山智者禅寺,阅《大藏》,仲冬一日丁丑,援笔撮其要义。次年仲春三日丁未毕之。计二十余万字。"他提纲挈领地对大藏所收的 1049 种佛典,逐卷撷述其内容和意义及来源,大弘佛录解题释要,成为历世公认的至高无上之解题杰作。惟白曾自述其利有五:一是"宗师提倡者,得随宜开觉故";二是"法师讲演者,资阐明训徒故";三是"乐于注撰者,助检阅引文故";四是"有缘看藏者,易晓品义故";五是"无因披教者,知藏乘要义故"。此录之后,又附述了禅宗五派宗源,其脉络清楚,亦有助于对禅宗所持经典的了解。惟白还撰有《续灯录》史书,使禅宗由

148

"不立文字"变成大立文字,由内证禅变成文字禅而增广了内容。

2、《大藏圣教法宝标目》八卷。此标目是清源(今山西稷山)居士王古(一作王右)所撰,约成书于北宋徽宗年间。它与《指要录》同属解题藏录,凡著录1440部,5586卷,但较《指要录》远为简略,每书简或仅著一言,详亦不过数语,多及千字者间或有之,惟限大部。虽两录繁简悬殊,然却可相得益彰,仍不失为一部佛藏目录解题要籍。元代释克已序其书,称王古"读经赅贯,演义深玄,举教纲而目张,览智镜而神智。故兹集要,略尽教条,溥为来机,豁开宝藏。……即有前松江府僧录广福大师管主八续集秘密经文,刊圆藏典,谓此《标目》,该括详明,谨录藏中,随衔披阅。俾已通教理者睹智灯而合照心之解,未阅圣言者掬法流而惑业之垢,一览之余,全藏义海了然于心目之间矣。"据此可知其价值不小,凡初涉佛籍者,当不能舍之而有他求了。

当然,惟白、王古二家目录,并非创始之作,而是对前世佛藏解题目录优良传统的继承发展。远者有南北朝王俭的《佛经录》、阮孝绪的《佛法录》、唐代毋煚的《开元内外经录》已"序述指归";近者有北宋太祖建隆四年(963),敕沙门文胜撰的《大藏经随函索隐》,多至六百六十卷,似为解题之书。而北宋仁宗天圣二年(1024),又有"释慈云撰《教藏随函目录》,述诸部著作之大义"㉓。可惜这些提要佛籍,皆早已失传,只存名目而已。

二、两宋崇尚道教与道藏的庋藏

(一)两宋诸帝崇尚道教

两宋时期,历世诸帝几乎都崇尚道教。北宋初期,华山道士陈传创造所谓"理法"一元论哲学,太宗封他为"希夷先生"。真宗实行封禅和伪造所谓"天书",尊封老子为"太上老君混元上德皇帝",建筑极其壮丽的"玉清照应宫";封江西贵溪龙虎山道士张正随为"真静先生",并以龙虎山为"受箓院",立"上清宫",赐与大量土地,免除田赋。徽宗更发展到了登峰造极的地步,把道教与政治融为一体,自称为"教主道君皇帝",封道士王老志为"洞微先生"、王仔昔为"通妙先生"、林灵素为"通真达灵先生",直接参与政治;又立先生、处士等道阶二十六级,秩位比中大夫至将士郎,并置道官二十六等,一一比于朝官;每一道观除给田数千顷外,每个道士都给官俸;对朝廷大官则给以道教的闲职,如所谓"提举洞霄宫"、"提举玉局观"、"会灵观使"等。同时,又集古今道教事迹,编修道史、道典,优同修撰国史;又于太学立道学内经、道德经、庄子、列子博士,大讲道教仙经、大建道观、大量刊印颁发道藏等等,一时道教之风大盛特盛。及至南宋,高宗、孝宗诸世亦继承其传统,虽略有所减,道士也不再直接参预政治,但仍享有其他各种特权,处于社会的上层地位,给社会包括图书馆事业在内以一定的影响。

(二)政府编辑、贮藏的两部道藏

1、《大宋天宫宝藏》。该藏是宋初编辑、贮于秘阁的第一部道藏,历经太宗、真宗二世完成。宋太宗时,鉴于秘阁道书甚少,乃派使访求道书,得七千余卷,命徐铉、王禹偁校正,删去重复,演写入宫观,计有3337卷。真宗时,又命王钦若领道士朱益谦、冯德之等十人专事校雠,初纂成藏。凡《洞真部》622卷,《洞玄部》1013卷,《洞神部》172卷,《太玄部》1407卷,《太平部》192卷,《太清部》576卷,《正一部》370卷,七部合为新录,较徐佽所校,增益620卷,共计4359卷。又撰篇目上献,赐名为《宝文统录》。但由于"纲条患漫,部份参差",实未能真正成藏。后有著作佐郎张君房主其事,于是尽得所降到道书,并续取到苏州、越州、台州旧《道藏经》各千余卷及朝廷续降到福建等州道书《明使摩尼经》等,与道士依"三洞纲条,四部录略,品详科格,商较异同,经铨次之",于真宗天禧三年(1019)写录成七藏,凡4565卷。因起"天"字为函目,终于"宫"字,计得466字,故取名为《大宋天宫宝藏》。同时,张君房又撮其精要,撰为《云笈七签》122卷 因其概括了道藏的基本内容,故有"小道藏"之称。现收入《道藏》第677-702册,是研究道教的重要资料。

2、《万寿道藏》。此藏为北宋末年重修付刊的首版道藏。徽宗崇宁中(1102-1106),诏搜访道家遗书,就书艺局令道士道元等校定,增补《大宋天宫宝藏》,达至5387卷,称名为《崇宁重校道藏》。政和(1111-1118)中,宋徽宗又两度下诏搜访道门逸书,设立经局,敕道士玄妙宗、王道坚等校定,送福州闽县镂版,由福州知州黄裳监雕,于政和末完成。凡540函,5481卷,是为政和《万寿道藏》。这部我国首版《道藏》,包含了《大宋天宫宝藏》全部内容,并新增了近千卷当代的道书。南宋时,将福州闽县道观所的一部《万寿道藏》抄出几个副本,因而此藏在南方得以完整地传至元代不绝。

(三)诸方宫观庋藏《道藏》

继前代道观收藏道书的传统,两宋诸方宫观多庋藏《道藏》。宋初,太宗命徐铉等校雠道书,初辑《道藏》就曾"写演送入宫观"保存。真宗锐意道教,"尽以秘阁道书,出降余杭郡",又将《大宋天宫宝藏》"分颁天下宫观"。徽宗刊版《道藏》则贮校本于福州天宁万寿观,并赐刻本给诸多道宫道观。南宋孝宗以所庋《万寿道藏》,下令写录成数藏,亦颁赐道观。这就成为两宋宫观庋有《道藏》的基本来源,加之它自身的搜求写录,便构成了宋代宫观藏书的全部内容。就其诸方贮存道藏著称而可考者,略记于下。

北宋各处宫观所庋《道藏》的有:

1、东京中太乙宫。庋有王钦若校定的《宝文统录》和张君房所校的《大宋天宫宝藏》。

2、东京建隆观。宋范镇《道藏记》谓英宗治平中,"有诏即建隆观给官本《道藏》,以足其传。"故该观当有道藏无疑。

3、东京上清储祥宫和祥源观。它们均建有经楼,故当各有《道藏经》。

4、东京延福宫。《玄天上帝启圣录》卷七说:驾部郎中王衮致仕,归宿州,因悟杀生,发心写道经一藏。后奉圣旨就延福宫内建成藏殿庋道藏一部。

5、西京崇福宫。建有轮藏殿,庋有轮藏及《道藏经》。

6、华山休粮道院。太平兴国年间,"休粮道者赴阙,赐经一藏"(《西岳华山志》)。此藏,当即为徐铉所校定者。

7、亳州太清宫。庋有唐代《道藏》,北宋末毁于靖康之乱。

8、亳州明道宫。《佛祖统纪》卷48谓:亳州明道宫庋有张君房所校《道藏》。又《通志略》著录有《宋朝明道宫道藏目录》六卷。靖康之乱毁于兵火。

9、茅山元符万宁宫。《茅山志》卷26引蔡卞《茅山元符万宁宫记》谓:崇宁五年(1106)宫成,"经有阁"。徽宗"又为书《道藏经》数卷及亲画老子像赐"道士刘混康。又著录秦熺《元符宁宫经藏记》,是万宁宫当有《道藏》。

10、台州天台山桐柏宫。宋太宗朝雠校道书及真宗朝张君房修《大宋天宫宝藏》,皆曾借用其所庋《道藏经》本。《天台山方外志》卷四谓:桐柏宫五代越王所建金银字《道藏经》二百函,"历代珍惜供奉,至国朝吴元年遭火"焚毁。

11、绍兴龙泉县天宁万寿宫。徽宗崇宁四年(1105)建筑伟丽,有经阁一所。大观元年(1107)受颁"赐《道藏经》四千五百五十一卷"。

12、卢陵天庆观。宋张商英《卢陵道藏记》注云:"今玄妙观《道藏》是也"(注:元代改天庆观为玄妙观,故称)。

13、四川郫崇道观等。宋范镇《道藏记》:"蜀之名山秘阁,胜景为多,而道家书不完,……(治平元年)有诏即建隆观给官本以足其传。凡得五百帙,四千五百卷。溢于唐者,又千九百二十二卷,可谓完且备矣!(姚)若谷、(仇)宗正、(邓)自和且将益其书为五本,藏于成都之天庆观,郫县之崇道观,青城山之丈人观,梓州

（今三台）飞乌县之洞灵观,绵州（今绵阳）之洪德观"㉔。又该观道士姚若谷等还"东走于凤翔府之上清太平宫,庆成军之太宁宫,亳州之太清宫、明道宫,凡得书二千余卷"㉕。据此,可知四川多处道观庋藏有《道藏》。

14、四川资中龙洞观。宋政和三年《龙洞观记碑》谓:潼川府路资州龙水之龙洞观,"对峙二阁,以口宝钟,以藏玉笈"（1929年《资中县续修资州志》卷一）。所谓玉笈,即指道书。故此观北宋时庋有道书。

15、福建闽县报恩光孝观。庋有《政和万寿道藏》540函。详见《淳熙三山志》卷38与《乾隆潼州府志》卷7。此藏在南宋理宗端平年间,尚存观中。

南宋各处宫观庋有《道藏》的,有:

1、杭州太乙宫。《咸淳临安志》卷13:"太乙宫在新桥南"。孝宗"淳熙四年（1177）重建《道藏》成,御书琼章宝藏以赐。"

2、杭州大涤山洞霄宫。史称:高宗"绍兴二十五年（1155）旨赐钱重建"。孝宗"淳熙六年（1179）《道藏》成。八年赐藏经"（同上）。

3、杭州龙翔宫。《咸淳临安志》卷13称:"龙翔宫在后市街",孝宗淳熙四年建。其南真馆内有"藏殿,曰琅函宝藏。"故当有《道藏经》。

4、鄞县望春山蓬莱观。戴机《蓬莱观轮藏记》:鄞县望春山有蓬莱观。道士童思定、胡志清建轮藏于观西,"经始于淳熙之戊戌（1178）,而落成于辛丑（1181）之孟秋。""藏经五千四百八十一卷"（《至正四明续志》卷11）。

5、江西奉新昭德观。宋幸元龙《昭德观道藏记》谓此观南宋庋有《道藏经》（《光绪江西通志》卷121）。

6、庐山太平兴国宫。元撰《庐山太平兴国宫采访真君事实》卷一谓:南宋"有《道藏》,榜曰琼章宝藏,于湖张孝祥笔,贮经五百二十八函,计五千二百八十七卷。外九十九函,奉敕禁隐,不曾颁降。系扬和王府(即和王扬存中)舍。"

7、江西龙虎山上清正一宫。庋有《道藏经》,且"皆粉黄金为泥书之"(《龙虎山志》卷16元虞集《龙虎山道藏铭并序》)。此经为南宋时新贮,宁宗时曾令有司修葺宫宇,珍其经藏。

8、四川彰明县(今广元)紫云山崇仙观。观有经楼,庋藏道经。见宋魏了翁《鹤山先生大全集·紫云山崇仙观记》卷38。

9、漳州龙溪天庆观。《龙溪县志》卷11称:天庆观在城西隅,"中有《道藏》。宋端平间(1234-1236)颜检正耆仲、侍郎颐仲诣福州九仙观摹写道经五百六十四函而庋藏之。乡人立二公祠于藏之右。"此藏即《政和万寿道藏》,自南宋历元明而传至清乾隆。史称,清同治三年(1864)九月十四日,郡城兵燹,观藏皆被焚毁。

10、吴兴武康升玄报德观。南宋高宗绍兴二十六年(1156)杨存中建,筑有经阁,藏有道经,"元毁"㉖。总上所述,有宋一代,道教书籍,无能是秘阁之藏,还是宫观庋有,都远胜前代。它不仅表现为数量增多,内容丰富,不讹者少;而且反映在形式上已由写本跨入了印本时代,由雏形的《道藏》发展为成熟的《道藏》,并出现了《云笈七签》那样的"小道藏"。特别是在庋藏方面,不以秘阁集中收藏为主,而以诸多宫观分散聚藏为先,既能广为流传,亦颇有免于兵燹者。故不少道藏版本因得以保存而传至后代,个别藏本今日尚依稀可见。

注释:

①《文献通考·经籍考序》174卷。
②③⑨《麟台故事·官联》。
④⑤⑥⑩《麟台故事·书籍》。
⑦《通志》卷71。
⑧《麟台故事·校雠》。

⑪《宋史·职官二》卷 162。

⑫⑬⑮《南宋馆阁录·储藏》。

⑭《南宋馆阁续录·储藏》。

⑯《宋史·艺文志》卷 202。

⑰《苏德公文集·宋敏求神道碑》卷 51。

⑱苏轼《李氏山房藏书记》。

⑲晁公武《郡斋读书志自序》。

⑳《敬季杂著·史说略》。

㉑《旧五代史·罗绍威传》卷 14。

㉒《新五代史·石昂传》卷 34。

㉓《佛祖统记》卷 45。

㉔㉕《嘉庆四川通志》卷 38。

㉖宋人谈钥《吴兴志》及《乾隆重湖州府志》卷 10。

第八章　辽、金、元时期的图书馆事业

第一节　辽朝的图书馆事业

一、社会文化状况

辽朝的建立者是契丹人,原居住于我国北方的潢河和土河一带,主要以渔猎、畜牧为主。公元916年,首领耶律阿保机废除部落联盟制,正式建立契丹奴隶制国家。947年,契丹皇帝耶律德光(太宗)改国号为"辽",建都于潢河故地,称为上京(临潢府),加上南京(析津府)、中京(大定府)、东京(辽阳府)、西京(大同府),合称五京。其官制逐步采用"学唐比宋"的方针,主要设置有斡鲁朵宫帐制,投下州县制和北、南面官制等。皇帝宫帐称斡鲁朵,有直属的军队、民户、奴隶和州县。投下州县制是设立专门的州县以收容、管辖掳掠的汉人、渤海人,实为奴役外族奴隶的寨堡。北面官制是以国制(契丹旧制)治契丹人;南面官制是以汉制(沿袭唐制、参用宋制)治汉人。至983年圣宗时,提高宫帐奴隶和投下俘奴的地位,普遍实行赋税制,表明辽已开始进入封建社会。

辽朝在历史发展过程中,比照唐宋制度,兴办文化事业,逐渐地全面接收汉文化而形成特色。一是运用汉字创造契丹文字。契丹人在有文字以前是以刻木记事。建国后,先后依汉字创造出契丹大、小字。如汉僧行均、希麟所撰的《龙龛手鉴》、《续一切经音义》则是流传至今的两部辽语言文学著作。但汉字仍是文化传播的主要工具。如萧韩家奴通辽汉文字,奉诏译《通历》、《贞观政要》、《五代史》等书籍。这说明辽吸取汉文化而自成其文化。二是重视儒学。阿保机曾下令修孔子庙,命皇太子春秋祭。道宗时,儒学盛行,曾发诏:"设学养士,颁《五经》传疏,置博士、助教各一员",[①]培养儒学人才。与此同时,也崇尚佛、道二教。阿保机掳掠汉人,将佛教引入契丹,日渐传播。辽政权曾大规模整理佛经,兴建佛寺、佛塔,并在涿州大房山云居寺镌刻《大般若经》、《大宝积经》碑360块,200卷,加上隋唐遗存《涅槃经》、《华严经》等碑石经共2730块,合称"四大部经"。兴宗以后,官府和私人曾多次刊印大藏经,称"契丹藏经",简称"丹藏"。道教在辽也很流行。阿保机也曾令营修道观。兴宗、道宗都宠信道士,常授任以显官,宣扬道法、道术、道书。三是雕版印书逐渐兴起。在辽从官府到民间,先后形成官刻、家刻和坊刻系统,刊印了不少书籍。虽然辽在书籍生产流通上有所作为,但并不十分发达。其原因之一是刻印图书渠道还是较为狭窄的,一般都只在官府进行,对于民间曾一度禁止从事此业。如道宗清宁十年(1064)冬十月,下诏"禁民私刊印文字"。[②]原因之二是控制图书流入宋境。北宋政权从建立到灭亡,始终与辽处于对立状态,"和"、"战"政策的矛盾和斗争,一直是宋辽双方的一项主要政治内容。因此,反映在图书流通的管理上则是禁锢为上、互相封锁的政策。沈括曾说:"契丹书禁甚严,传入中国者,法皆死"。[③]可见其防范是很严格的,从而具体反映了辽文化政策的一项内容。

二、辽朝的藏书机构

辽建国后的二百年间,先后设置了皇室和国家藏书机构。它们是:

(一)崇文馆。设大学士、学士、直学士及校书郎。太祖时,韩延徽曾为崇文馆大学士;圣宗时,韩栾等58人曾为崇文馆校书郎。

(二)乾文阁。是兴宗重熙二十三年(1054)新建的藏书处。此阁落成后,即收藏书籍并设学士管理。至道宗清宁十年(1064)时,乃下令征求图书,丰富阁藏,并命儒臣校勘整理。其人员设置,略同崇文馆建制。由于藏书较多,为加强管理,咸雍五年(1069)曾派当时著名学者翰林学士王观兼乾文阁学士。

(三)秘书监。既是辽政府管理国家图书的机构,又是辽典藏国家图书的处所。主要由秘书郎负责,设有校书郎,正字、著作郎、著作佐郎等职官,分司其职。

(四)观书殿。由学士负责典掌。永隆初,王鼎就曾为观书殿学士。

(五)昭文馆。设学士、直学士等职官。由直学士典掌馆务,杨遵勖曾为昭文馆直学士掌管该馆藏书等工作。

(六)文学馆。设学士、直学士和太子校书郎。圣宗太平五年(1025),张昱等14人曾为太子校书郎。

(七)司经局。设太子洗马、文学、校书郎、正字等官。刘辉曾为太子洗马,张昱曾为校书郎。

以上藏书机构,虽藏书数量、质量尚不可知,但藏书来源却不外乎有三个:一是太宗灭后晋时,接收后晋的藏书然后北运作为辽藏书基础;二是征集图书,包括向汉族中原地区购买的图书;三是辽官府自行刊印的图书,用以充实其藏。

此外,在太祖立国时期,皇太子义宗倍曾派人到幽州购买了汉文图书万卷,"藏于医巫闾(山)绝顶之望海堂",④成为我国北方最早建立的一座半公半私性质的图书馆。公元927年,义宗倍因未继皇位而被封为东平王乃郁郁徙居东京(今沈阳市),"起书楼于西宫",可谓辽地方政权初建的第一所藏书楼。之后,义宗倍由于不满其封号,则载运其藏书投奔了五代之唐明宗。唐灭,为宋接收。

第二节　金朝的图书馆事业

一、社会文化概况

金朝为女真人建立。女真人居住在我国长白山和黑龙江流域,早称为"肃慎",至辽始有女真之名。1115 年,女真部落联盟酋长完颜阿骨打,建立起奴隶制国家,国号"金"。1125 年,金灭辽,1127 年又灭北宋,成为雄踞北方的强大政权,与南宋形成中国南北互相抗争的对峙局面。金朝建立后,立都会宁府(今黑龙江阿城南),两年后移都燕京(今北京)。阿骨打称帝时,下设勃极烈四人,组成全国最高行政中枢。熙宗初,废勃极烈而采用辽、宋官制。天眷时,又颁新官制和"换官"规定,进一步统一了官僚体系。海陵王时,取消中书、门下省,只设尚书省,尚书令为最高长官,中央权力更加集中。

女真族初无文字,1119 年,始在契丹字基础上创造了女真大字。1138 年,又在汉字的基础上创造出笔画简省的女真小字。自此以后,汉字、契丹字、女真字都是金朝官方的通用文字,广泛行用于政治、经济和文化学术领域。天德三年(1151)设国子监,统领国子学。世宗时,先后置国子太学、女真国子学、女真府学、汉儿府学、诸防御州女真学、诸防御州汉儿学等,县亦有学,县以下多为私学。其教学课程多袭用中原旧制,如太学都以《六经》、《论语》、《孟子》等儒经为主,兼修扬子、老庄子之学,定期考试策论、诗赋。于是,金朝教育趋于完备。由于金朝重视教育,推崇儒术,使经学、理学广泛传播。金末著名理学家有王若虚、赵秉文,王氏著《论语辨惑》、《道学渊源序》等书,褒贬理学;赵氏撰有《易丛说》、《中庸说》,把韩愈道学和二程理学相融合,大谈道德性命之学,传世之作有《闲闲老人滏水文集》20卷。金朝在文学艺术上也有发展。诗词源于北宋,风格上多取法于苏轼、黄庭坚。赵秉文、杨云翼提倡唐宋古文,以矫正华而不实的文风。元好问是金、元之际的集大成者,金亡后他聚集山西诗人,形成"河汾诗派"。艺术上戏曲杂剧发展成就突出,金人董解元的《西厢记诸宫调》是我国首次出现的长篇组曲,被誉为北曲之祖。较完整的杂剧脚本亦多,被美称为"院本"。至于宗教,在金朝佛、道二教也较为流行。女真原始宗教是萨满教,但自立国后,很快接受佛道二教而退居次要地位。在佛道二教中,尤重佛教,其贵族"多舍男女为僧民",京师的年长德高僧人则尊为国师,其"威仪如王者师,国主有时而拜"。并在上京、中都、五台山等地,屡营寺院,发展佛教中的华严宗、禅宗,从事译经、阐说著作及讲经说法,使佛教广为传播。

在科学文化领域中,与图书馆事业关系密切的刻书也比较发达。金灭辽和北宋后,接管和继承其刻书业,在平阳(今山西临汾)建了刻书中心。自此,黄河以北地区的雕版印书中心,即由河南汴梁转移到山西平阳,官刻、家刻、坊刻多荟萃于此。史称,太宗天会八年(1130),立经籍所于平阳,刊行诸多经籍。之后,又设译经所,将所译书籍付诸刊印,颁行金朝统治地区。如世宗大定二十三年(1183)九月,"译经所进所译《易》、《书》、《论语》、《孟子》、《老子》、《扬子》、《文中子》、《刘子》及《新唐书》",命刊印"颁行之","欲真知仁义道德所在耳"。⑤其时,私刻、坊刻如陈氏书轩、李予文、张谦、中和轩王宅、晦明轩张宅、夏氏书籍辅等还先后刊印了多种书籍。除山西平阳外,中都(今北京)也自行刻印和利用收缴的宋版翻印了二、三十种书籍。如《东坡奏议》、《曾子固先生集》、《壬辰重改证吕太尉经进庄子全解》等书。其他地区如山西太原、运城以及河北宁晋等地都刻印了不少图书。这些图书的刊行,显然在客观上为公私藏书提供了书籍来源。

二、图书馆机构的设置

金朝政府的图书馆机构是仿照辽、宋制度,设置秘书监作为中央政府的藏书和管理机构。在秘书监内,又隶设有著作局、笔砚局、书画局、司天台等下属机构。据《金史·百官志二》卷56载:

秘书监:监一员,从三品;少监一员,正五品;丞一员,正六品;秘书郎二员,正七品,通掌经籍图书。校书郎一员,从七品,专掌校勘在监文籍。

著作局:著作郎一员,从六品;著作佐郎一员,正七品,掌修日历。皇统六年,著作局设著作、佐郎各二员,编修日历,以学士院兼领之。

笔砚局:直长二员,正八品,掌笔墨砚等事。泰和七年以女真应奉兼。

书画局:直长一员,正八品,掌御用书画纸札。都监,正九品,二员或一员。

司天台:提点、监,掌天文历数,风云气色,密以奏闻。又设有少监、判官、教授、司天管勾、长行人、天文科、算历科、三试科、测验科、漏刻科等机构官员若干。

此外,国子监的太学也有藏书处。据《续文献通考》说:"承安(金章宗年号)四年(1199)二月,诏建太学于京城之南,总为屋七十五区。西序置古今文籍,秘省新所赐书;东序置三代鼎彝、俎豆、敦槃、尊缶及春秋释奠合用祭器。"弘文书院及集贤书院、礼部也有藏书,并设官管理。其它,如詹事院司经局也有书藏,并由正副司经掌经史图籍、笔砚等事。

三、金朝藏书的来源

金朝藏书的基础,来源于以武力灭亡辽和北宋得其多年储积之大量图书。金太宗天会元年(1123),金兵首先攻取了辽之"五京",两年之后,击擒辽主天祚帝,消灭了辽朝。于是,辽的国家藏书几乎全部为金所获得。这些图书,成为金国家和皇室藏书的最初基础。天会四年(1126),金兵攻克北宋都城汴京(今河南开封),宋王朝官吏亡命出逃,钦宗奉表请降。于是,北宋累世收藏整理的三馆秘阁藏书及其大量书版,即被金掳掠而去,使金国家和皇室藏书基础得以大为充实,经、史、子、集、丛书都较为完备。所以,《金史·文艺传上》卷125说:灭辽得辽之书,"及伐宋,取汴经籍图书",致使金之"朝廷典籍、邻国书命,灿然有可观者矣"。

金朝藏书之来源还有两个渠道是不可忽视的。一是向民间征购书籍。如章宗泰和元年(1201)冬十月,敕有司"购遗书宜尚其价,以广搜访。藏书之家有珍惜不愿送官者,官为誊写,毕,复还之,仍量其值之半"。⑥通过这种办法,购写了不少善本,填补了秘书省藏书之遗缺。二是新增本朝自撰和雕印的古今书籍。在自撰方面,既有编著,又有译书,而以译书为多。在雕印方面,则有新雕和翻版之分,而利用宋版翻印为最。当然自刊书虽不太多,但也有不少名本。如《尚书注疏》20卷,"金刊本,蝇头小楷,雕镂极工,虽南宋精椠不能及也。"据此,可窥见其一斑。

第三节　元朝的国家图书馆事业

一、社会文化概况

元朝由蒙古族建立。1271年,元世祖忽必烈迁都燕京,改金中都为大都,取《易》经"大哉乾元"之义,建国号为"元"。1234年,蒙古与南宋联合灭金,接着西征、攻南宋,于1279年灭南宋,使中国再度统一。至此,元朝"舆图之广,历古所无"。其占地北逾阴山,西极流沙,东尽辽左,南越海表",⑦成为一个横跨欧亚、幅员辽阔的多民族国家。元朝把各族人分为蒙古、色目、汉、南四个不平等的级别,实行民族压迫政策。其政治体制杂糅蒙古、南宋、辽、金制度而成。成吉思汗时,实行的是与辽类似的投下制。忽必烈建国,设中书省总理政务,其下设六部,名称与唐尚书省同。地方官制主要由行省、行枢密院、行御史台组成。其百官,从中央到地方皆以蒙古人为长。

元朝文化富有特色。由于元朝地域广大,故蒙古所形成的文化,便具有以殊族而同化于汉族为主的中国文化,又兼有吸收印度、大食及欧洲文化的特殊性质。蒙古族本无文字,约于十三世纪初在畏兀儿文字(回鹘文)的基础上,构造了早期蒙文。1269 年,忽必烈颁布了由吐蕃萨迦八思巴依藏文创制的蒙古新字,后称为蒙古国字(通称八思巴文)。十四纪初,蒙古学者却吉·斡斯尔进行文字改革,创成了今日通用的蒙古文。教育方面主要有国学、地方乡学、书院及社学四种。而《四书》、《五经》是学校的基本教材。国学中又设国子学、蒙古国子学和回回国子学,后两种国子学专为蒙古、色目人所设,类似语言学校,分别教学蒙文本《通鉴节要》和伊斯提斐文(波斯文)。在学术上,儒学为元统治者所重视而形成风尚。如南宋儒生赵复,被元俘至燕京,受到忽必烈的接见,尔后,在京建立周子祠、太极书院,广收门徒,讲授程朱理学,世人称之为"江汉先生"。赵复之学在姚枢、许衡、窦默等人中间递相传习,逐渐形成一个汉人儒士集团。忽必烈多次向他们访求治国之道,并延聘为太子教授。元代也出现了一些著名的理学家,如吴澄、许谦、邓牧等人,他们的学说给社会以深广影响。元代史学著作亦甚多,成果丰硕,如元初胡三省著的《新注资治通鉴》、《释文辨误》与《资治通鉴》原文相得益彰,马端临著的《文献通考》与唐宋时的《通典》、《通志》合称"三通";成宗时,在元世祖下令编辑全国地志基础上,重修《大元大一统志》1300 卷,内容很丰富;顺帝时,宰相脱脱主持编修的《辽史》、《金史》、《宋史》,虽错讹较多,但基本上反映了历史原貌。元代诗歌、散曲别具一格,杂剧艺术更光彩照人。其它学科如天文学、算学、医学也比较发达。至于宗教则崇尚佛教并定为国教,由宣政院掌管释教僧徒。全国有寺院二万四千余所,僧尼二十一万余人。刊行了多种版本的大藏经,并开展了汉、藏文佛经的互译工作。道教也备受朝廷赏识,后因与佛教几次辩论失败而受冷遇,其时有主要道籍《玄都宝藏》传播南北方。伊斯兰教、基督教在元时也有一定的影响。至元期间,忽必烈之孙安西王阿难答及所部十五万蒙古军的多数人皈依了伊斯兰教,成为我国伊斯兰教传播史上的一个高潮。在刻书事业上也有发展性的成果。印刷术方面既有王祯完善了的木活字及其发明的旋转字盘,又有套色印刷的发明应用。刻印、流通图书方面也有所前进。据清钱大昕《补元史艺文志》的统计,元代刻印的图书,经部为804种,史部为477种,子部为763种,集部为1098种,共3142种。所有这一切都给元代图书馆事业的复兴和发展,提供了必要的社会条件和有利的文化环境。

二、元朝的几次收括图书

元朝国家藏书的基础,大体上是以前代旧籍的收括而逐渐形成的。收括图书主要有四次。

第一次,元太宗窝阔台六年(1234),与南宋联盟灭金,接收了金政府及其皇室藏书。

第二次,自公元1258年至1275年,元军在进攻南宋的过程中,多次掠得南宋官府藏书。如至元十二年(1275)二月,元兵击败宋军,得建康"督府图籍、符印"。是年九月,"以玉昔帖木儿为御史大夫,括江南诸郡书版,及临南秘书省《乾坤宝典》等书"。⑧

第三次,至元十三年(1376)二月,元军攻克南宋都城临安,元世祖乃下令对南宋宫廷及秘书省的"天文地理图册,凡典故文字,并户口版籍,尽仰收拾。"⑨于是,元中书省右丞相伯颜即奉诏派遣

"宋内侍王野入宫,收宋国冠冕、圭璧、符玺及宫中图籍、宝玩"等物。之后,又命元秘书监焦友直收括"宋秘书省禁图籍"。再命枢密副使张易兼知秘书监事,遣郎中孟祺收缴南宋"秘书省、国子监、国史院、学士院、太常寺图书"[⑩]等物。

第四次,至元十五年(1278)四月,元世祖采纳集贤大学士许衡的意见,"遣使至杭州等处,取在官书籍版刻至京师"[⑪],为以后利用书版,大量翻印,充实国家图书馆藏起了极大的作用。

元朝通过这几次大规模的接收和掠取,获得了大量图书,为元国家藏书奠定了雄厚的基础。同时也说明,南宋经营百余年的图书,至此由南而北,集中于元都燕京,体现了国家藏书的南北大转移。

三、元朝藏书机构的多样化

元朝的国家藏书机构是由小到大,由单一到多样而逐步建立的。早在元太宗时的1236年,就在平阳(今山西临汾)设立了"经籍所",编集经史,典藏图书。元世祖至元四年(1267),经籍所迁到京师,改为"宏文院",担负着官方图书的典藏。1271年元朝正式建国后,原来小型单一的宏文院已不适应国家和皇室藏书的需要。于是,陆续建立、健全和扩大了国家的秘书监、艺文监(崇文监)和皇室的奎章阁以及政府部门的翰林院、国史院、集贤院、国子监、太医院医学提举司等多样化的诸多藏书处。他们虽藏书数量、内容不完全一样,但都具有一定的特点。其中,尤以秘书监作为政府藏书机构,专门管理国家图书所具特点最为显著。

第一,自始至终注意收集图书。前期的收聚前面已经说过,后期的收聚图书也表现热心。如征集图书文献,开局修撰《大元一统志》和辽、金、宋史;又如元惠宗采纳秘书监的意见,"诏求遗书,有以书献者,予一官。"[⑫]而仅在惠宗这一次求书,就获得曾为宋秘书小吏庄蓼塘家的献书数万卷,"且多手抄者。经、史、子、集、山

165

经、地志、医卜、方技、稗官小说，靡所不具"⑬，大大弥补了秘书监书藏之不足。

第二，秘书监先后刻印了大量书籍。元代以前，秘书监主要为国子监提供刊印正本。到了元代，刻印书籍，在很大程度上（其它还有艺文监的广成局、太史院的印历局和太医院的广惠局等）则由秘书监统管，具体事务由秘书监所属的兴文署负责。元《秘书监志》："至元十一年十一月初七日，太保大司农奏过事内一件，兴文掌雕印文书，交属秘书监。"其后，兴文署的隶属关系虽有所变化，但与秘书监仍保持着密切的联系。它一方面"召集良工刊刻诸经、子、史版本，流布天下"⑭；另一方面，利用灭金、南宋时所获得的旧刻书版，新印了大批图书。这两方面雕印的图书不仅扩大和充实了秘书监的藏书，而且还为其他公私藏书提供了图书来源。

第三，秘书监的官制严密，人数众多，品级甚高。《元史·百官志》卷90的"秘书监"条称：秘书监，秩正三品。掌历代图籍并阴阳禁书。卿四员，正三品；太监二员，从三品；少监二员，从四品，监丞二员，从五品；典簿一员，从七品；令史三人，知印、奏差各二人，译史、通事各一人；典书二人，典吏一人。属官：著作郎二员，从六品；著作佐郎二员，正七品；秘书郎二员，正七品；校书郎二员，正八品；辨验书画直长一员，正八品。

这些官员虽在不同的时间里也有增减，但从总体来说，还是"官有职，位有常员"，比较稳定。其引人注目的则是每个层次的官员多为双数，"其长则蒙古人为之，而南人、汉人贰焉"，⑮充分体现了元代蒙古统治者的特色。

第四，秘书库书籍分新"四库"和书画、看册三类典藏，管理极为简陋。据王士点、商企翁撰的《元秘书监志》说："秘书监所藏，俱系金、宋流传及四方购纳，古书名画不为少矣。"但在长达七十年的时间里却一直处于储积紊乱的状态，竟至"库无定所"，有书无目。及至惠宗至正二年（1342），采纳秘书丞王道关的意见，才

166

"将经史子集及历代画图"，"分科品类成号"，"置簿缮写，以为记录"。即将秘书库图书新分为"在库书"、"先次送库书"、"后次发下书"、"续发下书"四库及"书画"、"看册"等六大部类，予以登录典藏。其在库书又分为经、史、集、道书、医书、方书六类，计582部，5195册。先次送库书分为经、史、集、三类，计12部，478册；后次发下书分为经、史、子、集、法帖五类，计1154部，10634册；续发下书分为经、史、子、集、类书、小学书、志书、医书、阴阳书、农书、兵书、释道书、法帖十三类，计642部，7510册。又立书画和看册二大类，其中书画分为法书、手卷、内府取、名画四小类，计2008轴、432卷。看册七秩。⑯共计2490部，25832册（轴）。这种只记部册，不记书名，把秘书库书分为所谓的新"四库"六类等顺序登录的部册，虽较以前"库无定所"无"分科品类成号"是一种进步，但其性质仅是一份图书清册，根本起不到图书目录的作用，只是透露出国家藏书的大致数量。所以，其管理仍然是极其简陋的。至于对藏书的校雠整理，并在整理的基础上编制各种藏书目录进行管理，那就更谈不到了。

元朝中央直接管理的藏书机构，除秘书监的秘书库外，还有艺文监的艺林库。"艺文监，秩从三品。天历二年置。专以国语敷译儒书，及儒书之合校雠者俾兼治之"⑰。这说明艺文监的设置，是专门为了用蒙古语翻译和校定儒家著作的机构。所以，在它的下面又设有两个与其本职有直接关系的单位，一个是广成局，"掌传刻经籍及印造之事。"⑱另一个则是艺林库，"秩从六品。提点一员，从六品；大使一员，副使一员，正七品；库子二人；二把二人。掌藏贮书籍。"⑲不难想见，其所藏书籍便具有蒙古语译本及儒家著作校订本的特色。

第四节　元朝的私家藏书和书院藏书

一、元朝私家藏书较盛

元朝的私家藏书，继承前世的传统，在某些方面有所发展。据史料记载，私人藏书家元代以汉人为多，主要分布在南方各地。他们一般收藏图书的数量较大，少者有数千卷，多者竟达七、八万卷，其中家藏万卷者尤为普遍。他们同宋代藏书家一样，对其所积聚的图书至为珍惜，往往专门筑室或构楼庋藏。为了使自己的藏书有条不紊，又方便检索，大多编制了各式藏书目录，并制定了藏书收集、整理、校雠、保管和使用等一系列的"家法"，以达到妥善保存，聚藏日富，阅读、研究、著述不断深广的目的。有的藏书家在藏书的流通使用上，还突破了局限于个人阅读、研究的范围，将其所藏书籍付诸社会使用，外借生徒传抄、阅读，以"延接四方名士"。这在一定程度上起了私人"公共图书馆"的作用，更大范围内发挥了书籍的社会功能。

元朝的私人藏书家较多，其中著名的或在某方面可称道的有如下诸家。

庄肃，字恭叔，号蓼塘，上海人。南宋时曾做过秘书小吏，宋亡后他浪迹海上。他平生喜好藏书，为宋末元初著名藏书家。有书八万卷，多系抄本，"经史子集，稗官小说，靡所不具。"其所藏书都进行了整理编目，定为甲、乙二部，分列为十门。由于他家的收藏丰富，秘籍善本较多，曾引起了朝廷的注意。元末修撰辽、金、宋三史时，朝廷乃派翰林学士危素从他家征购了异本 500 余卷。这时，庄肃早已去世，其子孙为不使家中藏书散佚，遂将大部分藏书转让给祝融收藏，余者都进献了朝廷。

袁桷字伯长,庆元(今浙江庆元)人,著名的元代藏书家。孔克齐的《至正直记》说:"袁伯长学士承祖父之业,广蓄书卷,国朝以来甲于浙东"[⑳]。可惜当袁桷死后,其子孙不肖,所藏书籍多为"仆于窃去",余者都"转卖他人,或为婢妾所毁"。

袁易,字通甫,平江(今江苏吴县)人。他喜好藏书,常与学友龚靖、郭麟孙研讨藏书、鉴别校雠等学术问题,时称"吴中三君子",著有《静春堂集》。静春堂是他的藏书楼,贮有书籍万余卷.这些藏书最突出的特点是无论抄本还是印本,都是经过袁易校定过的,质量较高。

孙道明,字明叔,华亭(今江苏华亭)人。他博学好古,聚书万卷,专门建筑草堂三间予以收藏,名叫"映雪"。其所藏秘本数千卷,都是他用小楷亲手抄录的。而收藏的主要特征是他一生以"校阅藏书为乐","延接四方名士",提供社会学者阅读,以广流通。

陈季模,维扬(今江苏扬州)人。他平生惟图籍是耽,聚藏甚富。郑佑《藏书楼记》说:"维扬陈君季模家马驼沙之上,沙当扬子江之心,而百川之水悉汇焉。""其家旧藏书合新购而得之者,凡五万余卷。筑楼于居之东,而藏书于楼之上。楼之前凿池以潴水,其后万竹林立",环境颇为幽雅得体。

虞子贤,元支塘(今江苏常熟)人。当时世称他家藏书史及古今书、名画甲于三吴。又得"朱子城南杂咏真迹,构堂贮之,号曰'城佳趣'。"元末明初学者、藏书家宋濂称赞他"博雅好古,绝出流俗之上"。

张思明,字士瞻,辉州(今山东单县)人。他颖悟好学,读书日记千言,官至中书参知政事,乐于藏书。史称:"思明平生不治产,不蓄财,储书三万七千余卷",并利用藏书研究学问,"尤明于律,与谢仲和、曹鼎新同称三绝"[㉑]。

元好问、字裕之,号遗山,秀容(今山西忻县)人,元代著名的

169

文学家,也是我国北方著名的藏书家。他的藏书主要为文学、史书及手抄的大量史料。为使收藏有序,分设几间房屋予以存贮,统名叫"野史亭"。他的这些藏书,在金元易代时,曾将其大部分藏书委托居住太原的亲戚保存,其余部分的千余卷珍本和 100 多幅书画则随身运到福昌(今宜阳)保管,不料住房失火,大多被焚毁了。

阔里吉斯,蒙古族人,元朝蒙古族中唯一的著名藏书家。史称他"性勇毅,习武事,尤笃于儒术。筑万卷堂于私第,广聚图书。"

此外,元朝较为有名的藏书家还有:王昌世、孔克齐、赵孟頫、应伯震、吾衍、陆友、张雯、顾德辉、苏天爵、周恕、郑鉴、倪瓒、蒋玄、陈杰等。其所藏书,也有一定的特色。

二、元代书院不讲求藏书

元代书院比宋代发达,自忽必烈至元八年(1271),在燕京设立太极书院开始,先后于全国各路、府、州、县恢复或新建了大小书院千余家,其中著名的就有一百多家。这些书院虽然讲学较为自由,经济也较为独立,与官办学校有很大的区别。但是,除少数书院,如太极、广信、西湖、武溪、宗文、象山等书院重视藏书,收藏丰富外,绝大多数的书院都不讲求藏书,因而藏书非常薄弱。这种状况,可以说是一种奇形的现象。究其原因,主要有两个:一个是由于书院的官学化,二是主观唯心主义理学的影响。前者由于官府办学意在设科取士,士子读书只图适应科举考试,致使士子学习内容狭窄,而不需要去阅读更多的书籍,故不必谋求藏书。据史料记载,元代书院的官学化程度是很高的。全国大多数的书院都是官府奉命兴办并由官府严格予以控制的。早在元世祖至元 28 年(1291),朝廷就曾下令:"先儒过化之地,名贤经行之所,与好事之家出钱粟者,并立为书院。"㉒对于书院的办学人员、管理人员的建制又明令规定:"凡路、府、州书院设直学以掌钱谷,从郡守及宪府官补试。直学考满,又试所业十篇,升为学录、教喻。凡(学)正、

170

（山）长、(学)录、教谕,或由集贤院及台宪等官充之。"这样的书院,显然不是民办而是官学。与此同时,元朝对于原来或新办的民办书院,也往往改为官办书院,以加强官府对它的控制。如江东书院、历山书院、东冈书院等。即使是纯民办的书院,也莫不受到官府的重重控制。于是,元代的各类书院便官学化了,忽视书院藏书的现象也就成为很自然的事情。元代书院不讲求藏书的后一个原因是当时不少书院与社会学术氛围相联系,大肆宣扬主观唯心主义理学,而不去深入、扎实地研究学问,致使学术空气淡薄,故不致力于谋求藏书。正如全祖望所批评那样:"游谈奔走,废弃诗书"。加之,元代抑儒重释,形成了"九儒十丐"的社会风气。所谓"九儒十丐",就是轻视读书人,将读书人列为社会的第九等,仅略高于末等第十的乞丐。元朝谢枋得《送方伯载三山序》说:"我大元制典,人有十等,一官二吏,先之者贵之也,贵之者谓有益于国也。七匠八娼,九儒十丐,后之者贱之也,贱之者谓无益于国也。"㉓这种落后卑俗社会制度所形成的腐败的社会风气对书院的教学、科研和藏书也有潜移默化的恶劣影响。即使元统治者提倡办学,尊崇儒术,但不过是装点门面而已。所以,书院又何必重视藏书?

第五节 辽、金、元的佛寺和道观藏书

一、佛教寺院庋藏刊本《大藏经》

（一）辽代各种佛教寺院庋藏刊本《辽藏》比较普遍。《辽藏》又叫《契丹藏》,是辽代政权与佛寺结合,继房山云居寺大刻佛像石经后,约于辽圣宗统和初年至兴宗景福初年（983－1032）,用木板雕成的《大藏经》。全藏刊印后,一方面,曾先后送给高丽文宗王徽、肃宗王颙、睿宗王俣,以及义天和尚（高丽文宗第四子,俗名

王煦)五部,而慧照国师一次又买回《辽藏》三部。另一方面,为辽地各寺院提供珍藏。现在可考的尚有七处之多。

一是山西大同华严寺薄伽(薄伽,为薄加梵之略)教藏。据该寺殿梁上墨书所记,为"辽兴宗重熙七年(1038),九月建造。"殿峰面阔五间,进深四间,单檐九脊项,结构精巧,设置有重楼式藏经柜三十八间。后窗上悬天宫楼阁五间,以环桥子(拱桥)与左右藏经柜上层连接。其庋藏藏经579帙。辽末,该寺殿阁毁于兵火,只有薄伽教藏幸存,但经本已遗失过半。金天眷三年(1140)重建已毁的殿阁,并依照《辽藏》目录,采集遗经,用三年时间得以补齐全藏。其装帧为卷轴装,然新旧不同,而字号诠题则先后如一。

二是契丹皇族志智和尚,在燕都募钱三百万,造经一藏。兴宗重熙十三年(1044),志智主持所造这一经藏,以"糯米胶破新罗墨,方充印造,白檀木为轴,新罗纸为标,云锦为囊,绮绣为巾,织轻霞为条,绿苏枋为函"㉕。这是一部用朝鲜纸墨印制的佛藏。

三是辽宁锦州灵岩寺。兴宗重熙二十三年(1054),灵岩寺僧潜奥"鸠集净财,购经一藏,用广流通"。㉖

四是北京西山清水院(即今大觉寺)。道宗咸雍四年(1068),信士邓从贵以全部家族资五十万,"及募同志助办印大藏经579帙",创内外藏而龛措于清水院。现在大觉寺还竖立有清水院创造藏经记的辽碑一通。

五是北京安次县祠垡里寺院。道宗大安五年(1089),燕京析津府安次县刘惟极等人于寺内建内藏一所,"内置千帙之教,后留万载之名"㉗。

六是河北涞水县金山演教院。据《辽文汇》卷八"金山演教院千人邑记,乾统三年"载:景福以后,乾统三年以前(1031 – 1104),有一姓董的人,罄其家产,于涞水县金山演教院"构大藏一座,印内典五百余帙,在中龛置。"

七是辽宁义县厅峪道院佛宫。清张金吾《金文最》卷66"徐卓

172

皇统八年宜州厅峪道院复建藏经千人邑碑"称:耶律衮家的坟地宜州厅峪道院,建佛宫置藏经,凡五千四十八卷。

以上这些寺院藏经传世极罕,各家书目亦不见著录。可喜的是1974年,在山西应县佛宫寺木塔佛像胸部发现一批刻经、写经、书籍、佛画、文物等,共160件。其中有辽刻经47件,雕印最早的是《上生经疏科文》,卷尾题:"时统和八年岁次庚寅八月癸卯朔十五日戊午故记,燕京仰山寺前杨家印记三行"。最晚的是《释摩诃衍论通赞疏科下卷》、《释摩诃衍论通赞疏第十》,均刻有道宗"咸雍七年(1071),十月口日燕京弘法寺奉宣校勘雕印流通",经背都钤有"宣赐燕京"戳记。在发见的佛经中,纸幅最长的是《涅槃义记第八》,由原纸八十张连接。其装帧主要是卷子装,也间有蝴蝶装,如《大方广佛华严经卷第二十六》、《称赞大乘功德经》、《中阿含经第三十六》、《妙法莲花经卷第七》等,但又有由卷子装改为经折装的,可能是僧人为诵读方便之故。除雕印的佛经外,又保存有其他刻书,如有唐李翰编撰的《蒙求》上中下三卷并附释音,燕台大悯忠寺(即今北京广安门内之法源寺)新雕《诸杂赞一策》等,表明辽代寺院藏书并不局限于佛经,而且也刊印、收藏其他书籍。

(二)金代僧尼施印佛经和寺院建藏甚为突出。金代的寺院都有田产,特别是大寺院拥有大量土地并受到政府保护,免纳租税,经济收入甚多,成为大地主和高利贷者,因此有钱刻印经典来宣扬佛法。一些僧尼更利用寺内钱财,并向善男信女募化集资,施印佛经。如:百万和尚为纪念父母,在故乡同州朝邑(今陕西朝邑)镂板施印《大般若经》数千卷;晋阳(今山西太原)明玘和尚用数年工夫刻成《华严经》,以新经千部施人;甚至皇室因崇信佛法也印行佛经。据《金史·章宗诸子传》卷93载,承安二年(1197),章宗为儿子洪辉病愈还愿,"印《无量寿经》一万卷报谢"。这些施印佛经,自然也为当时寺院所收藏。

在金代,寺院建藏较突出的有以下诸寺:

1、辽宁义县厅峪道院。此院在辽代曾置辽藏,金初为火灾所焚,金熙宗皇统八年(1148),郡人马佑与颜寿集千人,立为一社,"募钱易经,鸠工构藏,随其卷帖,贮以柜匣"。

2、河北宝坻大觉寺。据《金史纪事本末》卷23引《宝坻旧志·金张瓒〈大觉寺记〉》称:金完颜亮贞元初年(1153—1155),善昶和尚在宝坻大觉寺"建内经一藏,漆函金饰,工制瑰丽。"

3、山西赵城广胜寺。该寺藏有《金藏》一部。它又称《赵城广胜寺藏》,简称"赵城藏"。这部藏经是由潞州(今山西长治)僧尼崔法珍募资刊刻,主其事则是当是时解州(今山西运城西南)天宁寺开雕大藏经板会。大约从熙宗皇统八年(1148)起,至世宗大定十三年(1173)大部分雕成,元初又有补刻。全藏按《千字文》编号,始于"天"字,终于"几"字,凡682帙,总计应有7182卷。1933年于山西赵城广胜寺发现时尚存有4957卷。两年后由"上海影宋版藏经会"和"北平三时学会"影印其中罕见佛经49部,题为《宋藏遗珍》,作方册本120册发行。其原本现只存4330卷,藏于北京图书馆。

4、京师(今北京)弘法寺。该寺有《金藏》一部,并收藏有藏经板。据推测就是由晋南运来的那部崔氏刻板的原板。

5、济州(今山东济宁)普照寺。金世宗大定、金章宗明昌之际(1189—1195),该寺由知照和尚主持以钱二百余万,到弘法寺印造了两部全藏收藏。一部是黄卷赤轴,一部是梵册,均用漆板金字装帧。

(三)元代佛寺集刊、收藏的典型。元代佛教的兴起,以藏传佛教,俗称"喇嘛教"为主,始于帝师八思巴。魏源《圣武纪》说:"元世祖封西番高僧八思巴为帝师、大宝法王,以领其地。后嗣世袭其号,而西藏始为释教宗主。"由于元统治者的重视提倡和扶植,上层喇嘛开始掌握了西藏地方政权,于是大立寺院,而寺院组织和学经制度都极其严密,译经、藏经也不少。如十四世纪初期,在那塘寺由菊登日比热赤(世尊智剑)根据萨迦寺八思巴所藏经本,编辑成藏经,即所谓的"那塘大藏写本"。大约在元武宗时(1308－1311),便付诸刊印。到了十四世纪后半叶,又分别为蔡巴噶举(西藏佛教教派的一个分支)的甘丹寺衮噶多吉编订为"甘珠尔"(意为佛语部),分戒律、般若、华严、宝积、经集、涅槃、密乘七类,收书1108种;日喀则夏鲁寺的布顿·仁钦朱编订为"丹珠尔"(意为论部),分赞颂、咒释、经译、目录四大类和若干小类,收录佛教书籍3461种,内容浩繁,是研究佛学和古代各门学科的重要文献。

元代佛寺刊版收藏《大藏》的典型,除上述外,要数元世祖至元时期所刊藏的两部大藏。一部是元世祖至元六年至二十六年(1278－1289),杭州余杭普宁寺释如莹主持刊版的《普宁寺藏》,共收佛书1422部,6016卷。另一部是至元十四年至三十一年(1277－1294),京都弘法寺受命集刊的《弘法寺藏》,共收佛书1654部,7182卷。这两部大藏,既为两寺刊版,亦以两寺冠名,理应为两寺收藏。事实上,两寺都各有入藏目录,高僧庆吉祥在当时就撰有《弘法寺入藏录》及《拾遗编》。庆吉祥其时还奉命"以蕃汉本参对楷定大藏圣教,华梵对辨,名题各标。"并由这两部分构成《藏文大藏经》,收录"大小乘教之品目,名之曰《至元法宝勘同总录》"。其书"大分为四:初总标年代,括人法之宏纲。二别约岁时,分记录之殊异。三略明乘藏,显古录之梯航。四广列名题,彰今日之伦序"[28],成为有元一代的著名佛教目录。

二、道教宫观多藏《玄都宝藏》

金、元两代不同于辽和西夏,不但信仰佛教,更崇尚道教。两代各自所修《玄都宝藏》,大多数的道教宫观都聚以珍藏。早在金世宗大定二十四年(1184)前,田文子与韩元英在老子故乡太清宫创修"太极殿,并转轮大藏,仍印经以实之"[29]。这可能是根据北宋政和《万寿道藏》经板印给的。而这部经板传至金代，已残缺不全。为妥善保存，金世宗大定四年（1164），诏以其经板，付中都十方大天长观（旧址在今北京白云观西）收藏。其时，天长观之飞玄阁，亦秘庋有《道藏》本，但依然是"旧贮藏经，缺而未完。"章宗明昌元年（1190），十方大天长观提点、冲和大师孙明道据其残版、残本补刊成藏。既而又"分遣黄冠，访遗经于天下"，"凡得遗经千七十四卷，补板者二万一千八百册有奇，积册八万三千一百九十八，列库四区，为楹三十有五，以架计者百有四十。明道于是倡诸道侣，依《三洞》《四辅》，品详科格，商较异同，而论次之，勒成一藏，都卢六千四百五十五卷，为帙六百有二，题曰《大金玄都宝藏》"⑳。此藏除庋藏于天长观中，并刊印多部，分藏于其他道观。不幸的是十年后的泰和二年（1202），天长观毁于火，所藏经板亦被焚毁。但各处宫观所藏则较好地保存着，可考者有亳州太清宫、登州栖霞太虚宫、登州圣水玉虚观（或谓长春宫）、管州道观等均庋有《大金玄都宝藏》版本。然而，及至金末，这些道藏大多毁于兵燹之灾。所以，元好问在《通真子墓碣铭》里说：金末"丧乱之后，图籍（按指道藏）散落无几，独管州（道观《道藏》）者仅存"㉛。

到了金末元初之际，玄都观道士宋德方（1183－1247，莱州掖城人）遵其师丘处机（1128－1227，登州栖霞人，自号长春子）"语及道经泯灭，宜为兴复之事"的遗意，于元太宗九年（1237），与其弟子秦志安等，于平阳玄都观据管州所存金藏，搜罗遗逸，校雠付刊，补完亡缺，至乃马真皇后称制的第三年（1244），完成全藏的刊版。凡七千八百余卷，亦称《玄都宝藏》。因其恢复并增补了四十余年前的《大金玄都宝藏》，后人则称之为《元玄都宝藏》以便区分。开初，经版藏于观内。其后，定宗时，平阳永乐镇建成纯阳万寿宫，宫宇宏敞，经板乃移庋于此宫中。到宪宗朝，僧道辩《化胡经》真伪，即颁旨焚毁道经四十五部经文印板。元朝正式开国，世祖至元十七年（1280），又校对道释。次年颁诏，除《道德经》外，其余《道藏》经文印板尽行焚毁。是年十月,于燕京悯忠寺集百官焚烧《道藏经》,并使诸路俾遵行之。其时,"保定、真定、太原、平阳、河中府、王祖师庵头、关西等处有《道藏经》板"⑩以及龙溪玄妙观亦有《政和万寿道藏》。这些道藏经板,除平阳府永乐镇纯阳万寿宫《元玄都宝藏》经板外,他处所庋,均非全藏经板,也均属于被毁之列。同样,也除平阳庋有《元玄都宝藏》经板,众所周知,非可隐匿,于至元十八年(1281)遂被焚毁外,其余各处道观所庋藏的残藏则因各路未谨恪奉诏,而被道士们偷偷地保存了下来。据陈国符《道藏源流考》称:"元代北方《道藏》,多罹焚经之祸。南方《道藏》,颇多由南宋流传至元代者。……如天台山桐柏宫吴越王所建《道藏》,杭州佑圣观,茅山,庐山太平兴国宫,新建建德观,阁皁山崇真宫,庐陵玄观,武当山五龙灵应宫,龙溪玄妙观《道藏》是也。"考有关史料,元代道教宫观庋藏经,除上述外,其他还有唐州三清观,东平须城万寿宫,陕西周至重阳万寿宫,长安华清宫,杭州开元宫,鄞县冲虚真观,处州丽水玄妙观,逍遥山玉隆万寿宫,从云山(在今江西南昌)崇真观,九宫山(今湖北通山县内)瑞庆宫,(湖南长沙)寿星观,湖州白石通玄观等,都专有经藏,程度不同地收藏着道书或《道藏经》。可惜及至元末,各道观余存之《道藏》和一些道书,又大多毁于兵燹之灾了。

注释:

①②《辽史·道宗本记》卷21,22。

③《梦溪笔谈》卷15。

④《辽史·义宗倍传》卷72。

⑤《金史·世宗本纪下》卷8。

⑥《金史·章宗本纪》卷11。

⑦《元史·地理志序》卷58。

⑧、⑨、⑩、⑪《元史·世祖本纪》卷8、卷9。

⑫、⑬陶宗仪《辍耕录》。

⑭《清朝续文献通考》卷 141。

⑮《元史·百官志一》卷 85。

⑯⑰⑱⑲《元秘书监志》见《四库全书》。

⑳袁桷祖父袁韶,南宋时曾为同和枢密院事,喜好藏书。

㉑《元史·张思明传》卷 177。

㉒、㉓《元史·选举·学校》卷 81。

㉔《谢叠山集》卷 2。

㉕、㉖、㉗《辽文汇》卷八。

㉘庆吉祥《至元法宝勘同总录》卷一。

㉙《光绪鹿邑县志·续修太清宫记》卷 10 下。

㉚《宫观碑记》。

㉛《遗山文集》卷 31。

㉜《至元辨伪录》卷 28。

第九章　明代的图书馆事业

第一节　明代图书馆事业的社会文化背景

明代是中国历史上由汉族地主阶级掌握政权的最后一个封建王朝。明王朝一经建立,便进行了一系列的政治改革,以加强中央的专制主义,使秦汉以来的中央集权制度有了进一步的发展。首先是废除元朝的行中书省。设置承宣布政、提刑按察、都指挥三使司,分别掌管民政、财政、司法和军事。它们之间不相统属,各自直属中央。洪武十三年又废除中书丞和中书丞相制度,中书省的政务由吏、户、礼、兵、刑、工六部分别处理,直接听命于皇帝,对皇帝负责,把封建君主制发展到了顶峰。同时,又设立都察院、大理寺及锦衣卫等机构,并以唐律为蓝本,制定《明律》460条和颁布朱元璋编的《大诰》及续编、三编,以加强和维护中央集权。明初,还设立殿阁大学士以备顾问,经过永乐年间的发展,到明中叶正式形成首辅制度。首辅由最受皇帝信任的大学士担任。在皇帝的亲信中,自永乐开始,宦官权势日渐扩展,有出使、专政、监军、分镇臣民隐事等大权。宣德以后,更发展为宦官专政。他们利用司礼监干预朝政,操纵政府官员任免,提督京营和监军统兵,掌握军权,掌管东厂和锦衣卫并使之两相结合,屡兴冤狱,残害官民,巩固集权专制,实行黑暗统治。

明代社会经济有很大的发展。明初，"天下初定，百姓财力俱困，譬犹初飞之鸟，不可拔其羽；新植之木，不可摇其根"，①乃实行"安养生息"的政策，使社会经济逐渐得到恢复，并有相当的发展和提高。明代中叶以后，出现了资本主义萌芽。一方面，随着社会生产力的提高，商品经济有了广泛的发展，全国出现了许多工商业发达的城镇，形成了数十个商业中心城市，拥有众多的商业集团，银元在市场流通使用，并可用作纳租或计价。另一方面，一些生产部门如纺织、陶瓷、冶铁、造纸、印刷等先后建立了手工作坊和手工工场，出现了作坊主和工场主，大量雇佣劳动力，形成了所谓的"机户出资，机工出力"，机工"计日受值"，"得力则生，失业则死"的局面，开始显露出中国封建社会母体中孕育出来的资本主义萌芽新因素。

明代学术文化发展变化较大。在学术领域，一方面围绕科举考试及其八股取士制度，发展理学。朱元璋建立明朝后，即进一步强化程朱理学的独尊地位。明成祖时，曾命大学士胡广等人编集宋人成说，纂成《五经大全》、《四书大全》和《性理大全》三书，颁发全国，作为科举考试的官方定本和思想准绳。在程朱理学的束缚下，培养了一大批"笃践履，谨绳墨，守先儒之正传，无敢改错"②，墨守程朱之学的理学家，形成了一代因循守旧的学术风气。但自明代宗时的陈献章开始有所改变。他承继陆九渊"心即理"的观点，提倡怀疑精神，反对从书本上觅道，觅心，主张静生修养以"自得"，由此跳出了程朱理学的圈子，从客观唯心主义转向主观唯心主义。继陈氏之后，王守仁进一步发展陆九渊的学说，强调理在心中，以心说理，并创"致良知"说，主张"知行合一"，与朱熹知先行后之说相对立，形成了以王氏为首的理学心学学派，打破了程朱理学的一统局面。于是，王学"门徒遍天下，流传逾百年"。"嘉（靖）、隆（庆）以后，笃信程、朱不迁异说者，无复几人矣。"③直至明代后期，出现了反对理学的思想家李贽。他的反对理学并对整个儒学批判的异端思想,引起了社会的震动。另一方面,由于社会的发展进步,在自然科学技术方面也取得了比较显著的成绩。徐光启的《农政全书》,李时珍的《本草纲目》,宋应星的《天工开物》,方以智的《物理小识》和徐霞客的《游记》总结了生产知识和科技成果,在我国科技史上占有十分重要的地位。明代中叶以后,天主教耶稣会传教士开始来到中国,带来了西方的学术。其中最著名的是意大利传教士利玛窦。他以西洋学术输入我国,使中国在天文、历算、舆地等方面,开拓了一个新局面。

在文化领域,文学艺术取得了杰出的成就。文学方面,突出地表现在小说和戏曲上极为繁荣。明代出现了一系列优秀的长篇小说:《三国演义》、《水浒传》、《西游记》、《金瓶梅》等。白话短篇小说有冯梦龙的《三言》(《喻世明言》、《警世通言》、《醒世恒言》),凌蒙初的二拍(《拍案惊奇》初刻、二刻)以及《石点头》、《西湖二集》、《醉醒石》、《幻影》等。这些模拟宋代说话艺术的话本来写作的白话短篇小说(或称拟话本),也是明代一种新颖的文学形式。明代戏剧继承了元杂剧和南宋戏文的优良传统,出现了一些优秀作品,其中以汤显祖创作传奇的成就最高。他的代表作《牡丹亭》,是一部积极浪漫主义的杰作,有很高的思想性和艺术性,具有强烈的时代意义。艺术方面,也有发展。绘画艺术,沈周、文征明、唐寅、仇英为明代著名的四大画家,其作品对当时和后世都有较大的影响。建筑艺术除继承前遗规外,又在规模、范围和综合艺术上更独具风格,其中塔的建筑艺术是引人注目之一。永乐时,诏建的南京大报恩寺琉璃塔,被认为是中世纪建筑史上一大奇迹。

明代的宗教文化也较为流行。佛道二教,尤为官府所尊崇。明朝建国后,对佛道采取保护政策,设立僧道衙门,置有僧录司、道录司,任官秩甚高,待遇优渥。明代皇帝,大多信奉佛教,英宗尤甚,代宗好兴寺建醮,武宗学经典,通梵语,自号大庆法王。对于道教,嘉靖时最盛。明世宗即位后黜佛、毁寺。他因多病而求长生,

181

荒淫而求秘术丹药,而羽士之符箓、幻术、服食等,适投其所好,于是道教大兴,道士邵元节、陶仲文等竟得异宠。但自穆宗即位之后,佛教迅速复兴起来,与道教并行流传。

总之,明代的学术文化是不断承传发展的。在发展过程中还表现了一定的特点。一是各种学术著作及其他著作物较为繁富。据《明史艺文志》统计,有明一代的各家著作,经 951 部 8748 卷,史 1316 部 28051 卷,子 971 部 29366 卷,集 1398 部 29366 卷,四部共 4736 部 104376 卷。前后仅有 270 余年的明代,有如此众多的新著问世,可谓成就辉煌。二是刻印图书非常发达。不仅官刻书籍盛行,"内而南北两京,外而道学两署,无不盛行雕造。"④又有分封全国各地的 52 家亲王藩府均在刻书。而且私家刻书蜂起,坊肆刊印图书林立,遍及全国各地、各市镇。于是,各类图书层出不穷,多如丘山,迄今尚有大量的各种版本收藏在各类图书馆、博物馆中。这可以说是明代以前任何朝代无法比拟的。明代刻印图书在技术上也有空前的提高。版画和套印,饾版和拱花刊印技艺使图书彩色斑斓,声色俱备,也为公私藏书增添了绚丽夺目的光彩。

第二节　明代的官府藏书

一、文渊阁藏书的盛衰

明代的文渊阁,自成祖起,既是阁臣参预国家机要之所,又是国家主藏图书之府。因此,人们便将文渊阁视为明朝的国家图书馆。由于明都曾南北迁移,所建文渊阁的地址不相同,故有南、北文渊阁之分。自洪武元年至永乐十八年(1368－1420),明朝立都南京,于禁中建立了文渊阁,世称"南京文渊阁"。自永乐十九年至崇祯十七年(1421－1644),明定都北京,于禁中新建了文渊阁,世称"北京文渊阁"。

南京文渊阁一经建立,就成为中秘藏书之所,聚藏了前世大量图书。其图书来源主要有两个途径。一是向民间收集散存的书籍。早在明立国之前的元朝至正二十六年(1366)六月,朱元璋就曾下令所属"有司访求古今书籍,藏之秘府,以资览阅",⑤为文渊阁藏书作了初步的准备。嗣后,朱元璋称帝,即于洪武元年(1368)八月,首先下令"废除书籍税",接着"复诏求四方遗书",为文渊阁藏书奠定了一定的基础。继朱元璋之后,明惠帝,特别是明成祖沿用向民间访购图书的办法,于永乐四年(1406),"遂命礼部尚书郑赐遣使访购,惟其所欲与之,勿较值"的措施,获得了不少书籍,填补了文渊阁"尚多阙略"的空白。二是灭元时,收缴了元都集藏宋、金、元三朝的全部图书及其书版,然后运送大本堂暂存,以后即移交文渊阁庋藏。从而使文渊阁的藏书初具规模。其收藏管理,自洪武三年至十二年(1368-1379),由秘书监、丞、直长典掌。洪武十三年(1380),即撤消秘书监的设置,其典掌之职由"并入翰林院典籍"管理。这种管理体制,一直沿用到明朝灭亡。但南京文渊阁存世并不太久。随着明朝的迁都,它就为北京文渊阁所替代了。

北京文渊阁,于永乐十九年(1421),正式设置京都禁中,"在奉天殿东庑之东,文华殿之前,前对皇城。深严禁密,百官莫敢望焉。"⑥它既经建立,明成祖遂诏"修撰陈循取(南京)文渊阁书一部至百部,各择其一,得百柜,运至北京",⑦作为北京文渊阁藏书的基础。之后,又不断访购、抄录,以充实其藏。到宣宗宣德年间,"秘阁贮书约二万余部,近百万卷。刻本十三,抄本十七。"⑧其聚藏之丰富,可以说是空前的,也是有明一代国家藏书的最高纪录。为加强文渊阁藏书的管理,明英宗正统六年(1441),乃命内阁大臣杨士奇等对其藏书"逐一打点清切,编置字号,写完一本,总名曰《文渊阁书目》"。⑨所谓编置字号写成一本目录,就是将文渊阁

藏书按《千字文》,从"天"字至"往"字,排次分橱编号,登录簿册。即:⑩

天字五橱,321 号,分藏本朝御制御定文集;

地字四橱,555 号,分藏易、书、诗、周礼、春秋、仪礼、礼祀等书;

玄字一橱,149 号,分藏礼书、乐书、诸经总类等书;

黄字三橱,474 号,分藏四书、性理、经济(附奏议)等书;

宇字六橱,272 号,分藏史部之书;

宙字二橱,316 号,分藏史附、史杂之书;

洪字一橱,109 号,分藏子部之书;

荒字一橱,276 号,分藏子杂、杂附之书;

日字三橱,745 号,分藏文集之书;

月字二橱,568 号,分藏诗词之书;

盈字六橱,266 号,分藏类书;

昃字一橱,176 号,分藏韵书、姓氏之书;

辰字二橱,364 号,分藏法帖、画谱(诸谱附)之书;

宿字一橱,228 号,分藏政书、刑书、兵法、算法之书;

列字二橱,552 号,分藏阴阳、医书、农圃之书;

张字一橱,199 号,分藏道书;

寒字二橱,406 号,分藏佛书;

来字一橱,168 号,分藏古今志(杂志附)之书;

暑字三橱,584 号,分藏旧志;

往字三橱,专藏新志。

以上共二十字,五十橱,六千七百二十八号,也就是说,文渊阁藏书其时共分为经史子集、类书、字画、佛道等 20 个大类,内含 50 个小类,有 6728 种,42600 册。显然这个书目反映了文渊阁藏书的盛况,但是,它不过是一份文渊阁藏书的簿册而已。所载书既不著录作者姓名,又未能考订整理,"只有册数,而无卷数"。所以,

《四库全书总目》曾尖锐地批评说："士奇等承诏编录,不能考订撰次,勒为成书,而徒草率以塞责。较刘向之编《七略》,荀勖之叙《中经》,诚为有愧。"这话颇为切中要害。

文渊阁的丰富藏书为时并不长久。由于不重视加强管理,自孝宗时,"阁臣词臣俱无人问及,渐以散佚",⑪便逐步走向衰落。及至武宗时,因管理极度紊乱,臣僚擅自取走书籍,甚至管理者竟监守自盗,使文渊阁藏书"亡失愈多矣"。《茶余客话》一书曾披露说:"当时杨廷和在阁(正德中,官太子太师,华盖殿大学士),升庵挟父势(杨慎字用修,号升庵,正德六年举进士第一,授修撰,后充经筵讲官),屡至阁翻书,攘取甚多。"又说:"典籍刘伟、中书胡熙、主事李继先奉命查对,而继先则盗易其宋刻精本。"这种恶劣腐败的行径,随着明朝黑暗腐朽专制的日益加剧,而愈演愈烈。延至明神宗万历时,文渊阁的藏书已经濒临绝境。昔日丰富的藏书已"腐败者十二,盗窃十五。杨文贞正统间所存《文渊阁书目》,徒存其名耳。"⑫万历二十二年(1594),当太史焦竑奉命修撰《明史经籍志》时,文渊阁的藏书七零八落,"竑亦无遍览"。十年后,中书舍人张萱、孙能传等人奉命编撰《内阁藏书目录》时,文渊阁藏书情况更糟。"视前所录,十无二三。所增益者,仅近代地志、文集。其他唐宋遗编,悉归子虚乌有"。⑬迨至明末崇祯十七年(1644),农民起义军纵火焚烧明宫殿及九门城楼,文渊阁及其他官府藏书则彻底毁灭而告终。

二、其他藏书处所

明代官府藏书,除文渊阁外,在内府有大本堂、内阁、华盖殿、东阁司经局、广寒殿、清暑殿、琼花岛、皇史宬、古今通集库等殿阁藏书。还有中央部门如:翰林院、南北国子监、行人司、都察院、刑部、经厂、太医院等机构的藏书。这些藏书处所的图书虽多寡不一,有的又曾先后有过变化,但它们却是明代整个官府藏书的重要

组成部分。其中,影响较大的有:

（一）大本堂与司经局

大本堂是明初设置的太子、亲王学馆,也是明初皇室藏书处之一。《明史·职官》卷73载:"洪武初,置大本堂,充古今图籍其中,召四方名儒训导太子、亲王。诸儒专经面授,分番夜直"。不久,太子移居文华堂,诸儒即迭班侍从,又选才俊之士入充伴读,时时赐宴、赋诗,商榷古今,评论文学,而大本堂之图书则随之转移至此。其藏书之事即由东宫之属的司经局负责,具体设置官员典掌。据《明史·职官》卷73"詹事府"条称:"司经司,洗马一人,从五品,校书正九品,正字从九品,各二人"。并规定"洗马掌经史子集、制典、图书刊辑之事;立正本、副本、贮本以备进览;凡天下图册上东宫者,皆受而藏之。校书、正字掌缮写装潢,诠其讹谬而调其音切,以佐洗马"。由此可知,大本堂与司经局在明代都是藏书之所,但它们并非同时并存,而是一事名称的先后不同,司经局的前身是大本堂,大本堂的延续替身是司经局,而司经局的洗马则是具体掌管东宫藏书的职官。

（二）广寒殿、清暑殿及琼花岛

这三处藏书处,是明宣宗时所建。所藏书籍,主要供帝王阅览。《明史·舆服》卷68载:"宣宗留意文雅,建广寒、清暑二殿,及东西琼花岛,游观所至,悉置经籍"。殆至明英宗正统六年(1441),又重建此三殿,并从文渊阁及东阁中择取部分经籍副本,充实其藏,以广帝王游幸阅读。

（三）皇史宬及通集库

皇史宬,既是明朝的档案库,又是明代的一个藏书处。收藏有《永乐大典》及保存有记载列朝皇帝事迹的"实录"、"宝训"等史籍二十三万余卷。皇史宬始建于明嘉靖十三年(1534),地址在北京东华门外旧太庙东南,为石头结构的宫殿形式,是中国历史上"金匮石室"的典型建筑。

古今通集库也是明代内府藏书处之一。主要收藏古今君臣画像、符券、典籍等图书。明嘉靖中，因文渊阁被火，一部分图籍亦移贮其中。《明内廷规制考》卷二说："文渊阁系中秘藏书之所……嘉靖中阁灾，移通集库及皇史宬"。

（四）行人司

行人司在明政府部门中，藏书最多。王夫之《识小录》中说："翰林名读中秘书而实无一书之可读，惟行人司每一员出使，则先索书目以行，购书目中所无者，多至数册，少亦必一册，纳之司署，专设司吏一人，收贮简晒。故行人司藏书最富。"从传存至今的《行人司书目》来看，充分证明了这点。此书目分六部二十类，著录图书凡1389种（其中佚脱不包括在内），而这个数字，据时人记载，与以前行人司书目比较，已是大半乌有。据此可知其藏书最盛时，当远远超过此数。

（五）南北国子监

明代国家教育机构，在南京和北京设立了两个国子监。监内置典籍厅，设典籍一人典掌书籍。其藏书较多，特别是收藏的书版最为丰富。不仅有本监刊刻的书版，而且还聚藏地方官府所刻的书版。黄佐《南雍志》说："本监所藏梓，多自国子学而来。自后四方多以书版送入。洪武、永乐时，两经修补，板既丛乱，旋补旋亡。成化初，祭酒王儌会计亡数，已逾二万篇。弘治初，始作库供储藏。"其后，南北二监又主持新刊或翻刻了大量书版，如万历二十四至三十四年（1596－1606），依南监本缮写刊刻的北监《二十一史》等。

总之，明代官府藏书的处所是很多的，而且颇具规模，又有层次分工，反映出藏书多样性的特点。其藏书数量的丰富和藏本质量的贵重都是前所未有的。但由于中后期管理紊乱及社会原因却使得繁荣昌盛的藏书，伴随着明朝的覆殁而彻底崩溃和散亡了。

三、明代官府藏书利用的特点

明代的官府藏书，如同历代封建王朝一样，是为了维护和巩固其统治服务而建立的，但对官府藏书的利用却具有不同的特点。

第一、利用藏书，制定典章、法规和思想准则等，直接为其封建集权专制服务。如"《大明律》30卷。洪武六年，命刑部尚书刘惟谦定。篇目皆准《唐律》，合六百有六条。九年复厘正十有三条，余仍故。《更定大明律》30卷。洪武28年，命词臣同刑部官参考比年律条，以类编附，凡四百六十条。太祖《御制大诰》一卷、《大诰续编》一卷、《大诰三编》一卷、《大诰武臣》一卷"⑭等都是利用前代遗存典籍的制作。明成祖永乐中，命胡广等人又利用文渊阁藏书，集宋儒成说，编成三大全——《五经大全》、《四书大全》、《性理大全》，颁行全国，作为思想统治的准绳。《明史·艺文志》卷三"子类"条说："《性理大全》七十卷。永乐中，既命胡广等纂修《经书大全》，又以周、程、张、朱诸儒性理之书类聚成编。成祖制序。""五伦书六十二卷。宣宗采经传子史嘉言善行为是书。正统中，英宗制序刊行"。又如，利用藏书编制借鉴古人经验教训的书籍，"《相鉴》二十卷，洪武十三年罢中书省，诏儒臣采历代史所载相臣，贤者自萧何至文天祥八十二人，为传者十六卷；不肖者自田蚡至贾似道二十六人，为传四卷。太祖制序"。"《成祖务本之训》一卷。采太祖创业事迹及往古兴亡得失为书，以训太孙"⑮，等等。

此外，明代大多数皇帝都把皇室藏书机构作为议论政事的场所，以其藏书作为学习参考的内容，汲取统治经验的源泉。如太祖常御内阁藏书处，披阅典籍，与学士们谈论经史，探讨治国方略；成祖视朝之暇，濒临殿阁翻阅书史，或召翰林儒臣讨论政事；"宣宗尝临视文渊阁，亲自披阅经史，与少傅杨士奇等讨论，因赐士奇等诗"⑯等，就是典型的例子。

第二，利用内阁藏书，培养统治人才。成祖认为："置书不难，须常阅览乃有益。凡人积金玉以遗子孙,朕积书亦欲遗子孙。金玉之利有限,书籍之利,岂有穷也"。[17]他基于这种认识,乃于永乐二年(1401),"命学士解缙等选才资英敏者,就学文渊阁。缙等选修撰(周)榮,编修(周)述、(周)孟简,庶吉士(杨)相等共二十八人,以应二十八宿之数。庶吉士周忱自陈少年愿学。帝喜而俞之,增忱为二十九人。司礼监月给笔墨纸,光禄给朝暮饌,礼部月给膏烛钞,人三锭,工部择近第宅居之。帝时至馆召试"。又称:"是年所选王英、王直、段民、周忱、陈敬宗、李时勉等,名传后世者,不下十余人,其后每科所选,多寡无定员"。[18]明代另一重要藏书处——大本堂,后变制为詹事府司经局,还是特设的培养太子、亲王的地方。其所藏书,专供太子、亲王阅读,并由名儒专经讲授。《明史·职官二》卷73载:"詹事掌统府、坊、局之政事,以辅导太子。少詹事佐之。凡入侍太子,与坊、局翰林官番直进讲《尚书》、《春秋》、《资治通鉴》、《大学衍义》、《贞观政要》诸书。"

第三,利用藏书,注疏、编纂了经史子集大量图书。从《明史·艺文志》著录二百七十年各家著述的十万余卷中检索,即可窥知有相当数量的著作是利用馆阁藏书研究所得的结果。然而,其卷册最多,取用藏书最广则莫过于《永乐大典》。《明史·艺文志》卷98类书类载:"《永乐大典》二万二千九百卷。原注:永乐初,解缙等奉敕编《文献大成》既竣,帝以为未备,复敕姚广孝等重修,四历寒暑而成,更定是名。成祖制序。后以卷帙太繁,不及刊布,嘉靖中,复加缮写。"其书以韵为纲,而以古书字句排列于下,以便检寻。由于体例不一,至有举全部大书悉纳于一韵一字之中者,与前此类书割裂原文以事相类者有所区别。故元以前佚文秘典所不流传者,则靠其书的全部全篇收入,得以保存下来。《四库全书总目》说:"凡书契以来,经史子集百家之书,至于天文、地志、阴阳、医卜、僧道、技艺之言,备辑为一书,无厌浩繁云云。故此书以《洪武正韵》为纲,全如《韵府》之体。其每字之下,详列各种书体,亦用颜真卿

《韵镜源》之例。惟其书割裂庞杂,漫无条理,或以一字一句分韵,或析取一篇,以篇名分韵,或全录一书,以书名分韵,与卷首书名多不相应,殊乖编纂之体。……然元以前佚文秘典,世所不传者,转赖其全部全篇收入,得以排纂校订,复见于世"。这可以说是利用藏书,保存古今文化遗产的一种贡献,其价值之大,是不言而喻的。尽管《永乐大典》是明成祖"粉饰太平"之举,并非有意在发扬文化,但从《永乐大典》收集的内容数量看却可推知明代图书馆藏书的丰富程度;再从《永乐大典》的编纂、组织、分工、出版来看,也可知明代官府藏书的规模、管理和利用。这些在《四库全书总目》卷137子部的"永乐大典"条是叙述得很清楚的。

《永乐大典》:二万二千八百七十七卷,目录六十卷。明永乐元年七月奉敕撰,二年十一月奏进,赐名《文献大成》。总其事者,为翰林学士兼右春坊大学士解缙。与其事者,凡一百四十七人。既而以所纂尚多未备,复命太子少保姚广孝、刑部侍郎刘季篪与缙同监修,而以翰林学士王景、侍读学士王达、国子祭酒胡俨、司经局洗马杨博、儒士陈济为总裁,以翰林侍读邹辑、修撰王褒、梁潜、吴溥、李贯、杨觐、曾棨、编修朱纮、检讨王洪、蒋骥、潘畿、王偁、苏伯厚、张伯颖、典籍梁用行、庶吉士杨相、左春坊左中允尹昌隆、宗人府经历高得旸、吏部郎中叶砥、山东按察使佥事晏璧为副总裁,与其事者,凡二千一百六十九人。于永乐五年十一月奏进,改赐名曰《永乐大典》。并命复写一部,锓诸梓,以永乐七年十月竣工。后以工费浩繁而罢。定都北京以后,移贮文楼。嘉靖四十一年,选礼部儒士程道南等一百人重录正副二本,命高拱、张居正校理。至隆庆初告成,仍归原本于南京。其正本贮文渊阁,副本别贮皇史宬。明祚既倾,南京原本与皇史宬副本并毁。今贮翰林院库者,即文渊阁正本,仅残阙二千四百二十二卷。顾炎武《日知录》以为全部皆佚,盖传闻不确之说。书及目录共二万二千九百三十七卷,与原序原表并合。《明实录》作二万二千二百一十一卷,《明史·艺文志》

作二万二千九百卷,亦字画之误也。

就其被毁而仅存残本一部,在清代乾隆修《四库全书》时,也曾在其中辑录古书数百种。进一步表明,有明一代官府藏书利用之成就。

第三节　明代的私家藏书

一、明代私家藏书的状况

明代的私家藏书,是继承宋元私人藏书的传统,在当代学术文化风气的影响下,迅速发展和兴盛起来的。据叶昌炽《藏书纪事诗》和吴晗《江浙藏书家考略》等资料统计,宋代知名的私人藏书家有八十四人,元代有三十五人,到了明代猛增至四百二十七人之多。他们在发展的历史过程中,不断扩展和深化,表现出了明显的时代特征。

第一,藏书家的类型较为显著。大致可分为三类:一是明宗室诸藩藏书。其中,尤以周王朱橚、楚王朱桢、蜀王朱椿、辽王朱植、宁王朱权、赵王朱高燧、德王朱见潾、吉王朱见浚、益王朱祐槟、衡恭王朱祐楎、晋庄王朱钟铉和镇国中尉朱睦㮮等二十余家最为突出。二是官僚士大夫藏书。这类藏书家人数最多,约占整个明代藏书家的半数以上,其中著名者近百余家。三是一般学者及社会贤达藏书。这类藏书家较多,他们几乎占了整个明代私家藏书人数的三分之一。其藏书数量一般虽不及第二类藏书家,但研读甚勤,校勘、批点较精。

第二,藏书家所在地区比较集中。明代的藏书家虽然分布全国各地,但大多数都集中在江南一带。据不完全的统计,在全国四百余家中,仅浙江就有八十多家,江苏有九十余家,两省合计,近一百七十家，约占全国私家藏书人数的百分之四十。他们中许多人往往以收藏丰富，奇书秘籍和宋元善本书居多，并辟室专藏而闻名于世。

第三，私家藏书目录颇多。不少藏书家都在整理自家藏书的基础上撰有私藏书目，其中，著名的有：

明宗室朱权的《宁献王书目》

明宗室朱睦㮮的《万卷堂书目》

昆山叶盛的《绿竹堂书目》

太仓陆容的《式斋书目》

上海陆深的《江东藏书录》

乌程沈吉甫的《玩易楼藏书目》

濮州李延相的《李延相家藏书目》

江苏常熟孙楼的《博雅堂藏书目》

兰溪余介寿的《百城楼书目》

连江陈第的《世善堂书目》

吴县吴岫的《姑山吴氏书目》

长洲吴宽的《丛书堂书目》

金陵黄虞稷的《千顷堂书目》

上元罗凤的《金陵罗氏书目》

常熟毛晋的《汲古阁秘本书目》

山阴祁承㸁的《澹生堂藏书目》

上海施大经的《施氏获阁藏书目》

常熟赵用贤的《赵定宇书目》

常熟赵琦美的《脉望馆书目》

兰溪胡应麟的《二酉山房书目》

归安姚翼的《玩画斋藏书目录》

归安茅坤的《白华楼书目》

吴县顾璘的《顾璘书目》

开州晁瑮的《宝文堂书目》

闽县徐𤊹的《红雨楼书目》

松江董其昌的《玄赏斋书目》

黄岩谢铎的《朝阳阁书目》

江浦丁雄飞的《古今书目》

江阴李如一的《得月楼书目》

海宁周明辅的《香梦楼藏书目录》

海盐胡彭述的《好古堂书目》

会稽纽石溪的《世学楼小说书目》

秀水殷仲春的《医藏目录》等。

此外,涿州私人藏书家高儒,曾以六年时间,整理考索私藏,三易其稿,撰成《百川书志》二十卷。他自谓:"追思先人昔训之言曰:'读书三世,经籍难于大备,亦无大阙。'……愈励先志,锐意访求,或传之士大夫,或易诸市肆,数年之间,连床插架,不啻万卷。各以类从,少著大意"。⑲《百川书志》,以四部分类,类下列九十三门,收录图书近万卷,每书均有扼要题解,成为重要的提要目录。《百川书志》又有异于其他书目,在史部之下,收录小说、戏曲之类,说明高儒已突破书目不收小说、戏曲的陈旧规范,为古典文学研究提供了重要的线索和资料。

第四,为传布而藏书初见端倪。历来私家藏书几乎都以束之高阁,"秘不示人"为传统,或以其藏书"不出阁,不借人"为禁约,或公开宣称"楼不延客,书不借人"为信条,更有某些藏书家常以"斗奇炫博,乐于我知人不知"而保守自诩。明代后期,则有一些藏书家以其远见卓识大胆地冲破了那种保守封闭的藏书传统,主张"传布为藏",力行藏书当为"天下人共享"。"得月楼"的主人李如一(1556-1630)就曾积极呼吁:"天下好书,当天下人共之",并躬行实践。凡人借其藏,"未尝不倒庋相付也。"近代藏书史学家叶昌炽赞扬说:"东原赤岸李如一,意气性情殊不群。觅得异书

193

频下拜,刊编献翰尽归君"。㉓热情洋溢地颂扬了李氏为传播而藏书的精神。福建闽县的大藏书家徐𤊹(1570－1645),一生穷搜苦访,收藏珍善本图书五万三千余卷,置"红雨楼"庋贮。他认为,图书是记述前人经验和研究的成果,是向后人传播知识的东西,因而收藏图书就是为了让更多的人读到书,学到知识。于是他提出了"传布为藏"的主张,并付诸实践。对其借书者,无不有求必应,且先设茶款待。他说:"借书于人,于人有益,于己更有三益,何乐而不为。"㉔特别是明清之际的著名藏书家曹溶(1613－1685),竟以传播古书为职志,于崇祯年间,撰写了《流通古书约》一文,抨击私家藏书的积弊,倡言流通古书善本,开拓了私家藏书的一个新境界,对学术界震动很大。

二、私家藏书的巨擘——范氏"天一阁"

明代私家藏书的巨擘要数范钦的"天一阁"。阮葵生《茶余客话》说:"范钦号东明,喜购旧本,两浙藏书以天一阁为第一。"天一阁的主人范钦(1506－1585),字尧卿,一字安卿,号东明,鄞县(今浙江宁波)人。明嘉靖十一年(1532)进士,历知随州、袁州,后迁按察副使、副都御史,巡抚南赣,累官兵部右侍郎。后解甲归居故里,与张时彻、屠大山合称为"东海三司马"。

范钦一生喜好藏书,常采用购买、抄录等方法,搜求海内异本,列为四部。尤其喜爱收集说经诸书及前人没有传世诗文集,共有七万余卷。这些藏书,本于同乡丰道生"万卷楼"之储。起初,范氏从丰氏处抄录,其后丰氏衰败,范氏便买下了万卷楼余下的全部图书,奠定了天一阁藏书的基础。稍后,他又从另一位藏书家王世贞处抄录了许多宋元善本图书,充实其藏。再加之他平时不断地广泛购抄善本秘籍,并注意鉴别,"手自题笺,精细详审",终于聚藏了大量质高量多的图书。为防止火灾,保藏好所聚的图书,范钦取《易经》中"天一生水","地六成之"之说,别具匠心地构筑了一

194

座藏书楼"天一阁"。此阁建筑在宁波月湖之西，范宅之东，十分宏丽考究。阁外周围，林木阴翳，阁前凿有池水一区，名叫"天一池"；阁后有石林衬托，左右幽深，宽间静秘。阁内分上下两层，上层喻为天，下层喻为地。上层六间为一厅，以书橱间隔，高低深广尺寸都含六数，合"天一生水"之意；下层又分六间，以应"地六成之"之说。整个楼阁美观适用，设计颇为科学，既能避水火之灾，又能防潮绝湿，还能通风透气，免除图书霉烂虫蛀。因其建筑相当科学，故后来清乾隆皇帝为珍藏《四库全书》，诏建"七阁"时，曾派大臣寅著前往实地考察，绘制图样，先后仿造了七阁。于是，天一阁之名，更加传誉不朽。

天一阁之所以久负盛名，最根本的原因有两条：一是收藏的版本珍贵、完备、丰富。清代学者姚元之曾撰联赞颂说："人间庋阁足千古，天下藏书只一家"。二是范氏视藏"如护目睛"，严加保管，使之长期聚而不散。早在范钦之时，就立法极严，对其所藏之书，不借人，不出阁；子孙有志者，就阁读之，以杜散佚；不许夜间登阁，不准嗜用烟草，以免火灾。范钦死后，封闭更严，继乃子孙商定出天一阁藏书禁约："凡阁橱锁钥，分房掌之。禁以书下阁梯，非各房子孙齐至，不开锁。子孙无故开门入阁者，罚不与借三次。私领亲友入阁及擅开橱者，罚不与借一年。擅将书借出者，罚不与借三年。因而典鬻者，永摈逐不与借"。[22]因此，使天一阁藏书避免了人为损失，而得以较好地保存下来。到了一百五十年后的康熙十二年(1673)，范钦后裔范仲友引学者黄宗羲登阁"悉发其藏，取其流通未广者，抄为书目"，才打破禁戒。自此以后，登阁阅读、抄录者逐渐增多。于是，藏书开始有所散佚。特别是乾隆修《四库全书》时，竟从天一阁抽走一批图书，使完整之藏有了明显的残损。清嘉庆八九年间(1803－1804)，督学阮元至宁波，见其阁藏虽有残损，但依然甚丰，乃"命范氏后人登楼分橱编之成目录十一卷。"并为之作了《宁波范氏天一阁书目序》。其序云："海内藏书之家

195

最久者,今惟宁波范氏天一阁岿然独存。……观察刻目录既成,即以板畀其后人庋阁下,甚盛举也。余更有望者,此阁所藏五万三千余卷,皆明天启以前旧本,若明末暨国朝之书,概缺焉"。㉓即是说,这时存书比盛时之藏减少了二万余卷了。嘉庆以后,天一阁屡被盗窃,藏书则散失更多。光绪年间,钱恂为之编目,检其所藏,与嘉庆所编书目相较,又大多散失了。至新中国成立时,仅存图书一万三千余卷。尽管如此,考其遗存,仍不失为拥有明版及宋元旧书之最多者。其中,尤以明代方志及登科录最为珍贵。现在,天一阁已列为全国重点文物保护单位,其藏书正不断得到补充。

三、祁承㸁的澹生堂及其藏书理论

祁承㸁(1562-1628),字尔光,号夷度,又号旷翁,晚号密士老人,山阴(今浙江绍兴市)人。明万历进士,官至江西布政使司右参政。明代著名的藏书家。其藏书楼,先名"载羽堂",后为"澹生堂"。

祁承㸁出身官宦书香门第,先世世代聚书,至承㸁时,更穷搜博采。他曾不惜把夫人的嫁妆拿去换取书籍,又"手录古今四部,卷以千计,十指为裂"。自言:"十余年来,馆阁之所得,饘粥之所余,无不归之于书者,合之先世,颇逾万卷",庋贮于"载羽堂"。这些书不幸于万历二十五年(1597),因遭火灾而被毁。但祁氏的藏书之志并未因此而熄灭,而是重振藏书事业,不惜耗费重资在家乡绍兴梅里建造了一所藏书楼,号"澹生堂",并建造了"东书堂",作为他阅读、整理藏书的地方。

为了收藏更多更好的图书,他刻意访购和抄录。在采集地区上,扩大范围。不仅在杭州遍访书肆和藏书家之书,而且到北方各地广为搜求。在采集内容上注意特色,不以宋椠元版为贵,而以地方文献和俗文学为主。在版本类型与质地上,不以一般刻本为重,而是以抄本、校本及精勘善本为先。最后,终于重新积藏了颇具特色的图书十余万卷。经过认真的校雠整理，庋于"澹生堂"。他曾写了一首诗来描述自己的藏书事业："澹生堂中储经籍，主人手校无朝夕。读之欣然忘饮食，典衣市书恒不给。后人但念阿翁癖，子孙益之永弗失。"并把这首诗篆刻成一枚印章，留给子孙，希望后辈了解他的爱书之心，继承他的藏书事业。

为了管理保存好藏书，并有所发展，祁承㸁与子孙订立了规约。声称："及吾之身，则月益之；及尔辈之身，则岁益之。子孙能读者，则以一人尽居之；不能读者，则以众人递守之。入架者不复出，蛀啮者必速补。子孙取读者就堂检阅，阅毕入架，不得入私室；亲友借观者，有副本则以应，无副本则以辞；正本不得出密园（即绍兴梅里庄园，澹生堂在其中）外。书目视所益多寡，大较近以五年，远以十年编次。勿分析，勿复瓶，勿归商贾手"。[24]据此，可知祁氏予所藏书事的用心，不无良苦。

祁承㸁死后，其子祁彪佳承其父志，恪守其藏，并增益数万卷。新辟了"远山堂"庋藏。其孙祁理孙亦续接其业，又有增加，再建了"奕庆楼"藏书。由因如此，故世人称之为"浙东祁氏藏书世家"。但不久，发生了明末战乱，澹生堂藏书转移云门山化鹿寺。从此，澹生堂的藏书逐渐散佚殆尽。其藏书虽然散佚，但祁承㸁编撰的《澹生堂书目》犹存。考其书目，共分四部，四十类，二百三十五个小类，著录图书九千余种，计十万余卷，由此亦可想见其昔日藏书之盛况。而目录流传的本身，也是一份重要的文化遗产。

祁承㸁一生致力于藏书事业，不仅惨淡经营自家藏书，而且在藏书理论上作出了贡献。他根据自家和他人收藏图书的经验，参阅前人著述，撰写了有名的《澹生堂藏书训约》，从理论上全面论述了藏书问题。"训约"由《聚书训》、《藏书训略》和《读书训》三部分组成，分别对图书采访鉴别，分编典藏及如何阅读等问题作了深刻论述。他提出了"眼界欲宽，精神欲注，而心思欲巧"的采集思想；"审轻重，辨真伪，核名实，权缓急"的鉴别书籍原则；"区别品流"，"博询大方，参考同异"的分编标准；"因"、"益"、"通"、"互"的四字分类方法。他所谓的"因"，就是因袭四部分类法，摒弃七分、九分等分类法："益"，就是在四部中适当进加细目，以入四部法中不能归入的图书；"通"，即把丛书中的不同类著析出，归于四部之不同类中，以一书而通四部；"互"，是指把内容涉及诸类的图书，互见于各类之中。这四点除"因"是讲选定分类法的问题外，其余三点至今仍有参考价值。他还著有《牧津》、《澹生堂日记》两书，也反映了祁氏藏书的经验和理论，都值得我们研究和继承。

四、毛晋的藏书与出版

"汲古阁"的主人毛晋，是明末清初的著名藏书家和出版家。毛晋（1599－1659），原名凤苞，字子九，晚年改名晋，改字子晋，江苏常熟人，乡村地主、知识分子，世居虞山东湖。他一生同图书结下了不解之缘。"通明好古，强记博览"，"深知学问之指要"，性嗜抄书、编书，二十岁就编辑了《苏子瞻外纪》一书。二十四、五岁后，就开始收藏和刻印图书，终成大家。

毛晋收藏图书的主要途径有两个：一是用钱购买，二是大量抄录。他以其大量土地的收入作为收藏图书的经济保证，刻意收罗宋元名刻秘钞。据说，他曾张贴告示于家门，说："有以宋椠本至者，门内主人计叶酬钱，每叶出二百；有以旧钞本至者，每叶出四十；有以时下善本至者，别家出一千，主人出一千二百。"由于采用优惠价格收购图书，所以，远近书商都纷纷运书到毛氏门上售卖，以至"湖州书舶，云集于迎春门外七星桥毛氏之门。"当时邑中流传着这样的谚语："三百六十行生意，不如鬻书于毛氏。"因此，毛晋收集了许多宋、元版本和难得的旧钞本图书。

与此同时，对于用钱买不到的善本，毛晋则采用寻访借抄的办法。不仅他用力钞录罕见秘籍，而且雇佣了许多书手为之抄书，甚

198

至达到"入门僮仆尽抄书"的地步。其所抄本多用影写之法,与原本形神酷似。抄书用纸印墨格或不印格,整齐统一。版心刻"汲古阁"三字,栏外刻"毛氏正本、汲古阁藏"八字。由于毛氏抄书多而且精,故世称"毛抄"。黄丕烈士礼居刻的《汲古阁秘本书目》中,就收录毛氏钞本117种。其所传世尚见的毛抄本中,以中国科学院文学研究所收藏之宋叶梦得《石林奏议》一书最为精善。

毛氏通过购买与抄录的办法,前后集聚图书达八万四千卷之多。他特意建筑"汲古阁"、"绿君亭"和"目耕楼",分别予以庋藏。

毛氏藏书最突出的特点在于:允许别人借阅抄写和开坊刻印,以广流传。他的藏书,公开借人阅抄。有一首歌词描写他说:"君获奇书好示人,鸡林巨贾争摹印。"所以当时在毛晋处借书阅抄者"轴鹿衔及二十里",可见其借书人之多。这在当时私家藏书只事自己藏用,秘不示人来说,是非常难能可贵的。毛晋刻印书籍的成就更为卓著。他以其藏书楼"汲古阁"作为刻书的书坊字号,以其藏书作为刊刻的底本,雇用数十名工匠,并出高薪聘请了一些名士,校勘书稿和书写板样,进行刊印。开初,毛晋坚持每年刻印一经一史,后来每年刻印的范围逐步扩大,刻印的数量逐渐增多,不局限于已藏善本秘籍,而是与江苏、浙江、福建各地的藏书家建立了密切的关系,交流书稿来源。他在《癸申杂志·跋》里记述自己同闵元衡互通有无、解析疑难的交往时说:"苦坊本舛谬,喜闵康侯缄正本见示,亟梓以公同好"。"鳞羽往来,补亡析疑。"他曾校刻了《十三经》、《十七史》、《津逮秘书》、《六十种曲》等,为历代私人藏书家刻书最多者。他刻印的书籍不但数量多,而且质量高。校勘、监刻工作十分认真。凡汲古阁刻成的书版,都经过几次校正剜改完善后,才进行印行。对原书中的疑误,没有确凿证据,他都不轻易删改,以免出现错误。印书用纸质地较好,是从千里之外的江西纸乡专门定做的毛边、毛太纸。《常昭合志稿》说:汲古阁"所

199

用纸,岁从江西特造之。厚者曰'毛边',薄者曰'毛太'。至今犹存,其名不绝。"印制成的图书装潢亦甚为考究,精良美观,是难得的艺术品。

由于毛氏刻本质量好,流传很广,故当时有"天下购善本书者,必望走隐湖毛氏"之说。清代学者朱彝尊在《严孺人墓志铭》中也说毛晋"力搜秘册,经史而外,百家九流,下至传奇小说,广为镂版,由是毛氏锓本走天下"。至今,除各图书馆里珍藏有毛氏刻本外,社会上也还收藏流传有毛氏的刻本,表明毛氏汲古阁为图书馆事业所作出的贡献和影响是不小的。

第四节　明代书院的起伏与刻书、藏书

一、明代书院的起伏

书院发展到明代而逐渐衰落,时起时伏。一方面由于国学的发展,网罗人才,许多散处于书院的士子,皆聚之于两雍。另一方面,自明初"太祖因元之旧,洪武元年立洙泗、尼山二书院,各设山长一人"㉕起,至武宗正德年间,全国先后恢复和建立了很多书院。据有关史料统计,这时全国有书院一千二百余所。但自明世宗嘉靖以后,历世统治者出于其政治目的,或因某种政治原因,则曾屡次禁毁书院。如嘉靖十七年(1538),明世宗听从吏部尚书许赞奏请下令禁毁书院;神宗万历年间,张居正当国,为箝制思想,巩固朝政,一再明令各地禁设、废除书院;特别是明末,宦官专权,因书院讲学抨击阉党及朝政,于是宦官"魏忠贤矫旨毁天下书院"。㉖及至魏阉党败,学者们才重新恢复书院,开展讲学活动。

在明代的诸多书院中,其著名者,多与王阳明、湛若水等的讲学开派有极大关系。王阳明讲学于龙岗、贵阳、濂溪、稽山、敷文等

书院,而开阳明学派,这些书院也因之而著称于世。与阳明同时讲学著称的湛若水,受业于陈献章,自立门户,别开甘泉学派。他在历官南京国子监祭酒和吏、礼、兵部尚书时,创建并讲学其间的如白沙等书院,亦无不有名。明末,尤以京师的首善书院、江南的东林书院,在政治上的影响甚大。《燕都游览志》说:"首善书院在宣武门内左方。天启初,都御史邹元标、副都御史冯从吾为都人士讲学之所。大学士叶向高撰碑志,礼部尚书董其昌书。"书院盛极一时。后党祸起,魏忠贤借旨捶碑毁院,"嗣即其地开局修历"。至于东林书院则是明末学者反对宦官专权,抨击朝政的舆论中心。孙登泽《春明梦余录》说:"东林,无锡书院名也。宋儒杨时建,后废为僧寺。万历中(32年)。吏部考功郎顾宪成罢归,即其地建龟山祠,同志者为构精舍居焉,乃与行人高攀龙等开讲其中。及攀龙起为总宪,疏发御史崔呈秀之脏,呈秀遂父事魏忠贤,日嗾忠贤曰:'东林欲杀我父子'。既而杨涟、左光斗交章劾忠贤,益信呈秀之言不虚也"。于是高攀龙等被诬为东林党,遭宦官魏忠贤的迫害,酿成党祸,书院被毁。然而,当阉党失败后,学者们又复立书院讲学,代之而起并名噪一时的,当为刘宗周主建的证人书院。这些书院有个明显的特点是注重藏书,研讨学问并把知识扩展和作用于社会。

二、明代书院的藏书与刻书

明代书院藏书,沿袭宋元传统,无大的变革。如白鹿书院,自宋迄明,数百年讲学不衰,在有明一代书院中可谓历史之最长久者。然考其院中之藏书,就《白鹿书院志》卷九所载,大致都为世代传存,直至清代,尚存近百种。就明代书院书籍的来源来考查,多为私人的捐置。如江西吉水县仁山书院,"明洪武初,邑人刘惠庭建,聚古今图书,以待来学者"。[22]但也有一些书院藏书,可能为书院所自置。如《雍正陕西通志》卷二十载:陕西西安府正学书院,明弘治中,提学王云凤建楼广收书籍,以资诸生诵览。既反映了书院藏书的来源,又揭示出书院藏书的目的,在于提供诸生阅读。

与书院藏书相表里,是书院的刻书。明代书院刻书亦承宋元传统,所刻之书几乎遍及经史子集各类书籍。其中较著名的有江宁尊经书院,刻印了一批经史书籍,并在其藏书处——尊经阁珍藏书板。《嘉庆江宁府志》卷十六称:尊经书院"明代贮《国学经济》及《二十一史》板。国朝嘉庆十年(1805),尊经阁毁,《二十一史》板及三段碑、落星石,皆归于烬"。至于晋藩养德书院刻《文选》,东山书院刻《文选补遗》,鳌峰书院刻《侯鲭录》,瀛山书院刻《金粟斋先生文集》,云丘书院刻《双江聂先生文集》,义阳书院刻《何大复先生集》,正谊书院刻《铁崖先生文集》,大梁书院刻《于肃愍公集》和白鹿书院刻《史记》等等,与尊经书院如出一辙。这些刻书,无疑丰富了书院之藏书,亦有助于满足社会用书之需求,真可谓一举多得。

第五节　明代《大藏经》、《道藏经》的刊印与佛寺道观的庋藏

一、明代政府对佛、道二教的管理

明代政府对佛教、道教都很重视,专门设置机构,确立职官进行管理。据史料记载,洪武元年(1368),在政府中设立了"善世"和"玄教"二院。五年(1372),颁给全国僧、道度牒。十一年(1378),于郊祀坛西建筑了神乐观,设提点、知观官员。十五年(1382),正式设置了僧录司和道录司,掌管全国佛道。其"僧录司:左、右善世二人(正六品),左、右阐教二人(从六品),左右讲经二人(正八品),左、右觉义二人(从八品)。道录司:左、右正一二

人（正六品），左、右演法二人（从六品），左、右至灵二人（正八品），左、右玄义二人（从八品）。神乐观提点一人（正六品），知观一人（从八品，嘉靖中革除）。龙虎山正一真人一人（正二品，洪武元年张正常入朝封为真人后，即为世袭），法官、赞教、掌书各二人。阁皂山、三茅山各灵官一人（正八品），太和山提点一人"。[23]与此同时，又把佛教分为禅、讲、教三等。所谓禅，即指禅宗；所谓讲，是指禅宗以外的其他宗派；所谓教，则是指专门给人念经的"经谶僧"。又把道教分为全真、正一两类。所谓全真，就是指金世宗时王重阳创立的全真派，认为"识心见性"即为全真；所谓正一，就是指元以后与全真派并列的正一派，为道教符箓各派的总称。除中央设的僧、道录二司外，地方的各府、州、县也相应地设立有僧纲、道纪等司，分掌其事，"俱选精通经典、戒行端洁者为之"。并规定："凡各府州县寺观，但存宽大者一所，并居之。凡僧道，府不得过四十人，州三十人，县二十人。……二十八年，令天下僧道赴京考试给牒，不通经典者黜之。其后，释氏有法王、佛子、大国师等封号，道士有大真人、高士等封号。赐银印蟒玉，加太常卿、礼部尚书及宫保衔，至有封伯爵者，皆一时宠幸"，[29]使之更好地为其封建统治服务。

二、官私多次刻印《大藏经》，广储寺院与民间

　　明代佛教，较之历代，当以刻经最多为其特色。考佛藏既有官刻的南北藏及石藏，又有寺院刊印的武林、径山二藏。分别来说，主要有如下几种：

　　（一）《洪武南藏》，又名《初刻南藏》。该藏自洪武五年至三十一年（1372－1398），奉明太祖命于南京雕印，收佛典一千六百余部，七千多卷。

　　（二）《永乐南藏》，习称《南藏》。从永乐十年至十五年（1412－1417），奉明成祖之命于南京刻印。它是在《洪武南藏》本的基

203

础上,略有删节改动的再刻本,共收佛典一千六百二十五部,计六千三百三十一卷。

（三）《永乐北藏》,通称《北藏》。该藏亦为明成祖敕修,从永乐十九年至明英宗正统五年(1421－1440),于北京刻印竣工,共收佛典一千六百五十七部,计六千三百六十一卷。之后,在明神宗万历十二年(1584),又续刻四十一卷,予以补入。

以上三藏刊印后,除秘阁收藏外,明政府都曾先后颁赐给一些名山大刹庋藏,以供僧人讲习。如:明太祖下诏"天下沙门讲习《心经》、《金刚经》、《楞伽经》三经,命宗泐、如玘等注释颁行"。[30]而明成祖所撰《神僧传序》还指出:"三藏之文,宏博浩翰,未能周遍,是以世多不能尽知,而亦莫穷其神也。故间翻阅,采辑其传,总为九卷。使观者不必用力于搜求,一览而尽得之,如入宝藏而众美备举。遂用刻梓以传,昭著其迹于天地间,使人皆知神僧之所以为神者有可征矣"。[31]意思是说,僧人的事迹,散见于浩瀚的佛典,为便于检阅,使读者尽知而穷其玄妙,乃特撰《神僧传》,并刻印以传。此传皆收入南北二藏中。其后,明神宗还声称:"朕惟佛氏之教,具在经典,用以化导善类,觉悟群迷,于护国佑民,不为无助",而特意将明刻《北藏》637函,颁发给云南鸡足山华严寺。

此外,明政府为使《大藏经》永存,相传在永乐年间,镌刻了石藏一副。据幻轮《续释氏稽古略》记载:永乐十八年,"旨石刻一藏,安置大石洞。圣旨:向后木的坏了,有石的正"。[32]

（四）《武林藏》。这是继官刻南北藏之后的寺院刻本。相传约于明世宗嘉靖年间,为浙江杭州昭庆寺刊刻。常磐大定《大藏经雕印考》称:"南北二藏刊刻之后,浙之武林,仰承德风,更造方册,历岁既久,其刻遂湮。……《缘山目录》称法珍尼为欲刻宏通简便的方册本,决意自断其臂,激发四方。由是海内感动,或破产鬻子以应之。至三十余年始告成功,此则方册之创制也。"所谓方册之创制,是指经本的形式,变革,旧刻藏经皆为梵夹本,而《武林

《藏》则变改为方册本,故方册本为创制。

（五）《径山藏》,亦称《嘉兴藏》,又叫《楞严寺版》、《明本》、《万历藏》,一般称为《方册藏》。该藏从明万历十七年到清康熙十六年(1589－1677),由僧人真可、德清、密藏、幻余等主持,先在山西五台山寺院,后移至浙江余杭径山佛寺雕版,最后把经版集中在浙江嘉兴楞严寺印刷、发售。分"正藏"二百一十函,"续藏"九十五函;康熙十六年后补刻"又续藏"四十七函。全藏共三百五十二函,计收佛典二千一百四十一部,一万二千六百卷。据此,《径山藏》的刊行,明显地具有两个特征:一是多寺、多僧经过多年努力的结晶,进而表明明代寺院庋藏佛典的丰富;二是旨在流通,改梵夹装为方册本,于嘉兴楞严寺印刷发行,无论僧俗之人,都可按价购买,以普及于天下,这比之从前刻藏经以藏名山大刹而崇拜,是根本目的性上的转变和进步。故《大藏经雕印考》结论说:"宋、元诸藏,与明本所异者,实在根本目的。宋、元之刻藏,以藏经为法宝,欲藏之于名山大刹而崇拜之,明本则以普及于天下为事"。这话是颇为确当的。事实上,明末许多学者精通内典,即是受佛藏流通影响的缘故。此外,万历(1573－1620)以后,南京的报恩寺还刻印了《报恩寺版大藏经》和明僧蕴空据寺院庋藏佛典所作的《汇目义门》及明清之际北天目僧智旭创撰的《阅藏知津》佛藏目录。特别是《阅藏知津》的创撰,使寺院藏经事业在目录学上向前迈进了一步。姚名达在《中国目录学史》中说:"综其所见,有善于以前诸录者五端:1.别立杂藏,使杂著得有所归。此例虽仿自法上录,然中间各录皆所未有;2.变更部次,以《华严》为首;3.分出《密部》,使《显(咒)》、《密(咒)》不致混淆;4.合单本重本于一处,使一经不分散数处;5.以符号判别书之优劣缓急,使读者得依照选读"。现列其分类的系统,则可如下表:

```
                              ┌华严部
                              │         ┌显咒
                    ┌大乘经   │方等部{
                    │         │         └密咒{┌经
                    │         │                └仪轨
一、经藏{           │         │般若部法华部
                    │         └涅槃部
                    └小乘经
二、律藏{大乘律
        小乘律
                              ┌释经论{西土
                              │       此土
                    ┌大乘论  │宗经论{西土
三、论藏{           │       │       此土
                    │       └诸经论{西土
                    │               此土
                    └小乘论
四、杂藏{四土撰述
        此方撰述
```

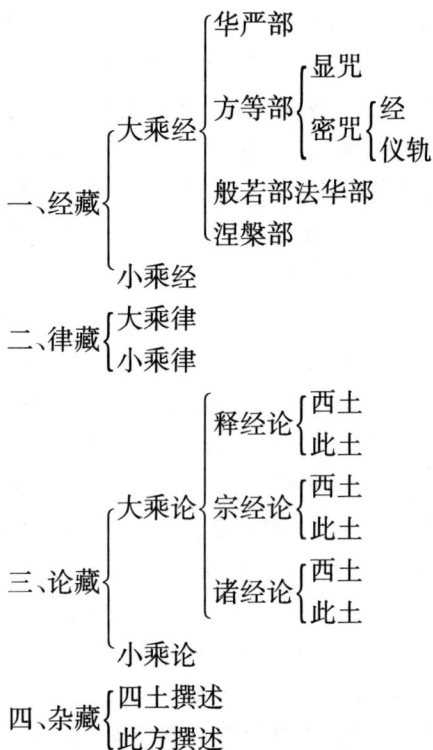

忏仪、净土、台宗、禅宗、圣首宗、慈恩宗、密宗、律宗、纂集、传记、护教、音义、目录、序赞、诗歌、应收入藏、此土撰述。

三、明代道藏的刊印与宫观的庋藏

（一）明代政府先后纂校刊印了《正统道藏》和《万历续道藏》两部。明永乐四年（1406），成祖敕江西紫霄观真人、第四十三代天师张宇初纂校道藏，将锓梓以传。宇初乃招道士往北京辑校，而功未就绪即卒于永乐八年（1410）。继其事者屡易其人，如道士张宇清、涂省躬、喻道纯、汤希文等，及至英宗正统九年（1444），乃诏通妙真人邵以正督校刊板，次年即全部竣事，收书一千四百余种，

凡五千三百零五卷，分装四百八十函。按照三洞、四辅、十二类分类，采用《千字文》编号，自"天"字至"英"字为函次，系梵夹本，世称《正统道藏》。

由于《正统道藏》所收书籍尚不太完备，至明神宗万历三十五年（1607），又敕第五十代天师张国祥校补增梓，于是年刊成《万历续道藏》。收书五十余种，共一百八十卷（一说为二百三十余卷），编号自"杜"字至"缨"字，凡三十二函。至此，正续道藏合计，收书近一千五百种，五千四百八十五卷，十二万一千五百八十九叶，编号分装为五百一十二函。其所刊经板，虽刊于内府，但为便利管理使用，则庋于北京外城道观——灵佑宫。传至清代，移庋于北京西安门大街道观大光明殿中。由于管理不善，日有损缺。迨至光绪庚子八国联军侵入北京，存板则尽被焚毁。

自正续道藏刊就后，明清两代，都曾印施全国各处宫观庋藏，成为宫观藏书的主要内容。但因时代变更，社会动荡，以屡经兵燹而存者寥寥可数，于是《道藏》遂成为秘笈。1923 年迄 1926 年，上海商务印书馆借用北京白云观所庋明刊《正统道藏》、《万历续道藏》，以涵芬楼的名义影印了三百五十部，每部均缩改为方册本，凡一千四百七十六种，一千一百二十册。同时，该馆又从复本全书中择选一百七十六种，别印为《道藏举要》三百九十八册。自是而后，人们始得读明刊道藏，成为研究古代思想史、科技史及文化史的珍贵文献。

（二）明代道教宫观承前代的传统，多建有经阁，庋有《道藏》。究其来源，又多为明政府所刊印颁赐的正续《道藏》，或《政和道藏》及元刊道藏的遗存。现据文献记载而可考者，分别列述如下：

1. 北京白云观。庋有正统十二年（1447）八月初十日，颁赐的《正统道藏》一部。该观于次年刻立的许彬碑，说："计五千三百五卷，通四百八十函"。白云观还藏有《万历续道藏》一部及未收《道藏经目录》四卷，附《续道藏经目录》和《道藏目录详注》四卷。其正续道藏延存至民国,后为涵芬楼影印。

2. 顺天府通州元灵观。观在州新城西门内。《光绪通州志》称:"明永乐间,赐额赐敕一道,经一藏"。此藏当非正续道藏,而应是宋或元刊藏经。

3. 保定府唐县清虚宫。《光绪唐县志》称:"清虚宫,在县西北葛山中岩,分上下清虚,有道藏阁,万历二十四年(1596)建"。有道藏阁,当有《道藏经》。

4. 定州曲阳县总元观。《康熙曲阳县新志》称:"总元观城内岳庙东,昭德门外,宋时建。内贮有《道藏》"。

5. 直隶宣化延庆州道观。《乾隆延庆州志》称:"在州城西北乐善街。明万历二十三年(1595),太监罗本赍捧《道藏》至州。道人周云清立道场讲《道德经》。因建阁贮藏"。

6. 山东青岛劳山太清宫。李森葆主编《青岛指南》说:劳山太清宫"藏明版道经五千零四十八卷,缺七十卷。"其实《正统道藏》共5,305册,此外尚有《万续道藏》,故此藏所缺不止七十册。

7. 山东兖州邹县峄山白云宫。藏有《道藏经》。《峄山丛录》说,此山有万历三十一年(1603)四月《颁大藏经敕谕》石刻二一在山顶白云宫,一在山阳弥陀庵左。故白云宫所藏道藏是为万历时颁赐的。

8. 山东登州宁海昆嵛山神清观。据《同治宁海州志》载:万历三十九年(1611),颁昆嵛山《道藏经》敕,故庋有道藏经。

9. 山西太原阳曲县玄通观。《乾隆太原府志》称:"玄通观在城东南铁匠巷。"明正统"十二年(1447)敕颁道经一藏,凡四百八十函"。但1947年1月14日上海《大公报图书副刊》却说山西太原崇善寺藏明《正统藏》,极完整。1940年春为当时山西省长苏体仁运出,现况不详。考《太原府志》则未载崇善寺赐有《道藏》。因此,作为明宫观藏道经仍应以玄通观为确当,其崇善寺之有藏则可能是他处的转移。

10. 浑源州恒山九天宫。乾隆《恒山志》说,"万历二十七年(1599),遣内监白忠赍道大藏经置恒山。敕卷藏九天宫"。明末散失四十八函。清乾隆十一年(1746),该宫道士刘一云往京师白云观募工抄补齐全,计五百零一十二函,并制目录,用木柜庋藏于古岳庙之东西石窟中。

11. 泽州府阳城县紫微宫。《雍正泽州府志》谓:"紫微宫,在王屋山阳台宫东北。明李濂记曰:'通明殿祀昊天上帝,殿内环列朱龛,贮明御赐《道藏经》。'"

12. 蒲州府永济县通元观。《乾隆蒲州府志》称:"通元观在县南六十里九峰山下,有明万历二十七年赐道书经藏一部,并明神宗皇帝赐敕一道,今并存"。1940年,日本侵略军横行,将通元观焚毁,所庋道藏亦被化为灰烬。

13. 河南省河南府登封县嵩山中岳庙。明万历傅梅《嵩书》卷三云"中岳庙在太室东南黄盖峰之下,去(登封)县八里。""黄箓殿在岳庙之后,今贮钦降《道藏经》函至于此"。清康熙间景日珍《说嵩》卷四说:"明万历间敕降《道藏经》函贮于内。鼎革兵燹,无存焉。"

14. 河南省陕州灵宝县太初宫。藏有《道藏经》。据光绪《陕州直隶州志》说:"明太初观护经敕碑,万历二十八年立,在道圣宫"。既有敕碑记载,当有道藏经藏。

15. 陕西省西安府周至县楼观。明万历年间,该观道士姬东坡善鼓琴,讲《南华经》,多有自误,作诗时出奇句。明神宗为嘉奖其恬寂乃赐以道经二藏,龙旗御信幢幡十六,及瑞莲图,并劳以玺书。有《雍正陕西通志》详记其事可考。

16. 同州府华阴县华山太虚庵。藏有明神宗施赐《道藏》四百八十函。至万历十八年(1590),乃建藏经阁庋贮。清乾隆间姚远翻《华岳志》卷三详记其事。

17. 同州府华阴县华山万寿阁。万历二十七年(1599),"神宗颁赐《道藏经》，共五千三百六十余卷,续二百余卷"。该县道士席演魁乃主持建万寿阁予以庋藏。"比乃散失,至百二十余卷。予以弥岁之力,倩人(据太虚庵道藏)写补,始成完书。别为目录一卷,并庋诸阁中"。[33]

18. 江苏省江宁府城冶城山朝天宫。《金陵玄观志》卷一谓明成化十二年(1476),颁道经一藏。又成化十五年(1479)商辂《奉敕重建朝天宫碑》说是时有经阁二。故朝天宫庋有道藏经。

19. 江宁府城狮子山卢龙观。《金陵玄观志》卷三说正统十二年(1447),颁道经一藏。解放前狮子山为要塞区,观无道士,道藏亦亡。

20. 江宁府上元县长寿山朝真观。《金陵玄观志》卷七说正统十二年(1447),颁道经一藏。后亡。

21. 上元县方山洞玄观。《金陵玄观志》卷八说正统十二年(一作成化十二年),颁道经一藏。后亡。

22. 上元县玄真观。《金陵玄观志》卷十三说,庋有正统八年(1443)赐观额并道藏,不久即废。

23. 上元县黄鹿观。《金陵玄观志》卷十三说观内有轮藏殿。当有轮藏及道藏经。

24. 江宁府溧阳县太虚观。藏有"明万历间赐道藏"(《嘉庆溧阳县志》)。

25. 溧阳县泰清观。《嘉庆溧阳县志》称:"明正统初,邑人戴庆祖请道藏贮焉。后移城隍庙东。"

26. 江宁府句容县青元观。《光绪续句容县志》称:"青元观,在县治西南隅。原系葛仙翁故宅,丹井犹存。正统十二年敕赐道经一藏。成化癸卯(1483)殿廊被毁,仅存其敕并藏"。

27. 句容、金坛县间茅山元符宫与乾元观各藏有一部《道藏》,明江永年《茅山志后编》:"正统十二年八有颁赐道经一藏于元符宫(俗称中宫或印宫),即建藏殿贮之。今毁回禄"。杨世沅辑《句容金石记》卷十"王锡爵《乾元观记》":"万历己亥(1599),神庙以圣母所印《道藏》四百八十函赐乾元殿,因建藏经殿"。

28.苏州府城玄妙观。顾况《玄妙观志》:"正统三年(1438),巡抚周公忱,知府况公钟捐资,委道纪郭贵谦募建弥罗阁,请赐道藏经"。"万历三十年(1602)阁圮"。未详道藏是否被毁。但又谓,清乾隆十五年(1750),"上闻,赐道经一藏,建藏经阁",则知清乾隆时,该观尚存道藏。后毁于咸同间。

29.苏州府嘉定县集仙宫。《光绪嘉定县志》:"明正统间道士陆宗润修,赐道经一藏"。

30.扬州府仪征县玄妙观。《嘉庆扬州府志》:"观有《道藏》及吕真人祠堂"。

31.浙江省杭州储三茅宁寿观。庋有正续道藏。《光绪杭州府志》称:"三茅宁寿观,在七宝山东麓"。"嘉靖间赐《道藏》",即《正统道藏》。"万历间赐《道藏经》一部。明季渐圮"。

32.安徽省太平府当涂县希夷观。《乾隆太平府志》载:"希夷观在郡城崇坊","明正统、景泰间,都纪汤庆云重修。巡抚周忱请道经一藏置观内"。

33.宁国府宣城县玄妙观。《嘉庆宁国府志》称:"玄妙观,在府治西南鳌峰山上","宣德间重修"。"正统丁卯(1447)颁《道经》,贮三清殿"。

34.江西省南昌府南昌县逍遥山万寿宫。明历间赐《道藏》一部庋藏。万历二十八年(1600)被毁。

35.江西广信府贵溪县龙虎山大上清宫。庋有正续《道藏》。《皇明恩命世录》卷六载:正统十二年(1447)八月,颁道经一藏。《龙虎山志》卷十载:万历二十七年(1599),颁《道藏经》。

36.湖北省襄阳府均州武当山玄天玉虚宫。明《太岳太和山志》卷三云:"成化二十二年(1486)九月初一日,钦降道经七千卷"于武当山。但未记安置于何宫观。按山志所记,明代武当山宫观多处,以玄天玉虚宫规模最大,为诸宫观之中心,疑道经可能庋置于此宫中。

37. 四川省潼川府三台县佑圣观。据有关史料记载,明万历年间,该观曾两次受颁赐道藏。首次在万历二十七年(1599);二次是在万历四十四年(1616)。前者用高丽纸印,纸质厚重。后者用连史纸印,纸质单薄,板高约八九寸,宽约四五寸,每页十行,行十七字。梵夹本。后遭兵燹,大半散佚,遗存尚有《洞真部》520卷、《洞玄部》640卷,《洞神部》840卷,及《四辅部》共3200余卷。民国年间,该观被毁,道经移由四川国学院整理,现藏四川大学。

38. 福建省龙溪县玄妙观。明时庋有宋《政和道藏》五百六十四函。后散佚。清康熙中笪蟾光编《茅山志·道佚考》,略记其事可证。

注释:

①《明太祖实录》卷34。

②、③《明史·儒林传序》卷282。

④清人袁栋《书隐丛说》。

⑤谷应泰《明史记事本末》。

⑥《震泽长语》。

⑦、⑧、⑯、⑰《明史·艺文志序》卷96。

⑨《文渊阁书目题本》。

⑩《四库全书·文渊阁书目》。

⑪、⑫《万历野获编》卷1。

⑬《酌中志·内版书数》。

⑭、⑮《明史·艺文志》卷97。

⑱《明史·选举志二》卷70。

⑲《百川书志》自序。

⑳《藏书纪事诗》。

㉑《笔精·观书三益》。

㉒阮元《宁波范氏天一阁书目序》。

㉓《挐经室集》二集卷7。

㉔《澹生堂藏书约》。

㉕、㉖《续文献通考》。

㉗《光绪江西通志》卷81。

㉘、㉙《明史·职官三》卷74。

㉚《明史·虞谦传》卷150。

㉛《大正藏》卷50、94页。

㉜柳诒征《中国文化史·明之文物》第26章。

㉝清王弘《募修寿阁疏》见《道藏源流考》。

第十章　清代前期的图书馆事业

第一节　　清代前期图书馆事业的社会背景

　　清代是中国封建社会的最后一个朝代,公元 1644 年满清入关,定都北京,基本上沿袭明朝的一整套政治制度,初步建立了以满族贵族为核心的中央集权制,实行对全国的专制统治。经过顺治、康熙、雍正三世的苦心经营,至乾隆之世,清代社会进入了政治、经济、文化全面发展的兴盛时期,达到了封建王朝所能攀登的高峰。

一、社会政治、经济的稳定和发展

　　清代前期,社会政治比较稳定,经济不断向前发展,是其兴盛的显著特征。在政治稳定方面,集中表现为多民族国家的统一。清初,民族斗争和阶级斗争异常尖锐复杂,社会动荡不安。清统治者吸取汉族统治者的经验,凭借军事力量和政治手段,采取镇压与怀柔相结合的政策和措施,先后摧毁了南明小朝廷,镇压了农民起义军和广大汉族民众的反清活动,平定了"三藩之乱",收复了台湾,平息了青海、蒙古、西藏等地贵族的叛乱,避免了国家的分裂,使清朝统治的政治局面初步稳定下来,向着巩固的方向发展。这是其一。其二是清政府对少数民族地区,在其平息叛乱活动,打击和削弱叛乱势力的前提下,制定了"修其教不易其俗,齐其政不易其宜"的策略,采用因事立制,因地制宜,随俗而治的方针,积极开发边疆,整顿边疆,加强国防,巩固了统一的多民族国家的辽阔版图。其三是驱逐侵略者,有力地阻遏了殖民者的侵略野心和扩张行径。康熙二十四年(1675),沙俄侵略者武装入侵我国东北地区,清政府在当地人民的支持下,调集清军,打败了侵略者。在基本平等的基础上,于康熙二十八年(1689),清政府与沙俄政府在俄国尼布楚签订了《中俄尼布楚条约》。雍正五年(1727),清政府又与沙俄政府签订《中俄恰克图界约》十一条。至乾隆五十七年(1792),清政府与沙俄政府又复立了《恰克图市约》五条。这样,便在法律上肯定了中俄两国的东段边界,肯定了包括库页岛在内的黑龙江流域和乌苏里江流域的广大地区是中国神圣的领土,从而遏制了沙俄贪得无厌的侵略野心。除东北地区外,在西北边疆,乾隆继承康熙、雍正未竟之业,先后平定了英国侵略者支持的准噶尔部、天山南路大小和卓的分裂叛乱,打退了廓尔喀(尼泊尔)殖民军对西藏的入侵,巩固了边防疆土,维护了国家的统一,进而显示出清代前期国家抵御外侮的强大能力和政治局面的相对稳定。

政治局面相对稳定的中心问题,是清朝封建专制体制的日益严密。顺治、康熙时,在中央实行以满族贵族为主体并垄断的议政王大臣会议,处理机密的军国大事。雍正时,设立军机处,逐渐取代和废除了议政王大臣会议职权,成为军政最高权力机构,职掌军国大政,听命于皇帝,以赞机务。乾隆时,强化国家机器,采取多种专制措施,建立和健全了以满族贵族为主体,满汉地主阶级联合专政的封建政权。为使专制权力更加集中,实行各种严厉措施,确立和巩固了"威柄不移","乾纲独断"的皇权专制,消除了清统治集团内部的对立势力和离心倾向,防止了各种侵犯皇权弊端的发生和发展,使封建专制主义达到了登峰造极的地步。

在政局稳定,国家统一的局面下,社会经济也有相应的发展。康雍之时,就很注意恢复和发展生产,将部分藩王庄田改为"更名田"，土地归原种田人所有，并下令禁止圈地。又招抚流亡，开垦荒地，减轻赋税，治理黄河水患，有利于生产力的提高。乾隆即位，除继续推行前世的经济政策和措施外，更努力发展经济。一方面大兴水利，开渠建塘，奖励垦荒，使全国耕地面积由顺治末年五亿五千万亩扩大到七亿八千万亩。另一方面，大规模地蠲免赋税，实行"地厂制"，鼓励人口增殖。乾隆末年，全国人口竟超过了三亿大数，有力地促进了农业生产的发展。在农业发展的基础上，手工业生产亦随之迅速恢复和兴盛起来。纺织业、制瓷业和造纸业都蓬勃向上，具有相当规模。木材、矿冶、煮盐、制糖、制药、制茶、制烟等也都有较快速度的发展。由于商品经济的发展，伴随货币的流通，城乡贸易的繁荣，全国先后出现了一批新兴的工商业城市，形成了当时经济繁荣的中心。但它又是受封建生产关系的制约的，特别是受当时高度集中的封建专制的束缚。其根本问题在于，始终实行的是重农抑商、闭关自守政策，力图因袭保存，稳定并延续封建经济的寿命，严重地阻碍了经济的发展。但总的来说，清代前期国家统一，政治稳定，经济繁荣，生产发展却是前所未有的。这为当时封建文化和图书馆事业创造了良好的社会环境，并为之奠定了一定的物质基础。

二、文化专制政策与学术风气的转变

前期的清王朝，基于巩固其统治地位的目的，在思想文化领域，实行严密的控制，采用软硬兼施的文化专制政策。一方面厉行高压政策，大兴文字狱，残酷镇压知识分子，以扼杀民主、民族思想和反清意识。仅康熙、雍正、乾隆三朝，有明确记载的文字狱就有一百零八起之多，而且一朝胜过一朝，愈演愈烈。乾隆时，其文网之严密，手段之巧妙，狱案之多而频繁，处理之严酷与疯狂，不仅在清代是登峰造极的，而且集中国封建社会文字狱之大成。与文字狱相联系，并大肆禁毁图书。清政府曾多次发布禁书令，凡有民主和民族色彩的书籍，凡有碍其统治的文字，或触犯专制皇帝权威的图书，甚至有不尊其族其祖、其代以及宋元明代有涉"斥金"、"斥元"的字样等书籍，一概予以禁阅、禁传、禁售、禁藏，直至焚书毁版。据有关史料综合统计，只乾隆年间，就禁毁书籍三千一百多种，十五万一千多部，销毁书版八万块以上。至于民间因书禁甚严，唯恐招祸而自行焚毁之书，自当不在少数。其禁毁书籍，显然，使文化典籍遭受了巨大损失。而对当时整个社会思想文化造成了不可估量的危害，无疑又是无法用几个简单的数字来衡量计算的。这充分暴露出清统治者实行文化专制政策的残酷本性。

另一方面，清统治者在实行高压政策的同时，又利用传统儒家学术来笼络、软化和迷惑汉族知识分子。他们用开科取士，增设博学鸿词科，以罗致全国名士，削弱汉族广大知识分子的反抗情绪，加强满清统治者的力量；对一些"博学儒臣"分外器重，并给以特殊的恩荣和优厚的俸禄，使之竭心尽力为其统治服务。他们提倡程朱理学，不仅下令编写《性理精义》，重新纂辑《朱子全书》，刊行《性理大全》等书作为"钦定"学术，以束缚士人的思想，"非朱子之传义不敢言，非朱子之家礼不敢行"。而且打着"稽古右文"的旗号，行"寓禁于征"之实，大肆收集、编纂各种图书，以所谓合法的手段，对已有的不利于封建统治的图书内容进行清洗，代之以封建主义的思想、观点和内容。当然，大量图书的集积和编纂，在中国文化学术史、图书和图书馆史上都是空前的成就，也有着巨大的作用。但是，清统治者的根本目的，则是为了将知识分子的精力引向故籍，借以防止产生叛逆思想，又能消除民主和科学精神，企图统一全国的思想和言论，以巩固和维护其政治思想统治。

在当时文化专制的历史条件下，学术风气发生了急剧的变化。清初，由于明清易代之变，不少汉族知识分子从创痛的国破家亡的教训中，总结过去，进行了历史的检讨和批判。以黄宗羲、顾炎武、王夫之三先生为代表，抨击了明末以来空谈心性，论道无根的学风,主张"博学于文"、"贵在经世实效",把读书与实际结合起来,把学术研究与解决社会问题联系起来。进而提出学者必须以"拯斯人于涂炭,为万世开太平"为己任的号召。他们的主张和号召得到了广大学者的赞同和响应。于是,摒弃空谈论道,励行经世致用遂成为清初的一时风尚。

然而,自康熙以后,由于清统治者文化专制日益加剧,"文治"和"武功"并行,许多知识分子逐渐放弃了经世致用的宗旨,转而埋头于古籍的整理。及至乾嘉之时,便出现了一个以考据为治学内容的考据学派,成为清代前期的"显学"。首先打出"考据学"旗帜的是以惠栋为首的吴派学者。他们极力主张恢复汉儒训诂考订的治学方法,强调"古字古言,非经师不能辨"。"古训不可改也,经师不能废也"。他们身体力行,潜心研究,努力搜辑、稽考、阐释汉代经师的训诂,使得对文字、音韵、训诂、校勘、辑佚等的研究,成为一时的学术风气。其后,以戴震为首的皖派学者继之而起,进一步主张"由声音文字以求训诂,由训诂以寻义理,实事求是,不偏主一家"。这就有力地矫正了吴派学者"凡古必真,凡汉必好"的墨守之弊,改信古为精核,变佞为求是,从而逐渐把清代考据学推向了高峰。因考据学派大多数学者的毕生精力是从事于古籍整理和研究工作,所以,他们在经学、史学、文学、音韵以及天算、地理等方面,都作出了很大的成绩。而这种学术成绩又为图书馆事业提供了可靠的传本和宝贵的学术经验,形成了深刻的文化背景。

三、刻印图书的繁荣和西方学术的输入

（一）刻印图书的繁荣

清代前期刻印图书,沿袭宋元明代的格局,官、私、坊刻都比以前各代有进一步的发展,呈现出一片繁荣景象。首先,就官刻来说,无论是内府及中央各机关刻书,还是地方各级政府及各有关单位的刻书,几乎成了普遍的现象。但最有代表性的当数武英殿的刻书。武英殿刻印的书一般叫"武英殿本",简称"殿版"或"殿本"。其刻印数量、范围、质量都创历史最高水平,可以说集我国手工刻印图书之大成。武英殿刻书,以乾隆时期最盛。据陶湘《清代殿版书目》统计,所刻经史子集之书就有 13 种、23060 卷。这些书重要特征之一,是"御纂"、"钦定"。钦定字样之书,前代并不太多,而在清代则是前清帝王刻印图书的专称,也是有清一代帝王所定刊印书籍的通用名称。武英殿除雕印了许多钦定书籍外,还用活字排印了一些钦定书籍。最突出的有两部大书:一是雍正四至六年(1726-1728),用铜活字排印康熙钦定的《古今图书集成》一万卷,525 函,5020 册。其卷帙之浩大,印刷之精良,装潢之富丽大方,在历史上都是罕见的。一是乾隆三十八至五十九年(1773-1794),用木活字陆续排印的钦定《聚珍版丛书》134 种,加上刻印的 4 种,共 138 种,人称"足本"。每种书的卷首有乾隆御题的聚珍版十韵诗序及提要。刊印讲究,颇为精美,受到社会的广泛称赞。

其次,私家刻书很有特色。前清私家刻书大体上有两种人:一种是学者,一种是藏书家,有时又是一身二任,两者合一。他们刻书的特色有三个:一是书品精美。刻印之书多为名家手写上版,精工雕印,世称"精刻本"。如著名书法家林佶手写上版,良工程济生、成文昭、鲍文野镌刻的汪琬著的《尧峰文钞》,王士禛撰的《古夫于亭稿》《渔洋精华录》,以及陈廷敬撰的《午亭文编》,被书林和藏书家传誉为"林氏四写"。二是校勘精审。在校勘学盛行的氛围中,为使古籍恢复本来面目,故校刻古书既多又好。如校勘名家顾广圻,治学严谨,一生为人校刻数十种书籍。其他如金山钱熙祚的守山阁、歙县鲍廷博的知不足斋、吴县黄丕烈的士礼居,以及海南伍崇曜的粤雅堂等,都新刻和翻刻了不少精校、精刻书籍,至今为人传诵。所以,张之洞曾总结说:"刻书必须不惜重费,延聘通人,甄择秘籍,详校精雕,其书终古不废,则刻书之人终古不泯"。①三是辑刻丛书。前清私家刻印的丛书超越前朝各代,数量惊人。据不完全的统计,不下二百种之多。而每一丛书又包含了诸多书籍,少则几种几十种,多则百种几百种。如清初湖南漫士辑刻的《槐下新编雅说集》丛书收子书59种,康熙年间诒清堂辑刻张潮编的《昭代丛书》收子书150种,乾隆时期辑刻吴省兰编的《艺海珠尘》丛书内含166种,而曹溶编、陶越增订、道光十一年(1831)由晁氏活字排印的《学海类编》丛书,收子书竟多达430种。这些丛书不但含量大,而且多为善本。如鲍廷博的《知不足斋丛书》就有"二善"之称。"凡收一书必首尾俱足,其一善也;必校雠精审后再镂版,其取材之精密,刊刻之谨慎,尤非他书可比,其二善也",②具体反映了私刻丛书的特征。

再次,坊肆刻书遍布全国。在难以数计的众多书坊中,有不少书坊经营久,影响大,刻书多。如苏州席氏的"扫叶山房",相传创建于明末,延续至民国,历时三百余年。其所刻书较全较多,经史子集四部之书以及笔记小说,村塾读本,多至数百种,行销大江南北。又如金陵郑氏的"奎璧斋",北京的"五柳居"、"鉴古堂"、"萃文堂",以及长洲顾嗣立的"秀野草堂"等书坊,都长期经营,刻印了大量书籍,盈利丰厚,也对文化事业作出了贡献。他们同官刻、家刻一样,为当时公私藏书提供了又多又好的图书来源。

(二)西方学术的输入

清代前期西方学术输入中国,主要是通过西方传教士与中国一些士大夫乃至个别皇帝,从传教士那里吸收一些哲学、社会科学,特别是一些自然科学知识而展开的。清兵入关,自明末以来我国尚留居北京的一些西方传教士,如汤若望、南怀仁等人,仍然得到清政府的信任,被授以钦天监的官职,负责编修历法。于是,西方传教士继续不断来到我国。据史料记载,从1552年到1795年清高宗乾隆去世,来华而又有姓名可考的耶稣会教士约有八百人左右。他们一方面传教,仅康熙初年,国内28个城市就设有天主教堂,共有教徒达十万余人。另一方面,介绍西方学术,除直接将带来的西方书籍赠送、售卖或翻译成汉文外,以其科技知识之长,著作了许多自然科学著作及开展了一些科技活动。如汤若望、南怀仁、张诚、白晋、李明等人编修历书、绘制《皇舆新图》、制造火炮和天文仪器等,都取得了一定的成绩。在1715年康熙亲笔删改教士德里格、马国贤上教皇书中,还希望能派出更多精通天文、律吕、算法、画工、内外科医术的传教士来华效力。这说明康熙对西方科学技术还是比较重视的。同时,也说明清初西方通过传教士带来了一些科学著作并传播了一些先进科技知识。但从1700年起,教皇克雷芒十一世三次发布通谕,将中国礼教斥为异端,康熙则将这种作法视为干预中国内政,开始禁止对方的传教活动。雍正元年(1723),清政府乃规定放逐耶稣会教士。乾隆时,因教皇本笃十四世坚持严禁中国教徒遵行中国礼仪,清政府则以断然措施全部驱逐教士。到此,西方学术输入我国即告停止。

至于西学东渐,对中国封建文化及其图书馆事业的冲击和影响,那是在西方殖民主义者用炮舰轰开中国大门之后的事了。

四、"儒藏说"的建立

书籍的聚散存佚、流通利用,是古代图书馆事业的根本问题,也是个老大难问题。如何解决书籍的存传和藏用,早在明代末年曹学佺就首先提出了"儒藏"的设想。继之而有明末清初藏书家曹溶《流通古书约》的论说。但作为一种思想体系的确立,则是清代乾隆时才得以完善的。乾隆初年,学者周永年再次提倡儒藏说,并进行了系统的阐述和论证。他深刻地指出:"自汉以来购书藏书,其说綦详。官私之藏,著录亦不为不多,然未有久而不散者。则以藏之一地,不能藏于天下;藏之一时,不能藏于万世也"。因此提出"务俾古人著述之可传者,自今日永无散失,以与天下万世共读之"的儒藏。他认为儒藏不可旦夕而成,而应逐步建立。"目

221

下宜先聚书籍,分局编辑,目录既定,易购之书则购之,或秘本不甚流传者,则先为活版印之。约先成数十部,分而藏之,即未备,亦俟后人之补"。进而又提出了儒藏的条约:

一是于数百里内,择胜地名区,建义学、置藏书,以待四方能读之人,终可胜于家之藏。

二是建立《儒藏未定目录》。由近及远,书目可以互相传抄,因以知古人之书,或存或佚。

三是凡有儒藏之处,置活板一副,将秘本不甚流传者,彼此可以互补其所未备。如此则数十年之间,奇文秘籍,渐次流通。始也积少而为多,继由半以窥全。

四是藏书宜择山林闲旷之地,或附近寺观有佛藏、道藏,亦可互相护卫。

五是书籍收藏,应择人管理其事。须立规条,如丛林故事。

周氏这种思想和建议,赢得了当时学者的广泛响应。罗汝高说:"今吾儒门喜博者鲜持择,高谈者乐简陋,故典籍日微而文事衰坏","儒门衰而经籍散","如周君之说,盖不悦学者所谓不急之务也。吾则不能无动焉"。[③]刘音更撰《广儒藏说》,进一步阐发儒藏的意义,推而广之。他认为"历代以来,国贮官藏,不为不多,家收户积,不为不广,然藏之未久,辄至散失,岂非未尝统为一编,散而藏于天下之故耶"?"今欲其聚而不散,令上下千古之书有所依归,则莫善于儒藏",并希望天下人"共相赞勤,毋生疑阻焉"。[④]这就为清代前期的图书馆事业,在理论上提供了重要的依据,进而与当时的政治、经济、文化、学术和图书生产相联系,便构成了它相应的社会背景,展示出繁荣的状态和历史发展的进程。

第二节 清代的"七阁"藏书

清代乾隆政府,为稽古右文,博采遗籍,特别辑修了巨大丛书《四库全书》,并缮写为七部,专门建置文渊、文源、文津、文溯、文汇、文宗、文澜七阁,予以庋藏和保存。其工程之浩大,影响之深邃,可谓空前的文治盛举。其楼阁之崇宏,聚藏图书之丰富,包罗"古今数千年",囊括"宇宙数万里",堪称举世无双的国家图书馆。

七阁,历来分称为"内廷四阁"和"江浙三阁",简称"北四阁"与"南三阁"。南三阁是乾隆专为"嘉惠艺林,启牖后学"而设置的,北四阁则是为显示本朝"文治之隆"而"崇构鼎新"的。特别是北四阁,乾隆更有一番深意。当四阁相继建成后,乾隆帝即分别正名,撰记勒石。在乾隆看来,"文之时义大矣哉! 以经世,以载道,以立言,以牖民。自开辟以至于今,所谓天之未丧斯文也。以水喻之:则经者文之源也,史者文之流也,子者文之支也,集者文之派也。派也,支也,流也,皆自源而分;集也,子也,史也,皆自经而出。故吾于贮四库之书,首重者经,而以水喻文,愿溯其源,且数典天一之阁,亦庶几不大相径庭也夫"。⑤因而"四阁之名,皆冠以'文',而若'渊',若'源',若'津',若'溯',皆从水以立义者,盖取范氏天一阁为之"。⑥自此,四阁之名确立,四库之书分别庋藏充实。于是,它们就名副其实地成为有清一代的中央图书馆。

一、文渊阁的建置与藏书

文渊阁在清宫文华殿后,乾隆四十年(1775)建成,规模宏丽壮观。"阁三重,外观若两,盖其下层复分为二焉。上下各六楹,系仿明四明范氏天一阁制,取'天一生水,地六成之'之义。层阶两折而上。瓦青绿色。阁前甃方池,跨石梁,引御河之水注之。东有碑亭一,碑阳刻满汉字乾隆御制《文渊阁记》,碑阴刻乾隆御制《文渊阁赐宴诗》。阁之左右植松桧,阁后垒石为山"。[⑦]阁内上下,均储书籍,主要收藏《四库全书》及《古今图书集成》。乾隆四十六年(1781)冬,当第一份《四库全书》告成,在次年装帧完毕后,首先入藏于文渊阁。由陆费墀全面负责,"依照编目体例,每部以类为次",陆续装函列架。除下层中三楹两旁贮《古今图书集成》十二架外,左右二楹贮《四库全书》"经部二十架;中层贮史部三十三架;上层贮子部二十二架,两旁贮集部二十八架。经、史架高七尺四寸,宽二尺,深二尺,每架四格,各十二函;子、集架高十尺八寸,每架为六格,亦各十二函。总百有三架,六千一百十四函,三万六千二百七十五册,二百二十九万九百十六页"。[⑧]为便于检索,阁中还绘制了《四库全书排架图》,陈设有《四库全书总目》及《简明目录》,并在下层正中,置东西御案,专供乾隆帝阅览之用。

为使文渊阁藏书,"以垂久远",分外加强管理。一方面对本阁藏书统统钤印,每册首叶盖"文渊阁宝"朱文大方印,卷尾末叶钤"乾隆御览之宝"朱文椭圆印,既可作为本阁藏书的标识,亦为其藏书增添光彩。

另一方面,设官典掌,拟定管理章程。早在乾隆四十一年(1776)六月,乾隆就先行明令规定:"文渊阁既崇构鼎新,琅函环列,不可不设官兼掌,以副其实。自应酌衷宋制,设文渊阁领阁事,总其成;其次为直阁事,同司典掌;又其次为校理,分司注册点验。所有阁中书籍,按时检(曝),虽责之内府官属,而一切职掌,则领阁事以下各任之,于内阁翰詹衙门内兼用。其每衔应设几员,及以何官兼充,著大学士会同吏部、翰林院定议,列名具奏,候朕简定。令各分职系衔,将来即为定额,用垂久远"。于是,大学士舒赫德乃遵旨具体商定出文渊阁制职掌及阁书管理办法,得到了乾隆的批准。四十二年(1777)七月,大学士阿桂首先被任命为文渊阁领阁事。接着,又陆续任命了所属官员。至乾隆四十四年(1779),

224

文渊阁的各项职任全部安排就绪,计有"领阁事二员,以大学士兼掌院者充之;提举一员,以内务府大臣充之;直阁事六员,以内阁学士、詹事、少詹事、学士充之;校理十六员,以庶子、侍读、侍讲、编修、检讨充之;检阅八员,以内阁中书充之"。⑩还有"内务府司员、笔帖式各四人,由提举阁事大臣番选奏充"。⑪乾隆四十七年(1782)春,在第一份《四库全书》入藏后,文渊阁各级职官也同时各司其事,开始履行自己的职责。领阁事上传下达,总司典掌;提举直接管理一般事务,督促所辖司员从事其责;直阁事同司典守厘辑书籍之事;校理分掌注册点验之事;检阅负责检查核对出入存记,并同直阁事、校理一道,每日轮流入阁值班,由"官厨设馔同餐,午后乃散"。继又仿照宋代秘书省每年仲夏曝书的成例,于"每岁五六月内,提举阁事大臣会同领阁事大臣定期奏请曝书,令直阁事、校理各员咸集,公同启阁翻晾,用昭巨典",⑫防止书籍虫蛀腐蚀,使书籍能完好地长期保存。

虽然文渊阁管理机构健全,官员司职明确,但由于阁内所设各项职官,并非专职,而是由各衙门派员"兼充"的,故又有不甚固定、落实的弊端。时间一长,不免出现管理不善,职责不清的现象,甚至造成阁中书籍有所散失。辛亥革命后,内务府曾派员对文渊阁《四库全书》进行全面清查,就发现经、子、集三部各有阙书、阙卷,其中经部阙《四书大全》十卷,子部阙《天经或问前集》四卷、《天部真原》一卷、《天学会通》一卷、《邓子》一卷、《公孙龙子》三卷、《鬼谷子》一卷、《关尹子》一卷,集部阙《李太白集注》一卷,共计九种二十三卷。对此残阙,内务府当即委派人员,依照文津阁《四库全书》原本内容和格式补抄齐全,照式装潢,填补于原阙架隔处,并编写了《清查四库全书架隔函卷考》四册,以资查检参考。

1925 年 10 月,成立了故宫博物院,文渊阁的《四库全书》由该院的图书馆接管。1930 年,图书馆组织人员,根据《四库全书总目》对文渊阁《四库全书》再次清点,统计阁书凡三千四百五十九种,三万六千零七十八册,六千一百四十四函,除缺唐司空图《诗品》一卷外,其余诸书完整无阙。

1933年,故宫博物院图书馆为预防帝国主义侵略者的掠夺和破坏,将《四库全书》全部装箱,转移上海。其后,在社会动荡的年代,又辗转播迁于重庆、南京等地,1949年竟被运至台湾。现藏台湾"故宫博物院",并影印出版。

二、文源阁的藏毁

文源阁在北京西郊旧圆明园内,乾隆三十九年(1774),将园中原有建筑四达亭,"略增葺为文源阁",次年告成。据记载,其"阁上下各六楹",所悬"阁额及阁内'汲古观澜'皆御书"。阁前矗立巨石,名为"玲峰","刊御制《文源阁诗》;阁东亭内石碣,刊御制《文源阁记》"。[13]乾隆四十九年(1784)春,第三份《四库全书》缮写、装帧完备后,即入藏于此阁内。为慎保藏,对全书每册首叶都钤"文源阁宝"和"古稀天子"印,末页则盖"圆明园宝"及"信天主人"印,以示区别其它六阁四库全书之庋置。

圆明园的藏书,由该园守臣保管,常年处于全封闭状态。它只供皇帝驻跸园中时阅览,如乾隆每年游住此地时,几乎都要憩阁观书,吟咏题诗。可惜好景不长,这部全书自抄成送藏后,仅七十余年,即于咸丰十年(1860),英法联军侵入北京,圆明园被焚掠一空,文源阁及其所藏《四库全书》在这场浩劫中也一并化为灰烬,残余的一小部分书籍则流入了民间。

三、文津阁庋藏完整

文津阁在河北承德避暑山庄,乾隆三十九年(1774)秋动工修建,次年夏竣工告成。地处"山庄千尺雪之后,卜高明爽垲,以藏《四库全书》,题曰'文津阁'。与紫禁、御园三阁遥峙,前为趣亭,东则月台,西乃西山,盖仿范氏陈规,兼米庵之盛概矣"。[14]

乾隆五十年（1785）春，第四份《四库全书》缮写、装帧完备后，即于同年"三月二十日起分为四拨，间十日一起运往"。由陆费墀押送至承德，"依前三阁之例，分架陈设，阅次井然"。文津阁全书同其它六阁全书一样，均盖印慎藏。每册首叶钤"文津阁宝"，末页盖"避暑山庄"及"太上皇帝之宝"印。

当《四库全书》入藏文津阁之后，热河总管大臣立即指派了专人典掌，并仿照文渊阁曝书陈例，每年夏季抖晾一次，防止了全书的腐蚀、散失。但到道光以后，由于经费紧缺，管理一度松弛，曝书也自行停止，甚至文津阁因年久失修，屋宇漏水，使数十函书籍受潮。为杜绝全书的损坏，除及时将这些受潮书籍一一风晾重新入架庋置外，同治初年，时任热河都统麒庆还特意奏请获准复修文津阁，又从经管衙门支付银两，作为加强管理，定期晾晒书籍的经费开支，才保障了全书的完好庋藏。光绪二十年（1894），热河总管大臣世纲、英麟等奉命检查文津阁《四库全书》及各殿宇陈储书籍时，除全书经部《日讲诗经解义》一书原来补入，有函无书外，其他各书均完好无阙。世纲等人还将其检查结果，逐一开列了书目清单，上奏朝廷，提供了今后备查的依据。

清王朝在辛亥革命中覆灭，民国政府成立，教育部接管了前学部案卷。于1913年至1916年，先后致函热河都统和内务部。认为"《四库全书》为中国古今图籍之总汇，京师图书馆为首都册府，自应收藏，以宏沾溉。拟请即日移交本部，转发藏庋，籍符方案而惠艺林"。⑮1914年（民国四年），内务部"起运热河前清行宫书籍及陈列各件来京，是项书籍即随同他项物品，由内务部交付所设之古物陈列所收管"。1915年，古物陈列所正式将《四库全书》点交给京师图书馆，"凡二百五十六篋六千一百四十四函，又目录二十函、架图四册，另为一篋。内除第三百二十六、第三百二十七两函原庋藏《日讲诗经解义》，今系空函，业经双方查明签字外，均已一律点收完竣，陆续装运到馆"。⑯其后，这部全书即在馆列架陈置，并向社会开放。1920年,陈垣受教育部的委托,对接收的文津阁《四库全书》重新清查,总计全书有一百零三架,六千一百四十四函,三万六千二百七十七册,二百二十九万一千一百页。另有《四库全书排架图》一函四册,《四库全书总目》二十函一百二十四册,《四库全书简明目录》四函二十册。这是七阁藏书中保存得最完整的一部。同时还将京师图书馆前的街道命名为"文津街"。现此书藏北京图书馆。

四、文溯阁藏书的迁徙

文溯阁在盛京(今沈阳市)故宫,乾隆四十七年(1782)建成,是北四阁中建置最晚的一阁。"阁在宫殿之西,正宇六楹,东西游廊二十五楹,明楼一座,敞轩五楹,南配房十七楹,东西南北耳房六楹,直房十四楹。又东更道内,南北耳房四楹,直房四楹,碑亭一座,宫门三楹。阁南檐前,恭悬御书满、汉字'文溯阁'匾额一"。其碑亭内,则"恭镌御制《文溯阁记》,御制《宋孝宗论》,俱满、汉文"。[⑱]乾隆四十七年(1782),当阁建成,即将刚钞好装帧钤印完备的第二份《四库全书》,旨令刚擢任直隶通永兵备道李调元护送全书入藏文溯阁。阁书由内务府管理,有关事务则由工部负责。

光绪二十六年(1900),在沙俄侵略东北三省的动乱中,文溯阁所藏《四库全书》逐渐出现了散失。辛亥革命后,"民国三年(1914)袁世凯称帝,以段芝贵督奉。段氏系袁氏之私人,既莅奉,遂运文溯阁书于京师,以要宠"[⑲]。1925年,东北筹办奉天图书馆,当地教育会长冯广民经多方奔走,得到各方支持帮助,乃于是年八月把阁书从北京保和殿运回奉天(今沈阳市),仍藏于文溯阁,并设保管委员负责保管,又推举李象庚修葺文溯阁以确保其藏。但阁书由于变乱转运亡佚不少。据统计,缺经部《礼书纲目》十卷、《春秋列国世纪编》一卷、《春秋集传评说》八卷、《翻译五经四书》七卷、《瑟谱》六卷、《韶舞九成乐补》一卷;史部缺《钦定胜朝殉节诸臣录》十二卷、《钦定盛京通志》四卷、《谥法》四卷;子部缺《证治准绳》一卷、《高斋漫录》一卷;集部缺《鲸背集》一卷、《西河集》九卷、《御制诗集》二卷、《玉澜集》一卷、《雁门集》四卷,共十六种七十二卷。1926年,东北政府组织力量,以董众、谭峻山总领其事,雇请二十人,仿效文澜阁补抄的办法,在故宫博物院,依照文渊阁本抄写。经过一年多的努力,补抄完备。自此,文溯阁的《四库全书》得以基本恢复原貌。之后,并撰《文溯阁四库全书运复记》,勒石立碑以志其事。

1931年"九·一八"事变后,文溯阁《四库全书》由伪满洲国政府国立图书馆接管。经检查,发现阁书尚有个别书卷残缺,遂于1934年派人赴北京照文津阁本补抄。计有《礼书纲目》、《翻译五经四书》、《挥麈录》三种,共十二册。1945年,日本帝国主义投降,伪满政权垮台,阁书由辽宁省图书馆接收。

东北解放后,1949年,东北人民政府文物处对文溯阁《四库全书》进行清点,并将检查结果列表存档,放置于辽宁省图书馆。1966年十月,经文化部批准,调交甘肃省图书馆代管。文溯阁《四库全书》遂由沈阳迁往兰州,保藏在甘肃省图书馆新建专库中,凡3590种,79897卷,36313册,至今完好无损。

五、文宗阁藏书的存毁

文宗阁地处江苏镇江金山寺。乾隆四十四年(1779),于金山"行宫内就高宽之处,仿天一阁规模,鼎建书阁"改造而成,乾隆赐名为"文宗阁"。阁内主藏有两部书:

一部是乾隆四十二年(1777),两淮盐政寅著领到朝廷指令颁贮镇江金山行宫的《古今图书集成》。

另一部是乾隆五十五年(1790),四库全书馆继内廷四阁所藏四份《四库全书》写本之后,续抄厘定的又一份《四库全书》。全书每册首页钤盖"古稀天子之宝",末页钤有"乾隆御览之宝"。据

《续金山志·文宗阁庋藏四库全书总目录》卷二记载:文宗阁藏《四库全书》经部九百四十七匣,五千四百零二本;史部一千六百二十五匣,九千四百六十三本;子部一千五百八十三匣,九千零八十四本;集部二千零四十二匣,一万二千三百九十八本。《总目录》二十二匣,一百二十七本;《简明目录》二匣,八本。此外,还贮有《全唐文》、《明鉴》诸书。

文宗阁所藏书籍,遵照乾隆旨意,"向由两淮盐运使经营,每岁派绅士十许人,司其曝检借收",[20]管理利用均较良好。但好景不长,前后仅有五六十年。咸丰二年至三年(1852－1853),太平军进入镇江时,文宗阁藏书在清军溃逃的混乱中,阁与书则付之一炬。之后,江苏官府曾派人查访,力图收拾余烬,然而收获甚微,惟有浩叹!

六、文汇阁藏书的存毁

文汇阁位于江苏扬州大观堂一侧,建成于乾隆四十五年(1780)。据记载,此阁原名"御书楼","在御花园中。园之正殿名大观堂,楼在大观堂之旁,恭贮钦定《图书集成》全部,赐名文汇阁,并'东壁流辉'匾"。[21]文汇阁之藏书与文宗阁之藏一样,一是乾隆四十二年(1777)受颁贮藏的《古今图书集成》一部;一是乾隆五十五年(1780)受藏续缮的《四库全书》一份。这两部书都先后庋置于阁中,其庋置状况,诚如李斗所记:"文汇阁凡三层,栋宇楹柱之间,俱绘以书卷。最下一层,中供《图书集成》,书面用黄色绢"。《四库全书》则分置于三层,下一层两畔橱皆经部,书面用绿色绢;中一层尽史部,书面用红色绢;上一层左子右集,子书面用玉色绢,集用藕合色绢。其书帙多者,用楠木作函贮之;其一本二本者,用楠木一片夹之,束之以带,带上有环,结之使牢"。[22]这可以说是四库缥缃,异彩纷呈。

其管理体制及流通利用,与文宗阁无异。其所遭厄运,亦与文宗阁一样。咸丰二、三年间（1852－1853），太平军攻入扬州，文汇阁及其阁书均毁于战火，"竟不能夺出一册"，而以仅存半个多世纪告终。

七、文澜阁藏书的变迁

文澜阁在浙江杭州西湖侧的圣因寺行宫。乾隆四十七年（1782），利用圣因寺后玉兰堂东迤下的藏书堂及其后空地改建，次年全部竣工，赐名为"文澜阁"。该阁环境优美，颇有一派气象。时人记叙说："阁在孤山之阳，左为白堤，右为西泠桥，地势高敞，揽西湖全胜。外为垂花门，门内为大厅，厅后为大池，池中一峰独耸，名仙人峰。东为御碑亭，西为游廊，中为文澜阁"，㉓十分雅致可人，不愧为藏书、读书、用书的胜地。

文澜阁在乾隆末年，先后入藏有《古今图书集成》和《四库全书》两部。在建造的三层楼阁里，"第一层中藏《图书集成》，后及两旁藏经部；第二层藏史部；第三层藏子、集二部，皆分庋书格"。㉔"其储藏之书格，经、史部及《图书集成》每架四屉，子、集部每架六屉。屉各四撞，撞各三函。《图书集成》黄绢面，经部葵绿绢面，史部红绢面，子部月白绢面，集部黑灰绢面"，颇为考究。为便于保存和检索，"每册底面绢裹粘钉，不压线，每函用香楠木匣收储，匣内衬以香楠夹板，便抽纳也。素绫牙签册中，夹冰麝樟脑包各二，以辟蛀"。㉕同时，每年夏天，还组织专人进行曝书，防止书籍虫蛀霉变。至于文澜阁的管理，总的是由两浙盐运使典掌，并聘请当地名人才士负责阁务，再延请绅士担任司事、训导，具体经办书籍的收发借还工作。从而，使文澜阁藏书有条不紊地把藏用结合了起来。

及至咸丰十年（1860），太平军第二次攻克杭州，文澜阁在战火中倾圮，阁书流散于市。钱塘绅士丁申、丁丙兄弟不惜家财，出资收集，计得全书的三千一百四十册。而文澜阁《四库全书》劫后余生的八千余册则暂庋杭州府学尊经阁。光绪六年(1880),文澜阁重建,次年告竣,基本上恢复了阁之原貌。原寄存尊经阁的书籍,便重新移入阁中,丁氏兄弟也毅然将所得书全部送回阁存。两方面书合计,约有万余册。这个数字比之原有册数,也不过四分之一。为完备《四库全书》,在丁氏兄弟及当地绅士的倡导下,于光绪八年(1882)正式展开了大规模的补钞工作。到光绪十四年(1888),共补钞阙书二千一百七十四种,连同余存及丁氏所献,这时图书总数达三千三百九十六种,三万四千七百六十九册。

1911年,浙江公立图书馆建立,文澜阁《四库全书》即移置该馆保存。其时所缺书籍,殆民国以后,浙江省图书馆陆续派人到北京抄写所缺各书,至民国十四年(19125)即基本补齐。解放后,继续辑补阙失,方使文澜阁全书臻于完善。1958年清点时,阁书册数达三万六千四百六十五册,与入藏时的卷册相符。现仍完好地保存于浙江省图书馆的专库里,供学者利用。

综上所述,清代的七阁藏书,尽管是其封建文化专制的产物,但它却是有清一代文治之盛的集中表现。通过《四库全书》的庋置和《古今图书集成》的贮藏,则能集中大量重要和罕见难得的图书文献,对于古籍的保存、流通和学术研究发挥出巨大作用。同时,七阁藏书在楼阁的建置和图书入藏的方法上,包括内廷四阁与江浙三阁对"全书"在装帧、钤印及保管使用上的慎重而又有区别等,集古代官府藏书的大成,为后世图书馆事业提供了一定的历史经验。然而,自嘉庆以后,由于社会的变动,清政府日趋腐败,帝国主义疯狂侵略,使昔日之文治盛举成为过眼烟云,七阁藏书则日益衰败,存毁相错。存者藏所有所改变,管理松弛散乱;毁者或阁存书未全毁,或阁与书均化为灰烬。及至解放前夕,七阁之书也仅文渊、文津二阁全书完好保存下来,文溯、文澜二阁书则为补残救阙之本,其余文源、文宗、文汇三阁书连同书阁都被焚毁而灰飞烟灭了。

第三节　清代官府的其他藏书处所

清代的藏书机构较多,除"七阁"外,还先后设置有十余个颇具特色的藏书处所。它们不仅各自庋有相当数量的图书,而且在典藏内容上也有所侧重,或为某类书籍的保管,或是善本秘籍的珍藏,亦或为史志文献及档案实录的专藏。但其处所都在清廷宫室和中央机关内,并置官典掌其事。

一、内阁藏书

内阁本为清朝政务机关,也是清初典藏图书之府。满清入主中原以前,"太宗设文馆,命达海等翻译经史。复改国史、秘书、弘文三院,编纂国史,收藏书籍"。㉖世祖定都北京后,合三院为内阁,设大学士参预军政机要,阁内仍然收藏图书,设典籍厅典籍之官掌管。由"侍读学士掌典校,侍读掌勘对,典籍掌出纳文移",㉗并特置印符,管理钤印所藏书籍。同时,为修撰书籍提供物质条件,如顺治命冯铨等议修《明史》,复诏求遗书,即由内阁典籍厅承办管理。于是,内阁藏书,便成为清初的重要藏书处之

二、昭仁殿藏书

昭仁殿是清代前期皇室藏书处。昭仁殿原为康熙帝寝兴的温室,本名弘德殿,庋有部分珍秘要籍。至"乾隆九年(1744),命内直诸臣检阅秘府藏书,择其善本,进呈御览。于昭仁殿列架庋置,赐名曰'天禄琳琅'"。㉘之后,不断充实其藏,"秘籍珍函,搜集益富",㉙成为清朝皇室藏书的重要基地。乾隆四十年(1775)。于敏中等人奉命"掇其精华,重加整比",编撰了《钦定天禄琳琅书目》,载称:有宋版书七十一部,金版书一部,影宋抄书二十部,元版书八

十五部,明版书二百五十二部,共四百三十九部。随着时间的推移,收藏更有增加。嘉庆二年(1797)十月,彭元瑞等奉命,仿照前编目录的体例,续编了《天禄琳琅书目后编》二十卷。彭氏识语说:"前编十卷,后编则二十卷。前编四百部,后编则六百六十三部,万有二千二百五十八册,视《四库全书》逾三分之一。前编宋、明外,仅金刻一种,后编则宋、辽、金、元、明五朝俱全"。[30]据此可知,昭仁殿之藏书始于康熙,完善于乾隆、嘉庆。其所藏之书付之著录者,全系前朝善本,数量超过四库全书所收的三分之一。此外,在昭仁殿后庑,还特设有"五经萃室",专门集贮五经各种精本。如宋岳珂校刻的《五经全编》九十卷等,竟成为"士林罕睹"的稀世珍藏。这些说明昭仁殿之藏书质地很高,内容丰富。

昭仁殿藏书的管理甚为严谨、完备。突出地表现为整理编目和管理原则详明。上面说过,于敏中、彭元瑞在"重整比"的基础上,曾先后编制了两部《天禄琳琅书目》。它以经史子集为类,每类之中,各以时代为次;或一书而两刻皆工致,则两本并存,犹如尤袤的《遂初堂书目》例一样。一版而两印皆精好,亦两本并存,犹如汉秘书有副例一般。每书各有解题,详叙其刻印年月及收藏家题识印记,并一一考其时代、爵里,著授受之源流。至于每书之首,多冠以御制诗文题识,使书册更加增辉,引人注目。《四库全书总目》评价说:"旁稽旧典,自古帝王,惟唐太宗有赋《尚书》一篇,咏司马彪《续汉志》一篇,宋徽宗有题南唐旧本《金缕子》一篇而已。未有乙览之博,宸章之富,鉴别之详明,品题之精确如是者"。为管理好藏书,不致散佚、混乱,则采用了两项具体措施:一是对所庋"诸书每册前后皆钤用御玺二个,曰'乾隆御览之宝',曰'天禄琳琅'";二是对所藏"宋、金版及影宋钞,皆函以锦。元版以蓝色绨,明版以褐色绨,用示差第",[31]以利永久保存,符"合于古者秘书分中外之义",达到"文治覃洽","稽古右文"的目的。

三、翰林院藏书

清宫翰林院之藏书，据有关文献记载，主要包括三方面的图书。

第一，史志、实录等文献。因为清翰林院主管编修国史，记撰实录，进讲经史，以及草拟有关典礼册文、宝文、祭文、碑文等的需要，故收藏有这方面的典籍。翰林院的官员亦各有执掌，"掌院学士掌国史笔翰，备左右顾问；侍读学士以下掌撰著记载"。^②

第二，庋藏明《永乐大典》。《清史稿·艺文一经部序》卷145说：乾隆三十七年（1772），"时《永乐大典》储翰林院，已有残缺，原书为卷二万二千九百三十七，缺二千四百四卷，存二万四百七十三卷，为册九千八百八十一"。当四库全书馆开馆后，即从《大典》一书中，选择辑佚已失传的古籍三百八十五种，列入四库全书，并将《大典》作为四库全书"详加别择校勘"的范本，又"择其醇备者付梓流传"。

第三，主藏《四库全书》的全部底本。据《纂修四库全书档案》载，乾隆五十七年（1792），永瑢奏请："俟续办江浙三分书全竣之后，即将发写底本收拾整齐，汇交翰林院造册存贮，作为副本"。这个建议，得到了乾隆的批准。于是，后来所有底本就集中收藏于翰林院，并"依全书目次，四部编排，标签安庋，置簿详记，派本院办事翰林诚干之员数人，公司其籍"。^③四库全书底本既藏翰林院，乾隆即多次谕令："嗣后词馆诸臣及士子等有愿睹中秘书者，俱可赴翰林院白之所司，将底本检出钞阅"，^③"掌院不得勒阻留难"，以嘉惠士林，不乖其"右文本意"。这庋置在翰林院的底本，实际上便与七阁《四库全书》并立，成为可供京师馆阁臣僚和北方士子抄阅的又一部四库全书。在一定意义上来说，底本比之钞本更为珍贵。因为它是经总校勘官审核，多数有抹改字句，或拼卷、删卷者，又有撰辑提要和注有应钞、应刻字样，以及各书首叶钤有各宫殿官印等情况,可资研究,以掌握其原书本来面目及编辑、删改、采用的全过程。显然,这在七阁抄本中是不能获得的。

四、摛藻堂藏书

摛藻堂在宫中御花园堆秀山之东,原为藏书之所,乾隆三十八年(1773),增藏《四库全书荟要》一部。《清史稿·艺文志·经部后序》说:"高宗命撷《四库》精华,都四百六十四部,缮为《荟要》,藏诸摛藻堂,以备御览"。这是其储藏的目的。

《荟要》的装帧甚为考究,它用不同颜色作为书皮,以区别四部图书。经为绿色,以示春;史为红色,以示夏;子为月白色,以示秋;集为灰黑色,以示冬;总目以香色,则表示其为中央之义。同时,对每册书籍均钤以特定的朱文印章,册之首页盖"摛藻堂",椭圆朱文印,末页则盖"乾隆御览之宝"及"四库全书荟要宝"印。

为便于检索提取使用,庋藏亦颇有次序。堂内首列总目一函,次列经部六架,三百八十四函;再列史部十架,六百四十函,均陈于左边。在右边,则陈列子部六架,三百八十四函;集部十架,五百九十二函。共计三十二架,二千函,一万一千二百六十六册。

此外,另一部《四库荟要》,则如法炮制,庋藏于清宫御园味腴书屋。

五、武英殿藏书

武英殿既是清内府的刻书处,又是清内府的一个重要藏书处。其所藏书,非常丰富。究其来源,大致有以下几个途径:

(一)康熙、雍正及乾隆初期,承刊的各种图书留存本;

(二)《武英殿聚珍版丛书》的留存本,及使用聚珍版排印的其它书籍的留存本和各种雕印书籍的留存本等;

(三)编纂四库全书时,各省采进及各家进呈而未采入(除发还各家书)的各种书籍,主要有近万种存目和未入存目(除销毁

236

书)之书。这些书,先贮于翰林院库内,后遵照乾隆旨令,移贮于武英殿,设专库庋置。

六、皇史宬藏书

皇史宬是清朝承明制所设的档案库。所藏典籍文献极为丰富,其所保管亦甚为庄重。据袁同礼《皇史宬记》中说:"书柜极为美观,以铜覆之而雕以龙。每行南北七柜,东西二十三行,计得一百六十一柜。……惟每柜中则藏中文、满文及蒙古文之《圣训》或《实录》,均以红绫包裹之,历年虽久,而毫无潮湿或虫蛀之患。保管之法,有足多者"。乾隆十五年(1750),御制恭瞻皇史宬诗云:"五代神谟秘典垂,崇宬扃钥壮鸿观。兰台令史无惭笔,纶阁元臣有职司。百世聪听钦宝训,万年永茂衍宗枝。瑶函金柜前朝制,殷鉴竞竞念在兹"。㉟全面揭示了皇史宬保存有记载皇帝事迹的"实录"、"宝训"等史籍内容,以及"纶阁元臣有职司"管理体制的历史源流。

七、寿安宫藏书

寿安宫是乾隆间清宫中的一个藏书处。其东西楼的上下为书库,收藏着大量不属于专门藏书所,以及各宫殿不收藏的各种散见图书。故当时称为"总部",汇集"不管"之书。这些藏书世代传存,并相继有所增益。民国年间,曾将宫中善本书籍提出百余种,陈列于寿安宫东室,以资观览,士子每每有一饱眼福之感。

八、宛委别藏藏书

宛委别藏是嘉庆皇帝采纳学者阮元的建议,而特别设立的宫中藏书处之一。所谓宛委别藏,即四库未收之书。其地址在养心殿,庋有缮录本和原刻本一百六十七种,一百零三函,又储正编、续编和三编之书及储有摺式提要二册。这些藏书的特点,即是《四库》未收之书，数量较大，内容甚为丰富。《清史稿·艺文志序》说："各省先后进书，约及万种，阮元既补《四库》未收书四百五十四种，复刊《经解》一千四百十二卷。王先谦又刊《续经解》一千三百十五卷"。可见，此处庋藏图书量多质高。其具体情况，阮氏之提要则有详细说明。

九、詹事府藏书

詹事府典藏有一定的图书，其藏书由洗马掌管。《清史稿·职官志》称："詹事府詹事、少詹事掌文学侍从，经筵充日讲官，编纂书籍……洗马掌图书经籍"。

十、国子监藏书

国子监是清政府继前代之制度所设立的最高学府。监内置有一定的图书，并设"典籍掌书籍碑版"，以供师生阅读。同时，因其校勘书籍甚精，而为武英殿修书处提供刊本蓝本，亦为充实监内所藏创造了书籍来源。

此外，清宫的南熏殿、紫光阁、南书房和北海静心斋抱素书屋等处，也贮藏有一些图书。

以上诸多藏书处作为一个整体，在有清一代的国家藏书中占有极其重要地位，产生了一定的作用，特别在保存文化遗产上是很明显的。俟清朝覆没后，民国年间，曾先后进行过两次清理，仍蔚为大观。1925年，仅陈列于寿安宫和咸福宫的宋元明刊本、写本佛经及其它善本就有一百七十余种。其中，最著名的有：宋刊本《昭德先生郡斋读书志》，唐女书法家吴彩鸾写的《刊谬补缺切韵》，宋许道珺书的《大方广圆觉修多罗了义经集注》，元赵孟頫书的《心经》并附仇英补绘像，又有以精美绝伦著称的写本《昭明文选》。还有未经刊行的精写本《钦定西清规谱》、《国朝宫史续编》、《秘殿诸材》、《石籍宝笈三编》等。此外，还有荦荦大端的内府刊

238

本,如康熙时刊印的《古今图书集成》,乾隆时镌刻的《廿四史》、《十三经》之类的图书。直至 1929 年,民国政府再次清理清宫藏书时,也还有遗存图书一千三百八十一部,共十九万五千七百三十二册。由此,可见其清代国家藏书盛况的一个折影。

第四节 清代的书院藏书

一、清代书院的发展概况

清代书院,由于统治者的大力提倡和"朴学"的兴起,使书院逐渐兴盛起来,达到了前所未有的地步,在中国书院史上是仅见的。

清代书院的发展,经历了一个由少到多,由抑制到提倡的过程。明亡时,许多书院被破坏了。满清立国,统治者害怕汉族知识分子聚徒讲学,结党滋事,对书院采取抑制政策。顺治九年(1652),上谕说:"各提学官督率教官,务令诸生将平日所习经书义理着实讲求,躬行实践,不许别创书院,群聚结党,及号召地方游食之徒,空谈废业"。因此,顺治朝的书院则凋零残落,全国不过五十所左右。到了雍正时,统治者鉴于统治秩序已经建立,政权已经巩固,而且书院也注意适应科举考试,使士子都埋头窗下以取得功名为务,对祖先原定的抑制政策不但无害,反而有利,于是改禁止而明令创办。雍正十一年(1733)颁布的诏书说:"朕临御以来,时时以教育人才为念。但稔闻书院之设,实有裨益者少,浮慕虚名者多,是未尝敕令各通行,盖欲有待而后颁降谕旨也。近见各省大吏渐知崇尚实政,不事沽名邀誉之为,而读书应举者,亦颇能屏去浮嚣奔竟之习,则建立书院,择一省文行有所成就,俾远近士子观感奋发,亦兴贤育才之一道也。督抚驻劄之所,为省会之地,着该督抚商酌奉行，各赐帑金一千两。将来士子群聚读书，须预为筹划，资其膏火，以垂永久。其不足者，在于存公银内支用"。这个诏谕下达以后，各省在省会都先后办起一、二个较大的书院："直隶曰莲池，江苏曰钟山、曰紫阳，浙江曰敷文，江西曰豫章，湖南曰岳麓、曰城南，湖北曰江汉，福建曰鳌峰，山东曰泺源，山西曰晋阳，河南曰大梁，陕西曰关中，甘肃曰兰山、广东曰端溪、曰粤秀，广西曰秀峰、曰宣城，四川曰锦江，云南曰五华，贵州曰贵山，皆遵旨赐帑银一千两，岁取租息，赡给师生膏火"。⑯到乾嘉时，书院更有发展。各省州、府乃至县均逐渐兴办了各类书院，"或由绅士出资立，或地方官拨公银经理"。据不完全的统计，仅乾隆年间就有书院 571 所。直至清末，全国书院达 1900 余所之多，远远超过前代。

二、书院重视藏书

清代书院继承历代藏书传统，非常重视聚藏书籍。这是书院的性质所决定的。因为书院是培育人材之所，为士子研读之地，而书籍则是学习的基本内容。无论鼓励士子独立钻研，还是导师讲学或解答疑难问题，都需要有更多可资查阅考订的图书，都必须具有丰富的藏书。否则，"有院而无书，则实不副名，士奚赖焉"。⑰所以，乾隆元年（1736），礼部议准说："各省会城，设有书院，亦一省人材聚集之地，宜多贮书籍，于造就之道有裨"，（同上）并令各省政府动用公银购买经史，发给书院收藏，以供士子研习讲读。

清代书院重视藏书，与当时学术空气有着密切关系。这点可以说是其区别于历代书院藏书的一个特点。前面说过，清代乾嘉之际，朴学大兴，专学研精的浓厚学术空气间接或直接地影响着书院的治学。因此，博学求实成为清代中后期书院的基本学风，而考据之学在一些书院的讲学中占有相当重要的地位。所以，那时的书院藏书，一般都很重视其多样性、广泛性，大"购经史，广搜宋、元、明儒及畿辅诸贤哲文集，藏之院中，以备诸生肄业"。⑱其目的，

240

显然是为了满足士子占有丰富资料的需要,能使他们以客观的态度和科学的方法进行研究,获得良好的成果。

三、书院藏书的来源

清代书院藏书的来源是多方面的,其主要途径有以下三个:

其一,官府赠书,包括朝廷的御赐和各省用公库银两购赠之书。前者,如康熙二十三年至五十五年(1684－1716)间,先后颁赐《御纂日讲》、《解义》及经史十六种书籍给白鹿、岳麓二书院。又赐经书八部、御书经法帖一本、《渊鉴斋法帖》十本、《淳化阁法帖》十本给鳌峰书院。还赐《古文渊鉴类函》、《周易折中》、《朱子全书》等书给敷文书院。又如乾隆元年至十六年(1736－1751)间,先后颁发给各直省书院《律书渊源》一部,又对江南的钟山书院、苏州的紫阳书院、杭州的敷文书院等,各赐武英殿新刊的《十三经》、《二十二史》一部,以资贮藏,供士子学用。后者,有如乾隆元年(1736),朝廷下令各省督抚使用公库银两,购买《十三经》及《二十一史》诸书,颁发给各省会书院贮存。乾隆以后,各朝亦依照此法,饬令各省动用所存公银,购买书籍,分发给各书院。如同治年间,江西省巡抚刘坤一奉旨用公银购买了一批书籍发给瑞州凤仪书院收藏,计有《周易折中》21卷、《周官义疏》22卷、《书经传说汇纂》21卷、《诗经传说汇纂》21卷、《仪礼义疏》48卷、《春秋传说汇纂》30卷、《礼记义疏》82卷、《小学集解》6卷、《资治通鉴纲目》三编48卷、《中庸衍义》17卷以及《二十二史佐治药言》、《学治臆说》、《图民录》等图书。

其二,社会捐赠。这是清代书院藏书的重要来源之一。其捐赠者,多为官吏、学者。所赠之书,一般数量较大,经史子集都有。检其文献所载,有如下书院受社会诸多人士捐置图书甚为突出:

1. 白鹿洞书院。《同治南康府志》卷10称:“少司空张伯行,先后送洞书六十四种。太守周灿送洞书十四种。提学冀霖送洞书三种,又圣像四配十哲像、曲阜临本后附朱子像从徽州本及《宋潜溪九贤遗像记》。主洞原敬送洞书三种。星子令毛德琦送洞书三种"。

2. 豫章书院。《光绪江西通志》卷 81 称:"康熙五十六年(1717),学使王思训捐俸给廪饩,复购《十三经》、《二十一史》、唐宋八大家文集、先儒语录,储之(豫章书院)以饷学者"。

3. 雷阳书院。《道光广东通志》卷 172 称:"黄锦捐俸购《二十一史》、《十三经》及子集各书五千余卷,贮于敷文馆(雷阳书院之藏书楼),以资搜览"。

4. 眉山书院。《民国眉山县志》卷 5 称:康熙初年,眉山知州赵惠芽于书院亲聚诸生讲授,"捐置经史二十六部",又"遣人往白下购买经史各书",贮于书院,供四方之士就读。

5. 九峰书院。《嘉庆四川通志》卷 79 称:嘉庆七年(1802),嘉定知府宋鸣琦赠书十七种给九峰书院,以裨学者。

6. 当湖书院。《光绪嘉兴府志》卷 9 称:嘉庆间,平湖知县刘肇绅捐置《大学衍义》、《四书大全》、《四书汇参》、《十三经注疏》、《佩文韵府》、《通考》、《通典》、《通志》诸书与该书院贮藏。

7. 凤池书院。《同治福建通志》卷 62 称:道光六年(1826),布政使吴荣光捐置各种书籍二千余卷于凤池书院,以供师生研读。

8. 永清书院。《光绪江西通志》卷 81 称:"乾隆十九年(1754),邑人钟峨建,捐田六百石,书籍数千卷"与江西上犹县的永清书院。

其三,自身购藏。书院以自身的经济力量收集购买图书,这是书院聚藏图书的基本途径,也是书院藏书的主要来源。一般地说,清代书院都有学田,其经济收入又往往以一部分余钱用作购置书籍。如云南昆明的经正书院,因积蓄的银钱甚多,不但在省内遍购书籍,还步履远方,"又购书于沪、于粤、于楚、于金陵,先后凡数十万卷,栉庋之楼,纵人往观"。[39]可见其购藏图书之多。

书院购藏图书的资金来源，除自备外，还采取集资的办法。如浙江瑞安的心兰书院，乃由创办者许拙学、陈虬等"约二十家，先出钱十五千，合三百千，购置书籍"。并置学田数十亩，其经济收入作为购书经费的专项开支。前后仅二十年，使书院之藏，"寻常文史，略可足用"。[40]

应该说，清代书院自身购藏只是其自我聚藏的一个方面，而书院自刻和抄写书籍来增广自己的藏书则是其自我聚藏的另一个方面。清代书院刻印、抄写书籍比较普遍，其著名者有如下诸家书院。

1．诂经精舍。该书院在杭州西湖孤山。嘉庆年间，阮元提倡考据学，在督学浙江时，聚诸生于此，合著《经籍纂诂》160卷，并付诸刊印。其后，又选印了学生研习成果《诂经精舍集》八集二千余篇，以及其他一些著作。这些自著自印之书，不难想见，既扩大了知识的传播，又丰富了本院的藏书。

2．学海堂。该书院在广州城北越秀山，道光初阮元为两广总督时所建，并讲学其中。它刊印的书籍最多，据有关文献不完全统计，有《学海堂集》四集九十卷，《挐经室集》六十二卷，《学海堂丛刊》二十七卷，《十三经注疏》四百一十六卷，《皇清经解》（即《学海堂经解》）一千四百卷，《四库总目提要》及附存简明目录二百三十卷等，共三千三百三十四卷。

3．广雅书院。该书院特设刻书机构——广雅书局，专事刻印书籍。所刻经、史、小学和文集之类的书籍，初步统计有五千七百四十六卷，名列全国书院刻书之首。既增广了书籍的流传，也充实了书院藏书。

四、书院藏书的管理

清代书院藏书的管理，比之历代更为严谨而颇具特点。一是建立书楼庋藏图书。他们把书院积聚的图书，视为书院治学的根基和财富,倍加珍藏。一般都专门辟置书库分贮书籍,不少书院还特立楼阁,列架庋藏。安徽于湖中江书院所建筑的"尊经阁"就甚为壮观,安排亦甚考究。"阁之上,仿仪征阮公焦山书藏,灵隐寺书藏例,上为书库";"阁之下,仿前皖抚朱公石君建西湖三祠例,榜曰:先觉,正气,遗爱,三为之龛",并"置有桌椅,欲观书或抄书者,只准在此阅钞"。㊶江苏江阴的南菁书院,有"书楼五楹","分外典雅"。广州广雅书院,中立书楼,高大宽敞,藏书四万三千五百卷。河北保定莲池书院,别具匠心,建"万卷楼",广储书籍,明立章程,作为"诸生肄业诂学之所"。如此等等,不一而足,充分反映了清代书院建筑楼阁珍藏书籍的一大特点。

二是有妥善的管理方法。书院为使藏书既能方便地为师生提供阅读、抄录使用,又能完好有效地保存,都相应地建立了一套较为妥善的管理方法。其具体内容,明确而集中地表现在其收集、保存和使用的规则里,或章程或条例之中。如中江书院制定有《募捐书籍并藏书规条》十二则;文正书院确立有《藏书凡例》十一条;仙源书院制定有《初议公集书籍章程》十项;大梁书院既制定有《购书略例》,又制定有《藏书阅书规则》等。这些条规的内容,综合起来,主要有如下几点。

其一,藏书管理机构健全,司职明确。一般设斋长或总理四人,负责掌管院藏书籍。其所属有司书吏一人或专管一人,具体经管保存和借阅书籍事宜,并负责库藏书籍晾晒工作人员的选派;设正办一人,副办数人专事课试期间工作及抄古赋、查出处注于试题下,设司闾役一人,典守书库及书楼锁钥。此外,有的书楼还设监院官,负责掌握全院书籍的收藏、借阅图书情况,查处损坏、散佚书籍问题,以及批准选用有关临时人员,随时或年终报送书院山长。

其二,保管制度严明,有条不紊。(1)入藏有簿册,出借有手续,借还要登记;(2)官绅捐送书籍到院,即行作临时登记,并注明送书人姓名,待书目积成卷帙,随时刊布志谢;(3)入藏书籍到一定数量时,即按四部或六略、七录分类编目,并将编目缮写悬牌于书院门首;(4)凡书院书籍,皆盖有书院印章,以昭信守;(5)对藏书定期晾晒,每月打开各书厨抖晾一、二次,每年七月晒书一次;(6)院藏书籍,禁止外借,官署、世家,也不徇情;(7)损坏、涂污、挖换、遗失,均要计价罚赔;(8)定期检查及奖惩等。

其三,借阅制度完善,共同遵守。由于书院藏书的目的在于提供诸生阅读,故借阅书籍就成为书院藏书的出发点和归宿。为使这一旨意得以付诸实施,各书院都注意完善其借阅制度。归纳起来,主要有六项:(1)指导借阅,每月肆业诸生所阅读之书,由斋长榜示书院门前,使借者一看便知,免致相左;(2)设置阅抄室,诸生欲观书或抄书者,只准在此阅抄;(3)诸生借书,均须亲笔书条为凭,至斋长处登记,办理借阅手续。每人只许一种,不得超过五卷。十日交还,至迟不逾半月,交还原借书籍后,再新借另外书籍;(4)违反借书规则,予以处罚,重者以后不准借书。如携书出院者,要受罚;缺损书籍,要补抄,墨污、批点当面受斥责;遗失要罚赔;以近刻本掉换古刻本则罚从夺牛,并取消借阅资格等;(5)孤本、钞本不准借出;(6)特殊情况的处理办法,如借书出院,须具保呈县,由县衙门付条至斋长处取书;还书时,凭斋长给条至县销条结清借账等。

书院藏书的上述特点,也是优点。它比之当时的公私藏书,无疑是比较开明的,特别是在藏用结合和借阅制度上的进步性,突破了几千年来封建藏书楼固有的封闭性,更具有重要的意义,是值得大书特书的。

第五节　清代的私家藏书

清代的私家藏书,以前期最为发达。无论通都大邑,还是野乘名山,上至朝廷宗室贵戚、官僚重臣,下至乡村地主豪绅,甚至城镇的市民、商人,都有程度不同的收藏图书活动。其藏书家人数之多达千人以上,较著名的就约有 500 家。这在中国私人藏书史上也是仅见的。对于这些藏书家,乾嘉时的著名学者洪亮吉曾将他们分析概括为考订家、校雠家、收藏家、赏鉴家、掠贩家五大类学问家。㊷这种分类归纳方法虽不科学,因为事实上在许多情况下,他们往往身兼数家,相互交叉,具有多种性质和职能。但在一定程度上却揭示了清代前期藏书家的本质,也为我们提供了分析考察当时藏书家盛况的一条基本线索。

一、清初著名的藏书家

清代初期,继明代私家藏书的传统,在其基础上迅速形成民间藏书风气,出现了一批著名的私人藏书家。就其地区分布而言,江苏、浙江最多,安徽、江西、广东次之,北方各省较少,西北、西南更形零落。根据有关资料记载,明清之际和顺治、康熙二朝,著名及较著名者约有三十余家。除明代范氏天一阁和毛氏汲古阁在清初继续称胜外,他们中较典型者,有以下诸家。

钱谦益(1582-1664),字受之,号牧斋,又号蒙叟,世称虞山先生,江苏常熟人,清初江左三大家之一,著名的藏书家。他毕生嗜好聚书,早年曾得刘凤"㠛载阁"、钱允治家藏、杨仪"万卷楼"和赵琦美"脉望馆"四家藏书,更不惜重金觅购,前后计购得图书百万卷,积储七十三大楼,所藏"冠于东南","几埒内府"。中年继续购藏图书,构筑"拂水山房",凿壁为架。晚年隐居红豆山庄,特建"绛云楼"来储藏他所有的书籍,并编撰了《绛云楼书目》。书目从四部体系,分为七十三类,其中新增类目,如地志类、天主教类,为当时和前代私家藏书目录所没有的。对于书目著录之书,尤以所藏宋元版本最为详明,颇有学术价值。可惜他所藏之书,不幸于清顺治七年(1650)冬天,书楼遭受火灾,藏书大多被毁。其所幸存之书,则遗赠给他的族孙钱曾传存下来。

钱曾(1629－1701),字遵王,自号也是翁,也是清初名噪江南的藏书家。他在继承绛云楼遗书的基础上,着力搜聚,自称二十年"食不重味,衣不完采,屏当家资,悉藏典籍",⑬使藏书得以与日俱增,且多为宋元刻本及其他珍贵图书。其藏书楼叫"述古堂",并撰有《述古堂书目》,又撰有《宋版书目》,著录图书二千二百九十五种。由于钱曾不断扩大收藏,藏量和品种自然也就相应增加,于是他在晚年又另辟一藏书楼"也是园",予以列藏,并撰《也是园书目》。如果与前撰《述古堂书目》、《宋版书目》合计,共著录图书三千八百余种,切实地反映了他收藏之富。钱曾收藏书籍有个鲜明的特点,就是把收藏与考订版本紧密结合。他因对宋元书籍非常酷爱,乃选其所藏之最好版本加以题跋,仿照欧阳修《集古录》的办法,撰写了著名的所藏善本解题目录《读书敏求记》。该书叙录六百零一种书,其中对宋元版本书的次第完阙及缮写刊刻工拙等都详加记载,精密考订,可谓一部质量甚高的版本目录学专著,故世人乃目之为藏书家中的版本学家。

顾炎武(1613－1682),本名绛,字宁人,江苏昆山人,晚年定居陕西华阴,世称"亭林先生"。明清之际的史学家、藏书家。他自少至老,无一刻离书,因力主反清,常寓居于外,但所到之地,总是以二骡二马载书随行。晚年定居华阴后,家藏图书甚多。他最善于利用藏书,一方面穷源溯本,考正谬误,力求实事求是,强调调查研究。其所撰的《九经误字》,实为校勘名著,开启了清代校勘学之端;另一方面主张为学要"经世致用",以"引古筹今"为原则,提倡为人要有"松柏后凋于岁寒,鸡鸣不已于风雨"的精神。

他身体力行,利用藏书,结合实际,著有《天下郡国利病书》、《日知录》、《肇域志》、《亭林诗文集》等,表现了他对那种空谈务虚理学的深恶痛绝和一生关心国家大事的崇高品质。

黄虞稷(1629－1691),字俞邰,号褚园,江苏上园人。清初学者,著名藏书家。他家世代藏书,其父黄居中时,就聚有书籍六万余卷,庋藏于千顷斋。其后,虞稷在守其世藏的基础上又有增益,竟达八万余卷之多,并撰《千顷堂书目》。他的藏书活动有二点最引人注目,一是他与江南诸名士约为经史会,将藏书以供浏览,而借阅者则无虚日。其所著《褚园杂记》、《我贵轩》及《朝爽园》等,具体反映了当时他的藏用情况。二是突破私家藏书秘不示人的藩篱,倡导广刻家藏秘本于社会传播。他与藏书家周在浚合编了《征刻唐宋秘本书》,把他们家藏的罕传本一百种(实为96种),逐一校定,公诸于社会,希望有力量的人都能刊印一、二种,使之流传开来。于是,当时的藏书家纪映钟、钱陆灿、朱彝尊、魏禧、汪辑五人赞成其法,乃联名发表了《征刻唐宋秘本书启》。接着,张芳作了一篇《征刻唐宋秘本论略》,曹溶作了一篇《流通古书约》,倪灿和周铭合作一篇《征刻唐宋秘本藏书例》,这些对于促进古籍秘本的流通都起了一定的作用,显然是与黄虞稷的倡导很有关系的。

徐乾学(1633－1694),字原一,号健安,江苏昆山人。康熙时著名学者,藏书大家,其藏书楼名"传是楼"。他是顾炎武之甥,"富于资财,网罗坠简",于是江浙数百里之间的"简籍不胫而走,尽归于传是楼"。⑭传是楼藏书有数万卷之多,均以千字文编号,一字为一柜,共五十六柜。柜分四格,略以四部储置,计三千九百余种,每种上记卷数,下记册数,列藏井然有序,并在精心校勘整理的基础上,编制了《传是楼书目》四卷。徐乾学治学甚勤,以其藏书为根底,撰著颇多,很有建树。如《修明史条例》、《古文渊鉴凡例》、《大清一统志凡例》等皆由他手定。清初的朝章典故制度,也皆取之于他的《通志堂经解》一书。虽书嫁名"成容若"或纳兰性德编,但实出于乾学之手,可见其影响之大。

此外,清初江苏钱陆灿的大还堂,顾嗣立的秀野堂,何焯的赍砚斋,金坛的文瑞楼等,他们的藏书都具有一定特色,对社会产生了一定的影响。

曹溶(1613－1685),字洁躬,一字秋岳,晚号倦圃,又号钼莱翁,浙江秀水人。清初著名藏书家,其藏书楼为静惕堂。他以广泛收集宋、元两代文集为特色。王士禛《池北偶谈》说:"秋岳好收藏宋元人文集,有《静惕堂书目》。所载宋集,自柳开《河东集》以下凡一百八十家;元集,自耶律楚材《湛然集》以下凡一百十有五家,可谓富矣"。曹溶不但富于收藏,而且尝以传播古书为职志。他撰有《流通古书约》一篇,自谓"今酌一简便法,彼此藏书家各就观目录,标出所缺者,先注经,次史逸,次文集,次杂说,视所著门类同,时代先后同,卷帙多寡同,约定有无相易,则主人自命门下之役精工缮写,校对无误,一两月间,各赍所抄互换"。他认为,实行这种办法有几大好处:"好书不出户庭也;有功于古人也;己所藏日以富也;楚南、燕北比皆可行也"。进而还提出了刊布私藏秘本的主张,说:"出未经刊布者寿之枣梨,始小本迄巨编,渐次恢扩,四方必有闻风接响,以表章散帙为身任者"。⑤曹氏提出的这些主张和办法,是对藏书家在根本职能上的一种兴利除弊之举,既否定了长期以来私家藏书"封己守株",秘藏不宣于世的弊端,更从否定中找出了扩大古书流通,有利于藏书发展的良好办法.

因此,不少藏书家交口称赞,认为此约"为流通古书创一良法。藏书家能守此法,则单刻为千百化身,可以不至湮灭,尤为善计"⑥也因如此,曹溶之藏书,更负盛名。

黄宗羲(1610－1695),字太冲,号南雷,学者称之为"梨洲先生",浙江余姚人。他是明清之际的思想家、著名学者,也是杰出的藏书家。其藏书特征,主要有二个:一是以明确的目的着力搜藏。全祖望曾称黄宗羲"愤科举之学锢人,思所以变之。既,尽发家藏书读之。不足,则抄之同里世学楼纽氏,澹生堂祁氏,南中则千顷堂黄氏,吴中则绛云楼钱氏。穷年搜讨,游履所至,遍历通衢委巷。搜鬻故书,落暮一童肩负而返,乘夜丹铅,次日复出"。⑦就这样,他历经穷年搜讨、借抄,终于汇集了所需藏用的大量图书而

249

庋于藏所"续抄堂"。其藏书楼续抄堂之名,即来源于他对藏书的搜讨借抄。据说他为获得世所罕见之书,还与许元溥、刘诚约为抄书社,特别是对于明代史料的抄录保存。所以,当时和后世不少明史资料,多赖以得其传世。二是注意藏书的利用。他利用家藏的文献资料,撰著各类书籍五十余种,近千卷之多,其中尤以《南都防乱公揭》、《明夷待访录》、《南雷文案》、《宋元学案》、《明儒学案》等著作最为有名,后人为之辑有《黄梨洲集》传世。他还竭力提倡"穷经究史","当以书明心",有济于世,进一步丰富了他的藏书思想,反映了他的藏书特征。

朱彝尊(1629－1709),字锡鬯,号竹垞,一叫醧舫,晚号金凤亭长,浙江嘉兴人。清代著名的文学家、藏书家。他平生喜好藏书,其第一批藏书来自明代项笃寿万卷楼中最后的遗存,后来又得友人上海藏书家李延昰遗赠的二千五百卷书籍,加之他平日不断购求、抄录、最终积藏书籍达八万余卷。于是,他建了"曝书亭"和"潜采堂"两个专室来收藏这些书。前者主要贮积一般经史之书,后者则隐藏珍奇秘籍,主要为宋、元二代集部版本。为有利于这些书的管理,编制了《潜采堂宋元文集书目》;为反映其聚藏活动,著有《曝书亭集》,自言记述聚书事迹甚详;特别是他利用藏书,驰骋学问,作有诗词二千六百余首,撰文五十多卷,编著学术论文集数十种,其中《经义考》三百卷最为著名,学术界誉之为中国专科目录的开山著作,当时还受到康熙帝的嘉奖,以御书"研经博物"的匾额赐给他。

清初,在浙江颇负盛名的藏书家,还有高承埏的稽古堂,吴农祥的梧园楼,吴留良的天盖楼,严沆的清楼阁,贾之振的黄叶村庄,龚翔麟的玉玲龙阁,陈士业的酉阳山房,陈自舜的云在楼等。他们也有一定的特色,或与藏量大家争富,或与珍藏秘籍抄本者媲美,或以管理、利用见长,从而表现了清初浙江藏书家的盛况。至于清初江浙以外的著名藏书家也不泛其人。如福建侯官的林佶朴学斋,藏有不少秘本,并工于楷体,付诸雕印书籍。又如王士禛的池北书库,广集珍本善书,历来为人们所羡慕。在北方有河北的梁清标,以及河南开封的周亮工,仪封的张伯行正谊堂,他们都收藏甚富,成为一世的著名藏书家。再如四川成都的孙承泽万卷楼,庋藏甚丰,素有明末清初西南大藏书家之称。

值得指出的是:(一)以顾炎武、黄宗羲等人为代表的清初私人藏书家,本身就是著名的学者和杰出的民主主义政治思想家,其所收藏及利用书籍,始终贯彻着反对封建专制的民主主义思想,寄寓着对满清黑暗统治的抗争,富有可贵的民族气节。(二)清初不少藏书家都是明代遗民,他们怀念故国,以其保存故国文物的心情,从事于图书的收藏。如江苏顾开林,"甲申之变,谢诸生,性独好书",并着意搜集明代遗存图书史料。凡"耳目所及,辄展转穷搜之,必购得为快;或书衮重及未版行而隐秘者,求之益力,得之则狂喜,神色飞动;或力有所不能得,则手自抄写"。尽管顾氏是站在明统治阶级的立场,但他为保存祖国文化典籍免受清统治者摧残破坏,在图书馆事业史上的积极作用却是值得肯定的。事实上,当时像顾开林这样的藏书家为数不少,这就构成了清初藏书家队伍中的一种特殊现象。

二、清中叶著名的藏书家

清代中叶私家藏书植根于中国封建文化鼎盛和终结的时代,呈现出一派繁荣昌盛的景象。

(一)江苏著名的藏书家

江苏清代中叶的私家藏书,犹如繁星密布,不可胜数。其著名者则有王闻远、陈揆、孙星衍、阮元、钱大昕、顾广圻、黄丕烈、严长明、秦恩复、张金吾、励守谦、江藩、朱绪尊、王鸣超、陆时化、孙从添、汪士钟、张若筠、余肖客、朱奂、席鉴等二十余家。这些藏书家的收藏活动都各不相同,也比较复杂,但归纳起来,大致有以下三种情况。

其一,藏书数量较多。在这一方面,当首推江藩和朱绪尊二家。江藩字子屏,一字节甫,号郑堂,江苏扬州人,仅收藏的各种善本书就有八万余卷。朱绪尊字述之,江宁人,藏书十几万卷,且多为抄本,并著有《开卷有益斋读书记》,这是他对所藏书籍研究心得见解的一部目录学专著。至于其他藏书家的藏量虽未超过以上二家,但一般都有数万卷之多。

其二,藏书甚为精博。在这方面,应以乾嘉时期的"四大藏书家"为代表。所谓四大藏书家,是指元和顾之逵字抱冲,其藏书处名"小读书堆",人称他"黄金散尽为收书,秘本时时出老屋";苏州周锡瓒字仲涟,号香岩居士,藏书精博,时称巨擘;吴县袁廷梼字又恺,居家苏州枫桥五研楼,其藏书处叫"红蕙山房",蓄书万卷皆宋椠元刻,秘籍精抄。他平时居坐楼中,"甲乙校雠,丹黄不去手";吴县黄丕烈字荛圃,一字绍武,号复翁,据说他为嗜藏精博曾取有二十多个字号。黄氏在四大家中最为典型,声名卓著。他平生喜好藏书,尤重宋椠,曾专门在苏州设铺搜集,终于购得优质宋版图书一百余种,乃于嘉庆七年(1802),特设专室"百宋一廛"予以庋藏,自号"佞宋主人"。同行顾广圻还为之撰写了《百宋一廛赋》,歌韵其事。之后,他仍继续购求宋本,并作《求古居宋本书目》。除宋本之外,他对其他善本秘籍也重视收集,以藏书楼"士礼居"庋藏。为使藏书广为流通,他选择了一批书籍,经过严格校勘后,将这些书刊印为《士礼居丛书》,传播社会,深受世人欢迎。黄丕烈在藏书上表现的才能是多方面的,他不但善于收藏,注意流通,而且精于版本、目录之学。对其所藏书籍,都一一注释,说明版本源流、价值大小及其收藏传授情况。王芑孙曾在《黄荛圃陶陶室记》里评述说:荛圃"于其版本之后先,篇第之多寡,音训之异同,字画之增损,及其授受源流,翻摹本末,下至行幅之疏密广狭,装缀之精粗敝好,莫不心营目识,条分缕析"。所以,时人都称之为版本学家。由于他在目录学上造诣较深,又撰著有《荛言》、《百宋一廛书录》、《盲史精华》、《汪本隶释刊误》及《所见古书录》等目录学专著,价值较高,故世人又视之为目录学家。

其三,重视藏书校勘考订。这是当时藏书家们的普遍风格。其可称述的典型,在江苏有钱大昕、孙星衍、顾广圻、阮元等诸家。

钱大昕,字晓征,一字及之,号辛楣,又号竹汀,江苏嘉定人。著名史学家、金石学家,也是著名的藏书家、考订家。史称他"研精经史,于经义之聚讼难决者,皆能剖析源流。文字、音韵、训诂、天算、地理、氏族、金石以及古人爵里、事实、年龄,了如指掌。古人贤奸是非疑似难明者,典章制度昔人不能明断者,皆有确见"。[20]他在这方面的学术成果有《唐石经考异》、《经典文字考异》、《二十二史考异》、《潜研室文集》、《潜研堂金石文跋尾》及《竹汀日记钞》等数十种,对社会影响较大。

孙星衍,字伯渊,号渊如,江苏常州人。著名学者、藏书家、校勘学家。他家富有藏书,计有三万余卷,其《北堂书钞》的钞本则是镇库书之一。他的藏书除金石文字及常用书外,其余书籍多庋藏于族祠中,供族人阅览,并撰有《孙氏家藏书目内外篇》及《孙氏祠堂书目》。而祠堂书目则别具一格,不依四部分类,及以学术厘次,共分十二属:一经学,二小学,三诸子,四天文,五地理,六医律,七史学,八金石,九类书,十词赋,十一书画,十二小说。孙氏尤精于校勘考据之学,利用藏书所校《孙子》、《吴子》等最为有名,所考订的《明堂考》、《考正春秋别典》、《魏三字石经残字考》、《史记天官书考证》等也为学术界所重视;其注疏的《尚书古今文注疏》集《尚书》研究之大成;汇编、辑佚的《周易集解》、《集古文尚书马郑注》、《逸文》、《孔子集语》和《金石萃编》、《续古文苑》等广为士子传用;所辑刊的《平津馆丛书》及《岱南阁丛书》,世称精善,为后世多次翻刻、影印,流传甚广。

顾广圻,字千里,号涧薲,江苏吴县人。藏书家、校勘学家。他

253

尝以邢子才日思误书更是一适语,自号"思适居士"(注:邢子才名邵,以字行,北齐人。有书甚多,不甚校雠,尝谓:"日思误书,更是一适")。对所藏之书都注意校勘,其中校订的《周礼郑注》、《国语韦昭注》、《战国策高诱注》和《韩非子注》等书,尤为精当。他不仅校订自藏书籍,而且还受聘校订当时一些大家刊刻之书,如黄丕烈、秦恩复、孙星衍、张敦仁、胡克家、吴鼒等人先后刻书,均聘请他为校勘。当每一书刻完后,"广圻必综其所正定文字,撰写考异或校勘记于后,人称精确"。

阮元,字伯元,号芸台,江苏仪征人。著名学者、藏书家。他的藏书楼名叫"文选楼",庋藏书籍数万卷。他又是著名的校勘学家和出版家,曾先后校勘《十三经注疏》416卷,著有《十三经注疏校勘记》243卷及《仪礼石经校勘记》、《诗书古训》、《曾子注释》等;还编刻有《皇清经解》1480卷和辑刻了《文选楼丛书》27种,著称于世。

(二)浙江著名的藏书家

清代中叶,浙江著名和比较著名的藏书家最多。他们是卢文弨、周春、全祖望、范懋柱、王宗炎、赵昱、许宗颜、孙宗濂、汪宪、汪缄、郑性、郁礼、冯应榴、章学诚、袁枚、吴玉墀、吴骞、严元照、丁杰、丁敬、马瀛、王履端、汪日桂、汪师韩、陈鳣、杭世骏、吴焯、朱稻孙、什光炘、翁方纲、卓天寅、钱熙祚、倪模、袁芳英、李筠嘉、翁广平、刘桐、马玉堂、马思赞、郁松年等数十家。在这些藏书家中,藏量最大的当以钱塘的袁枚为冠。有书四十万卷,专门建造小仓山房所好轩予以庋藏。这是他数十年为官时以薪俸购买和辞官后节衣缩食苦心搜求积聚的书籍。然而,这些藏书在乾隆编四库全书征书时,他却将其大部分藏书献给了朝廷,有的或假借宾朋了,故史称他的藏书"散去十之六、七"。其次,要数浙江仁和的汪日桂字一枝号一之。他性耽群籍,藏书二十余万卷,庋于其家春草堂的欣托斋。他对所藏之书,注意整理,故《藏书记》说:"汪子一之性无他嗜,一

254

志于群籍,补其遗脱,正其伪谬,鉴别尤审"。再其次是浙江萧山的王宗炎、王履端和仁和的杭世骏,他们都各有藏书十余万卷。不过,二王与杭氏之藏有些不同之处;二王均建有"十万卷楼"专门庋藏,而杭氏所藏则拥榻积几,贮于老屋;二王主要以"藏书自娱",而杭氏则潜心研究,"目睇手纂,几忘昏夕",撰著书籍二十余种,达数百卷之多,成为当时有名的藏书著作家。

就总体来考察,这一时期浙江的诸多藏书家,大多是有其藏书活动的个性特征的。钱塘丁敬的小楼三楹藏书,绝大部分为金石拓本,是他终年穷岩绝壁,跋山涉水,手自摹搨的积累。归安丁杰的北学斋藏书,皆手自审定,博稽他本同异,然后以纸细书,下签其中,并以厚纸八九层作为面叶和底叶装帧,妥善保存。海宁陈鳣的向山阁藏书,宋椠元刻甚多,以一生从事钩沉索引,勘定窜乱,系以跋文,疏其异同,而著有《简庄缀文》和《经籍跋文》等校勘专著名世。海宁吴骞的拜经楼藏书五万余卷,多为所购的马氏道古楼及查氏得树楼的元代精刊本。于是,他将这些元版书籍专室收藏,取名为"千元十驾",以媲美黄荛圃的"百宋一廛",意思是说,我有千部元版书,可抵得上你百部宋版书,这如同"驽马十驾"一般。钱塘吴焯的瓶花斋藏书,不少都是宋雕元刻及旧家善本。他仿照晁、陈二氏的办法,撰写了《熏习录》,专记所藏秘籍善本,列叙其书源流情况,与《读书敏求记》类似,颇有学术价值。秀水什光炘的二田藏书斋,有书六万二千余卷,虽无特色,但全系他缩衣节食购买和手抄书贾得来。钱塘汪宪的振绮堂藏书,大多是与同郡赵氏小山堂、汪氏飞鸿堂、鲍氏知不足斋、吴氏瓶花斋、孙氏寿松堂、汪氏欣托山房等彼此互易、借抄所得,其中有宋元二代版本近百种。仁和赵昱的小山堂藏书,有数万卷之多,主要来源于祁氏澹生堂之藏,且好接纳士子借阅。松江钱熙祚的守山阁藏书,为使所藏古今秘籍流传广被,他辑刻了《守山阁丛书》数百种,其中绝大部分书籍都是通过取校、抄录文澜阁所藏的《四库全书》来完成的。在浙江众多的藏书家中,余姚卢文弨最为典型,可谓是一位全能的专家。他博学嗜古,尤喜聚书,恒以重价购藏善本,其藏书楼名叫抱经堂,人称之为"抱经先生"。他与浙江鄞县藏书家卢址几乎同时、同嗜好。址的藏书楼也叫抱经堂,于是浙江便有东西抱经堂之别。卢文弨尤有校勘藏书的优点,史称他与江苏顾广圻是乾嘉时江浙两大著名的校勘学家。其校书方法,独具一格:"参合各本,择善而从,颇引他书改本书,而不专主一说"[19]。所以,凡是他校勘过的书,都能"使学者是正积非,蓄疑涣释",受益非浅。他又是著名的出版家,并把校勘后的善本,"镂版以惠学者"。因苦于镂版难多,则合刊经、史、子、集三十八种,而统名为《群书拾补》。这种将注疏、释文合刻的办法,既能"启人考核者",又"似便而非法也",对社会影响较大。其所著《抱经堂集》、《仪礼注疏详校》、《钟山劄记》、《龙城劄记》、《广雅释天以下注》等书,则能全面地反映出他的藏书、校书、刻书和传播等活动内容。

(三)其他各地著名的藏书家

1、安徽有:休宁的戴震,家中藏书甚富,是乾隆时期著名的思想家、考据学家和藏书家。他利用家中藏书,参阅官府藏书,著作图书二十余种。歙县的鲍廷博,其藏书楼名知不足斋,庋藏也很丰富。乾隆时开四库全书馆,他应命一次就献给朝廷善本书六百余种,获得《古今图书集成》一部的奖赏。他尤注意对藏书的校勘和刻印,曾选择刊印《知不足斋丛书》三十集,时称善本。与鲍氏同时同里的汪启淑也是一位著名藏书家,其藏书楼叫飞鸿堂,聚贮秘籍有百橱之多。也同鲍氏一样,在乾隆时开四库全书馆征书,他便应征进呈秘本六百种。乾隆帝也奖给他《古今图书集成》一部,并御题所藏献本刘一清著《钱塘遗事》和高建康撰《实录》二种,其时"士林莫不以之为荣"。鲍、汪二人的同乡程晋芳也是一位有名气的藏书家。他的藏书楼叫桂宦堂,庋藏各种书籍三万余卷(一说为五万卷),尝自诩"可与鲍汪二家相埒"。还有安徽祁门的马日琯,是安徽藏书家中藏量最多的一家,有书十余万卷,庋藏于丛书楼。马氏后来迁居江苏,亦为名家,世称马氏藏书甲于东南,四方名士与之吟唱看读无虚日。

2、广东有:丰顺的丁日昌,藏书最富。仅他在上海道为官时,就获得郁松年宜稼堂校雠过的书籍数十万卷。为此,专门建造持静斋予以庋藏,并撰《持静斋藏书目录》五卷。嘉应州的吴兰修在粤秀书院设书巢,藏书数万卷,将藏书楼取名为守经堂,自号经学博士。南海的伍崇曜粤雅堂,更以家藏书籍付诸刊印而著名于世。

3、山东有:济南历城的周永年,藏书近十万卷,庋于茅林汲泉山,故自号林汲山人。因有感于官私藏书聚而易散,乃竭力倡行儒藏,作有《儒藏说》及《儒藏条约》,对藏书建设在理论和实践上产生了积极的影响。益都的李文藻建有贷园藏书楼,列贮数万卷。他很重视藏书的整理,对所藏之书几乎都手自校雠过,进而撰写了《所藏书目》、《所见书目》、《所闻书目》三种提要目录,于每一书皆详记其序例卷次,叙录其刊钞出处年月。与此同时,又撰写了《琉璃厂市肆记》一书,描述了各种书商贩书的不同特点及其专长等情况,对于收藏家有所裨益。此外,他还刊刻有《贷园丛书》多种,以广流传。曲阜的孔继涵,孔子的六十九世孙,乾隆时进士,也是一位藏书家。其藏书楼叫微波榭,其所藏书多为精善版本及唐宋以来金石刻拓本千余种。他重视藏书的校勘和刊印,曾手校书籍数千卷,刊印《微波榭丛书》七种及《算经十书》等流传,世称:精本。诸城的刘喜海藏书也较为突出,其中以他手辑的金石文字五千余通最为有名,尚有《嘉应籈藏器目》一卷传世。

4、河北有:大兴的朱筠和翁方纲,他们都有数万卷藏书,都很注意家藏的校勘整理工作。而翁氏藏书比之朱筠更注意苏轼著作版本收藏整理。他自勖于苏学,并以宝苏斋名藏书楼,又辑刻了《苏斋丛书》多种广播于社会。

5、山西有:阳城的张敦仁,藏书甚富,置于郡廨东茸之六一堂中,奉祀欧阳修像,设立小吏为之掌管。高平的张承纶,其藏书楼名沈烟楼,有书二十余万卷。崞县的田楠,他家中殷富,本人喜好聚藏古籍,专门建造一座三楹的楼房来藏书,取名为卓观。对于所藏书籍,朝夕阅读翻检,终年不断地进行校勘是正文字,人称"不枉书人"。

6、辽宁有满清贵族纳兰成德藏书颇多。他在其师徐乾学的指导下,利用所藏,编纂了《通志堂集》,辑刻了著名的《通志堂经解》一千二百卷。此书是关于唐、宋、元、明、清时代人阐说经书的总集,分为十大部分。这部大书,主要是由徐乾学校定的,因书成于成德死后,书版又藏于徐氏,故有徐氏辑刻之说。

7、陕西有周至县的路慎庄。他继承其父路德之藏书,更笃志于购钞聚藏书籍,共有六万余卷,且多为宋版、元刻之书。

8、福建有侯官的郑杰,有书数万卷,藏于注韩居,内分十二橱。其所藏书,主要供自己阅读使用,他尝赋诗记其志说:"东壁图书府,西园翰墨林;诵诗闻国政,讲《易》见天心。"

9、四川有罗江的李调元。其藏书楼名万卷楼,庋有图书十万余卷,"分经史子集四十橱,内多宋椠,抄本尤伙"。他自谓:"我家有楼东山北,万卷与山齐嵯峨。"由于书楼壮观,藏书丰富,时人称之为"西川藏书第一家"。

李调元"万卷楼"藏书是通过购买、抄录、摹拓、自刊等渠道,逐步积累起来的。他早在少年时,就敏而好学,立志藏书。其父季化枬官居浙中,调元前去省亲,遍游浙中山水,即手自摹拓金石文字上千拓本,并广与藏书家交往,购书万余卷,一并捆载而归,自此奠定了家藏书籍的基础。中青年为官时期,尤著力购求书籍,自言其"所得俸,悉以购书"。其时,他因有抄书的"怪癖",凡家中所无之书,即借别人所藏,予以抄写。特别是他在作京官时,曾广抄大内藏书,获得了许多珍奇秘籍,尝言"御库抄本,无一不备"。晚年,他被罢官削职为民,"便从洛社休官去,犹有闲居二十年。"一方面继续收集书籍,另一方面每天"登楼校雠",手不释卷,大肆刊刻他所辑的自汉以来四川文人著作《涵海》、《续涵海》和《童山诗集》、《童山文集》等,以丰富藏书。可惜,这一巨大藏书宝库,不料于嘉庆五年(1800)被焚,书楼与藏书都化为灰烬。当时他悲痛欲绝,写诗记实说:"不使坟埋骨,偏教冢藏书","云降楼成灰,天红瓦剩坯;半生经手写,一旦遂成灰"[50]。

三、清代中期私家藏书的基本特征

清代中期私家藏书盛况空前,人数之多,地区范围之广,藏量藏质之大之高和管理使用等方面,都最为繁荣昌盛。藏书家们的收藏活动及藏书流通应用上的进步,则构成了这一时期私家藏书的基本特征。

第一,推崇异本和秘籍抄本,尤其珍重宋、元二代版本。甚至有些藏书家还根据所收藏宋元版本品种数量而设置专藏书库,并另起特别号名,予以保藏,以示区别他藏。如前面说到的黄丕烈的"百宋一廛",吴骞的"千元十驾"就最有代表性。

第二,校勘、考订、注释和辨伪所藏之书相当普遍,产生了不少校勘考订学家和版本学家,相应地也出现了许多这方面的学术著作,从而开辟了学术研究的一些新领域。如乾嘉时期形成的考据学,很多藏书家就是这一学术领域中的一支重要力量,对当时的学风影响很大。

第三,编辑翻刻古籍,使图书广为流传,成为藏书家的共同风格。他们往往选刊自己所藏的秘本、精本、善本、孤本传播社会。不少藏书家尤其注意辑刻丛书,既有一朝一代的,又有某个时期的,或某个地区的,也有一定主题的。

第四,藏书目录的迅速发展,成为学术研究的重要工具和情报资源。几乎所有的著名藏书家都编撰了自己的藏书目录,并刊行于世。书目的形式多样;除一般的藏书目录外,又有特藏书目,或专科目录;既有读书笔记式的书目,还有关于藏书和雕版的研究著作。

第五,藏书与学术结合。许多人既是学者,又是藏书家,而图书则是其联结的纽带,从而使藏家成为学者,学者因有藏书而产生了无数的学术著作。事实上,大多数的藏书家都有为读书、研究,发展学术文化的明确目的而聚藏图书的。同样,不少大学者往往是为着研究发展某些学术成果而着力收购、钞录,积贮图书资料的,也因此而成果卓越,名声更著。

第六,封闭式的藏书,是私家藏书共同的弊端。他们把藏书据为固有的私产,缺乏面向社会,面向大众的精神,不开放,不借阅,甚至有的连亲朋密友也难以一睹。虽然也有个别藏书家突破这个藩篱,供人借阅,使书流通,但这种开明进步之举,只不过是一灯如豆的暗弱之光。尽管也有藏书家搞点捐赠图书的活动,但对民众却无实际的意义。至于献书给当时清王朝,其害处之大,那就不必说了。

第六节　孙从添、章学诚

一、孙从添的《藏书纪要》

孙从添(1692－1767),字庆增,号石芝,江苏常熟人。乾隆时诸生,善医术,性嗜书、藏书,清代著名的藏书理论家。他的藏书处名上善堂,所藏逾万卷,编著有《上善堂书目》和《石芝余话》及《活人精论》等,具体反映了他的藏书情况。他精心撰写的《藏书纪要》又名《读书记》,则是我国第一部系统论述古代私家藏书的理论专著。他从自己收藏活动的实践中,总结了我国私家藏书在购求、鉴别、钞录、校雠、装订、编目、收藏、曝书八个方面的经验,"详

260

论了购书之法与藏书之宜,以及宋刻名抄何者为精,何者为劣,指陈得失,语重心长,询收藏之指南,而汲古之修绠也"(叶德辉《藏书十约》自序)。它不仅对当时的私家藏书能"益人识见不少",产生了一定影响,而且对后世直至今日的图书馆事业,以及古籍整理都很有参考价值。诚如近人谭卓垣在《清代藏书楼发展史》里所说:《藏书纪要》是"整个十九世纪唯一的一部向私人藏书家交待藏书技术的参考书。令人惊奇的是,他所提出的意见一向为藏书家们谨守不渝,直至今日还对现代中国的图书馆发生着影响。许多编纂珍本书目的术语都出自该书,更不用说后人以此书的意见为鉴别宋元版本的标准了。"

《藏书纪要》一书篇幅不长,只有 7800 字,但"皆甘苦之言"。全书由八章组成,前四章着重阐述建立藏书的意义、方法和版本,认为书籍质量对藏书楼有决定性的作用;后四章则侧重叙说书籍整理、收藏和保管的技术,把庋藏书籍的经验与知识,提高到科学管理的水平。如果再仔细考察一下书中各章的内容,那就更清楚了。

第一章论"购求"书籍。作者认为藏书家购求书籍,是"最难事亦最美事,最韵事亦最乐事"。他概括地叙述了购求好书善本,有六难:"知有是书而无力购求,一难也;力足以求之矣,而所好不在是,二难也;知好之而求之矣,而必欲较其值之多寡大小焉,遂致坐失于一时,不能复购于异日,三难也;不能搜之于书佣,不能求之于旧家,四难也;但知近求,不知远购,五难也;不知鉴识真伪,检点卷数,辨论字纸,贸贸购求,每多缺轶,终无善本,六难也。"接着他指出:藏书家之购求书籍,在于克服六难,获得善本,"抛弃于庸夫之室,岂非人世间一大美事乎?"因为善本是"天下之至宝也","又人生中至宝也"。进而说明购求善本书籍的办法,"或偕之(指同行专家)闲访于坊家,密求于冷铺,于无心中得一最难得之书籍,不惜典衣,不顾重价,必欲得之而后止;其既得之也,胜于拱璧,即觅善工装订,置之案头,手烧妙香,口吃苦茶,然后开卷读之,岂非人世间一大韵事乎?"至于罗列已多,收藏既富,"牙签锦轴,鳞比星章,不待外求而珍宝悉备",又怎能不以此为乐?从而深刻地揭示出购求书籍的奥秘,阐述了藏书的重要意义。

第二章论版本鉴别。他首先指出,作为一个藏书家,必须深知书籍版本的源流。诸如"某书系何朝何地著作,刻于何时,何人翻刻,何人钞录,何人底本,何人收藏"等。进而指出,了解这些情况的途径和方法,主要是靠"眼力精熟",考究"各家收藏目录、历朝书目、类书总目、读书志、敏求记、经籍志、志书("志书":缪荃孙《藕香零拾》本作"府州县志书内")、文苑志、书籍志、二十一史书籍志(《零拾》本书作"经")、名人诗文集、书序跋文",这样就可查考明白、确切。其次,勾勒了富有旧藏的地域及其变化而转移的方位。他说:"大抵收藏书籍之家,惟吴中苏郡、虞山、昆山,浙中嘉、湖、杭、宁、绍最多,金陵、新安、宁国、安庆及河南、北直、山东、闽中、山西、关中、江西、湖广、蜀中亦不少藏书之家。"接着,又探讨了四部书籍版本状况,特别是经、史方面的书籍,如《十三经》、《二十一史》和"三通"(杜佑《通典》、郑樵《通志》、马端临《文献通考》)之类的书。"《十三经》蜀本为最,北宋刻第一,巾箱版甚精;其次南宋本亦妙。唐本不可得矣。北监板无补板,初印亦可。""十七史宋刻九行十八字最佳(《零拾》本案:各史宋刻之佳者,以十行十九字最佳,九行十八字则罕见矣)。"再其次,描述了宋、元、明三代版本,并指明鉴别版本的方法。如对宋本的鉴别,他说:"鉴别宋刻本须看纸色、罗纹、墨气、字划、行款、忌讳字、单边、末后卷数、不刻末行、随文隔行刻;又须将真本对勘乃定。……若果南北宋刻本,纸质罗纹不同,字划刻手古劲而雅,墨气香淡,纸色苍润,展卷便有惊人之处。"然后,他用鉴别宋本的方法,具体描述了各种宋、元、明刊本。对于宋、元、明三代刊本,他认为宋刊本最好,并高度赞扬了十二种宋刊本,其中"惟蜀本、临安本、御刻本为最精";"而宋、元刻本书籍虽真,而必须原印初刻、不经圈点者为贵";明代刻本甚繁,所刻书籍不能悉数,"惟有王板翻刻宋本史记之为最精","各家私刻之书,亦有善本可取者。"至于清代所刻之书,亦有"御刻、精刻可与宋并"。

第三章论钞录书籍。他首先论述了历代好学之士皆有钞书的习惯及其成为一门专门技术的原因。认为大多数的珍秘钞本都是由高手抄的。明确指出,宋、元钞本传世者稀少,明人钞本还有不少存世。其次,列述了各个地区如宁波、南京、杭州等地的著名抄手。他称赞"汲古阁印宋精抄,古今绝作,字画纸张,乌丝图章,追摹宋刻,为近世无有能继其作者"。对于其它某些巨著,如《文苑英华》、《太平御览》、《太平广记》、《百官考传》、《皇明实录》等书,发表了以明代嘉靖至隆庆(1522–1572)时的方可为善钞本的意见。接着,还谈到了钞书用色纸和装订的变迁,"古人钞录书籍俱用黄纸,后因诏诰用黄色纸,遂易以白纸。宋、元人钞本用册式,而非汉唐时卷轴矣。"然后,综合论述了钞本的各种字体风格,并对有图画的钞本作了简要的论述。

第四章论校雠。他认为,校雠书籍只能由那些勤奋博学者来做。"每校一书,先须细心绅绎,自始至终改正字谬错误,校雠三、四次,乃为尽善。"对于珍善本,须将改正字句另纸写在白签上,微粘于该行之上;对于明本、新钞本,应把校正过的宋椠元刻、旧钞本作为底本;遇到疑难,更应向博学君子或碑刻专家,或文字音韵学家请教;假如集合一些同道来讲求讨论,也同样会有收获。接着,他介绍了改字的技巧及其所用的一切材料,主张校正刊刻,"非博雅君子、有力而好古者不能也。"强调书籍上版,"必须名手校正,方可刊刻,不然枉费刻资。草率刻成,不但贻误后人,反为有识所笑。"

第五章论装订书籍。他一开始就明确指出:"装订书籍,不在华美饰观,而要护帙有道。款式古雅,厚薄得宜,精致端正,方为第

263

一"。这是装订书籍的标准,也是装订书籍的目的和要求。然后,他便系统地叙述了装订一书的全过程,讲解了用料之需,蛀蚀之害与防治之法,以及修补技术。进一步强调装订书籍要讲究得体、耐用和适时,并反对使用函套,仅可饰观的作法。

第六章论藏书编目。他说:"大凡收藏家编书目有四则,不致错乱颠倒、遗漏草率、检阅清楚、门类分晰,有条有理,乃为善于编目者。"这是指出编目者应具备的条件,要求一个善于编目的藏书家,不但要有广博的典籍知识,对所藏典籍有完全的了解,而且要有分类编目的专门知识,合乎逻辑的思想和从事系统分类著录的能力,才能胜任这个工作,编制出好的书目。他认为,藏书楼应编制有四种形式的目录:一是要编有藏书楼的《大总目录》。这种目录需按经、史、子、集四部,或依以前藏书家所用过的一种分类法编排,在每"一种门类写完后,存白页,以备增写新得之书。"每一部编定,应在末尾注明其若干部、若干册,最后附录释、道书籍。二是要编制《宋元刻本钞本目录》,行款应如总目录样式。但需要加注其为何代版本及题跋者、收藏者、有缺无缺、校与未校。对于钞本,亦照前行款式写录,但要注明钞者何人等;三是要编制《分类书柜目录》,以便检查而易取阅。书柜要先编定字号,再附加柜内藏书清单。若有人借阅,即于书目上注明某年月日某人借还;四是要编写"书房架上书籍目录和未及装订的书目",使藏书主人能总的掌握哪些书正在装订,哪些书正待装订以及哪些书需要配补钞齐。最后,他小结说,一个私家藏书楼,编写有如上几种书目则是很完善的,即使缺少某一重要的著者索引,也无碍于藏书大观。

第七、八章谈藏书保管和曝书。前一章讲收藏书籍,既要保管得法,又要时常检查,主要有四点必须把握好:1、为使书籍完好保存,必须安置妥当,经常翻检;2、存放书籍的书柜,必须选择如江西杉木或川柏、银杏之类木料,不可用易于泛潮的紫檀、花梨小木为之,并在书柜门上镌刻唐人诗句,以体现藏书主人的诗意和风格;

3、强调书楼和窗棂,必须坚固、紧密,且能通风透气;4、必须注意避蛀、驱蚁、防鼠、拒霉和辟火。后一章集中介绍了曝晒书籍的手续、季节和技术要领,进而追述了汉唐时已有曝书会的优良传统,"余每慕之,更望同志者之效法前人也"。

总之,孙从添的《藏书纪要》对于私家藏书之道的论述是比较全面系统而详赡的,既有一定的理论深度,又有切中时弊的实用广度;既符合历代藏书家的客观实际收藏活动,也适合当时藏书家的认识水平和现实需要。所以,当时和后世的藏书家莫不视之为珍书瑰宝,而在自己的藏书活动中恪守其道。现在,虽已时过境迁,我国图书馆事业已发生了翻天覆地的变化,但《藏书纪要》仍未完全失去其应有的光泽,而有着重要的影响。

二、章学诚的《校雠通义》

章学诚(1738-1801),字实斋,号少岩,原名文敩,浙江会稽(今绍兴)人。清代著名的史学家、目录学家。他是乾隆时进士,官国子监典籍,自知不合时好,故不求仕进。曾主讲定州定武书院、归德文正书院、保定莲池书院。又曾主编《和州志》、《永清县志》、《亳州志》、《常德府志》、《荆州府志》、《湖北通志》,以及协修《续资治通鉴》等史志。在他的学术生涯中,其所撰著的《文史通义》和《校雠通义》二书,代表了他的最高学术成就。前者是重要的史学理论专著,后者则集中反映了他在目录学上的杰出贡献,对图书馆事业产生了积极的影响。

《校雠通义》初名《校雠略》,撰成于乾隆四十四年(1779),后经多次修改,直到乾隆四十五年(1790),方成定本,并更为今名。全书本为四卷,今仅存三卷十九篇。其三卷的篇章结构是:第一卷由叙、原道、宗刘、互著、别裁、辨嫌名、补郑、校雠条理、著录浅逸、藏书十篇组成;第二卷由补校汉艺文志、郑樵误校汉字、焦竑误校汉字三篇组成;第三卷由汉志六艺、汉志诸子、汉志诗赋、汉志兵书、汉志术数、汉志方技六篇组成。《校雠通义》是对郑樵《通志·校雠略》的继承和发展，他不限于校对书籍，而已经扩大了校雠的原意，发展到目录学的范畴，认为："校雠之学，与著录相表里，校雠类例不清，著录终无原委"[51]，从而建立起了他的新的目录学思想体系，表现出他在我国目录学上的重大成就和杰出贡献。正如王重民在《中国目录学史论丛》中指出："章学诚是我国封建社会末期杰出的目录学家"，他的新的目录学思想体系，"开始扭转了我国封建时期目录学的方法理论，即主要是为封建政府校书编目的服务方向，而走向了讨论、研究和编制专科目录的方向；在有关藏书的地方，则趋向于半公开图书馆的藏书目录了。这些，都带有近代目录学的思想倾向而成为它的先驱"。概括起来，主要有以下三点。

其一，发展了目录学"辨章学术，考镜源流"的思想。《校雠通义》用社会发展的观点，总结了我国古代目录学的实践经验，依据我国图书目录的发展历史，系统地阐述了我国图书目录的发展规律。他在"序"篇里说："校雠之义，盖自刘向父子部次条别，将以辨章学术，考镜源流；非深明于道术精微、群言得失之故者，不足与此。后世部次甲乙，纪录经史者，代有其人；而求能推阐大义，条别学术异同，使人由委溯源，以想见于坟籍之初者，千百之中，不十一焉。"意思是说，自刘向、刘歆父子确立《七略》的图书分类体系，就是结合我国学术思想的发展，溯源于《周官》来区别类例以部次当时所有的图书资料的，其用意在考求学术源流，深通道术精微。因此，对各种图书要按照它的学术源流来区分，还要考求群言得失。在他看来，这是我国目录学的优良传统，然而，后世部次图书虽代有其人，但对区别学术异同，使人由委溯源的则很少。所以，他一方面指出：《七略》的编纂方法甚好，其中《辑略》"最为明道之要"，应该予以继承，把目录内容与学术思想结合起来，发挥目录"辨章学术，考镜源流"的作用，其办法就是编写好分类的大小序。

266

另一方面,他认为分类不能墨守《七略》的成规,而应根据书籍的发展和学术的变迁加以更改和创新,即改《七略》为四部,在四部中新论流别原委。他在《宗刘》篇的"七论"中阐述了《七略》必须要更改为四部的情势和理由,扼要地说:"《七略》之流而为四部,如篆隶之流而为行楷,皆势之所不容已者也。"进而列述了五条理由:"史部日繁,不能悉隶以《春秋》家学,四部之不能返《七略》者一;名墨诸家,后世不复有其支别,四部之不能返《七略》者二;文集炽盛,不能定百家九流之名目,四部之不能返《七略》者三;钞辑之体,既非丛书,又非类书,四部之不能返《七略》者四;评点诗文,亦有似别集而非别集,似总结而非总集者,四部之不能返《七略》者五。"于是,他结论说:"凡一切古无今有、古有今无之书,其势判如霄壤,又安得执《七略》之成法,以部次今日之文章乎?"明白地表现了章学诚的图书分类体系的发展观和创新精神。他的这种发展观和创新精神,不仅认为"《七略》之古法终不可复",应以适应图书资料发展新情况的四部来取代,而且认为四部虽有优点,但四部又有不能"辨章学术,考镜源流"的缺点,削弱了目录中的理论性。因此,他提出了既能使四部的优点得以保持和发扬,又能救正和克服它的缺点的办法:一是"就四部之成法,而能讨论流别";二是于"四部之中,附以辨章流别之义,以见文字之必有源委,亦治书之要法";并在《宗刘》篇中给几个新兴的图书品种,如历史书籍、文集、类书、书钞、诗文评点书等,拟作了类序,示以"论辨流别之义",以达到提高目录的学术思想价值的目的。

其二,阐述了分类著录辅助方法"互著"与"别裁"的功用。所谓互助法,是指在分类著录中,遇到"理有互通,书有两用"的时候,将一书分别著录在两个类目里,即其所说的"兼收并载"。所谓别裁法,就是把一书只著录在主类中,而把书中与他类可以"互通"或"两用"的篇章裁篇别出,著录在相关的类目中。对于互著、别裁两种方法的意义和作用,章学诚在《互著》与《别裁》两篇文章里作了系统的阐述,使我国的系统目录,尤其是专科与参考目录在与学术思想史相结合的方法上,更大的提高了一步。他在《互著》篇里,写了五则文字精辟地阐明了互著法的重要意义和作用,说:"部次流别,申明大道,叙列九流百氏之学,使之绳贯珠联,无少缺逸,欲人即类求书,因书究学。"这就必须有互著之法,有了此法,就能更好地发挥系统目录"绳贯珠联"、"即类求书"的功用。他说:"至理有互通、书有两用者,未尝不兼收并载,初不以重复为嫌,其于甲乙部次之下,但加互注,以便稽检而已。古人最重家学,叙列一家一书,凡有涉此一家之学者,无一穷源至委,竟别其论,所谓著作之标准,群言之折衷也。如避重复而不载,则一本书有两用而仅登一录,于本书之体,既有所不全;一家本有是书而缺而不载,于一家之学,亦有所不备矣。"显然,这就把"互著"的意义和方法说深说透了。如果说这是就互著功能和方法的普遍性而言,那对于特殊情况下如何灵活运用互著法则又进一步作了说明。他说:"就书之易淆者言之","书之易混者,非重复互注之法,无以免后学之抵牾;书之相资者,非重复互注之法,无以究古人之源委。""部次群书,标目之下,亦不可使其类有所阙,故详略互载,使后人溯家学者,可以求之弗得,以是为著录之义而已。"他所说的"书之易混者",是指的一书虽只有一个主题,但那个主题有的和两个类目都有关联;"书之相资者",是指一书有两个或两个以上的主题,那就必然与两个或两个以上的类目相适应。在这样的特殊情况下,则一书都有两用,不能避重复而不载,这就应该灵活地运用互著法,使其意义和作用得以广泛而深入的发挥出来。

至于别裁法,章学诚在《别裁》篇里,也作了理论和实践的说明。他说:"古人著书,有采取成说,袭用故事者(如《弟子职》必非管子自撰,《月令》必非吕不韦自撰,皆所谓采取成说也),其所采之书,别有本旨,或历时已久,不知所出;又或所著之篇,于全书之内,自为一类者,并得裁其篇章,补苴部次,别出门类,以辨著述源流。"这就把别裁的来源、先例、性质、特征和著录形式等一系列重要问题讲清楚了。进而,他又阐述了互著与别裁的主要差别,指出在什么情况下才使用别裁法,他说:"权于宾主重轻之间,知其无庸互见者,而始有裁篇别出之法耳"。

此外,他在《焦竑误校汉志》篇里,还讲述了别裁的使用,特别是有助于编制专科目录。他说:"裁篇别出之法","且如叙天文之书,当取《周官·保章》、《尔雅·释天》、《邹衍言天》、《淮南·天象》诸篇,裁列天文部首,而后专门天文之书以列为类焉,则求天文者,无遗憾矣。叙时令之书,当取《大戴礼·夏小正》篇、《小戴记·月令》篇、《周书·时训解》诸篇,裁列时令部首,而后专门时令之书以次列为类焉;叙地理之书,当取《禹贡》、《职方》、《管子》、《地圆》、《淮南·地形》诸史地志诸篇,裁列地理部首,而后专门地理之书以次列为类焉,则后人求其学术源流,皆可无遗憾矣"。

其三,主张编制"索引"工具书,以提高检索、校勘书籍的效率和质量。他认为:"典籍浩繁,闻见有限",即使是博学之才,也不可能"悉究无遗"。因此,他主张:"宜尽取四库之藏,中外之籍,择其中之人名、地号,官阶、书目,凡一切有名可治,有数可稽者,略仿《佩文韵府》之例,悉编为韵,乃于本韵之下,注明原书出处及先后篇第,自一见再见以至数千百,皆详注之,藏之馆中,以为群书之总类"(《校雠通义·校雠条理》)。编制这样的书目索引,对于校勘检索书籍是很方便的。他说:"至校书之时,遇有疑似之处,即名而求其编韵,因韵而检其本书,参互错综,即可得其至是"(同上)。

最后,应该指出,章学诚在目录学上的贡献是多方面的,不仅集中体现在《校雠通义》里,而且散见于《文史通义》和反映在《史籍考》中。除《文史通义》尚存外,《史籍考》虽已亡佚,但从现存的《章氏遗书·编修史籍考要略》,可窥知其关于分类与著录的精辟见解。他提出的古逸宜存,家法宜辨,剪裁宜法,逸篇宜采,嫌名宜辨,经部宜通,子部宜择,集部宜裁,方志宜选,谱牒宜略,考异宜精,板刻宜详,制书宜尊,禁例宜明,采摭宜详等十五宜原则,既丰富了目录学的理论内容,也常为目录学工作者在实践中多有借鉴,其影响是很深广的。

注释

①②张之洞《劝刻书说》

③④《四库大辞典》

⑤清乾隆《御制文二集·文源阁记》卷 13

⑥清乾隆《御制文二集·文溯阁记》卷 14

⑦⑧施廷镛《故宫图书记》

⑨《四库全书总目·圣谕》卷首

⑩清乾隆《御制诗四集·经筵毕临文渊阁有作》注卷 56

⑪㉗㉜㉝《清史稿·职官一、二》卷 114、115

⑫《纂修四库全书档案史料》

⑬乾隆《御制诗五集·题文源阁》诗注卷 62

⑭《热河志》卷 41

⑮⑯⑲⑳㉒㊲㊳㊴㊵㊶㊹《中国古代藏书与近代图书馆史料》

⑰《陈垣学术论文集》第 2 集

⑱《盛京通志》卷 20

㉑李斗《扬州画舫录》卷 4

㉓㉔《两浙盐法制·文澜阁图书》卷 2

㉕《文澜阁志·图说》卷上

㉖《清史稿·艺文志序》卷 145

㉘㉙《四库全书总目》

㉚《天禄琳琅书目后编序》

㉛《天禄琳琅书目·凡例》

㉞《办理四库全书档案》

㉟《图书馆学季刊》第 2 卷、第 3 期

㊱《清会典》

㊷洪亮吉《北江诗话》卷3

㊸《述古堂书目·自序》

㊺㊻《流通古书约》铅印本

㊼《鲒埼亭文集》前编、卷11

㊽㊾《清史稿·钱大昕传、卢文弨传》卷481

㊿清同治《罗江县志》、杨懋修《李雨村先生年谱》

○51章学诚《论修史籍考要略》

第十一章　近代的图书馆事业

第一节　近代图书馆事业的社会背景

一、近代社会概况

从 1840 年鸦片战争开始,外国列强相继用军事的、政治的、经济的和文化的各种手段侵略中国,腐败的清政府逐渐成为"洋人的朝廷",使中国社会性质发生了根本的变化,由一个独立自主的封建社会沦为半殖民地半封建的社会。

1911 年,辛亥革命推翻了清政府的统治,建立了中华民国。但在外国列强和封建势力的支持下,袁世凯很快篡夺了革命政权,建立起北洋军阀统治。各派军阀混战不已,外国列强不断疯狂侵略,使国家和人民遭到极大灾难,中国社会长期处于内忧外患之中。

在经济上,外国资本的侵入,破坏了中国的自然经济,同时也刺激了一部分地主、官僚和富商投资于近代工商业。从 19 世纪 60 年代开始,洋务派官僚开始创办一些近代军事工业和民用企业,输入一些西方的生产科学技术。70 年代,民间工商业开始在国内一些大城市陆续出现,民族资本主义开始缓慢地发展。在第一次世界大战期间,中国民族资本利用外国列强忙于战争的机会,有了较多的发展。但由于帝国主义的压迫和国内封建势力的束缚,中国资本主义的发展始终受到障碍。中国近代民族民主革命运动,正是在这种十分脆弱的经济基础上发生的。

在中国近代史上,最先反帝反封建的是农民运动。鸦片战争时,有"平英团"等农民群众的抗英斗争。1851 年开始的太平天国农民起义,坚持十四年之久,发展到十七八个省份,曾建都南京,有力地打击了清政府的统治。1900 年的义和团运动,对外国侵略军进行了英勇的战斗。随着资本主义的产生和发展,中国先后出现了资产阶级维新变法和资产阶级革命运动。19 世纪末叶的维新志士和 20 世纪初年革命者的勇敢奋斗精神,有力地推动了中国人民的反抗斗争。辛亥革命的胜利与"五四"运动的爆发,反映出中国资产阶级和无产阶级都是中国近代社会的新的阶级力量。但当资产阶级领导的历次斗争失败之后,中国无产阶级却日益壮大起来,终于代替资产阶级而成为中国民族民主革命的领导阶级,使中国革命进入崭新的阶段,同时也标志着中国近代社会发展阶段的终结和中国现代社会举步前进的开始。

二、封建藏书楼的衰亡

鸦片战争揭开了中国近代史的帷幕,随着社会的变化,封建藏书楼已经不能适应时代的要求,遂逐渐衰亡。就其藏书的主要三种形态来看,在社会深刻变化的氛围中,首先是封建官府藏书的衰亡。清朝虽有七大阁藏书,但在民族矛盾和阶级矛盾的尖锐斗争中,或被侵略者掠夺,或在战火中焚毁,或失去其故有形态而奄奄一息。它们犹如清统治者不能挽救其封建政权必然走向灭亡的命运一样,随着社会的激剧变化迅速走向衰亡。其次,是书院藏书的瓦解。由于书院的废除而代之以学堂的兴起,书院藏书则相应瓦解散佚。其遗存下来的书籍就成为近代学校藏书的基础。这种兴废存佚的历史,当以 1898 年(光绪 24 年),清政府明令废科举、兴学堂、改书院为标志。从是年维新派通过光绪皇帝颁布的《饬各省开办中学和小学谕旨》开始,全国各地都先后将旧有的大小书院,一律改为兼习中学和西学的学堂。省会的书院改为高等学堂,府城的书院改为中等学堂,州县的书院改为小学堂。从此,中国封建社会的书院藏书即失去其原有的形态,而逐渐过渡到了近代学校图书馆。

再次,是私家藏书的没落。私家藏书随着社会政治、经济和文化的变化,特别是帝国主义的侵略和封建统治阶级以及后来军阀混战的破坏,也同样没有逃脱没落的命运。近人叶德辉在记述太平天国后中国私家藏书的情况时说:"大江南北,遍地劫灰,吴中二三百年藏书之精华,扫地尽矣。幸有常熟瞿氏铁琴铜剑楼保守其子遗,聊城杨氏海源阁收拾余烬,兰陵孙祠书籍归于吾县袁氏卧雪庐,江浙间所有善本秘抄,又陆续会于湖州陆氏丽宋楼、仁和丁氏善本书室,长篇短策,犹可旗鼓中原。"①这就是说,由于十九世纪社会动乱,许多藏书家都凋敝零落,藏书散失或被毁,而幸存者全国不过四、五家最为富有而已。事实上,就连这几家虽名噪一时,但最后都莫不以衰落而告终。

江苏常熟瞿绍基(1772－1836)的铁琴铜剑楼藏书十万余卷,相传几代。到了第四代传人瞿邦熙(1908－1987)时,其所藏书则因时代之变迁而屡经散失,剩余部分全部捐献给北洋政府即告结束。近人王睿为之作诗描写道:"烟树苍茫罟里村,废池乔木亦难论。高斋空锁尘封日,凄绝长思欲断魂。"这自然是对瞿氏藏书由盛及衰的真实写照。

山东聊城杨以增(1787－1855)的海源阁珍藏图书数十万卷,与南方瞿氏藏书并驾齐驱,世有"南瞿北杨"之称。但这些藏书在传至其曾孙一代时,即屡遭劫难,有的被军营践踏,用作炊薪和斥为废纸,有的被人假借夺去,余存部分为杨氏后裔杨敬夫变卖。故伦明《海源阁》诗说:"累世搜储祖逮孙,海源恨不在桃源。杨江王目参差是,兵火之余百一存。"

湖南长沙袁氏的卧雪庐,有书约十万卷,其中宋元抄本甚多。但因家道中落,在光绪年间,便先后售给德化李盛铎和长沙的袁树勋而彻底破产。

浙江吴兴陆心源(1834－1894)的皕宋楼、十万卷楼和守先阁藏书,积聚善本十五万卷,雄视江南。遗憾的是,在陆心源谢世后的十三年(即1907),他的儿子陆树藩(字伯纯),竟将其藏书以十一万八千元卖给日本的岩崎弥之助,藏于东京静嘉堂文库。据这次交易的中介人岛田翰在《皕宋楼藏书源流考》中说,日人所购的这批藏书中,有宋版110部、元本115部,共4000余册。自此,陆氏所藏的珍贵的图书,就这样落入日人手中,离开祖国而被运载到日本去了。

浙江钱塘丁丙(1832－1899)的八千卷楼和善本书室,藏书达六十余万卷。其中,有宋元明三代的善抄本两千余种及八千余种佛道和小说、戏曲文艺书籍。但后来,丁氏后代因负债累累,于1907年由丁立中经手,经缪荃孙和陈庆年介绍,乃将丁氏全部藏书卖给官方,得时银73000余两。自此,丁氏苦心经营的大量藏书便转嫁一空。从上述几位藏书家的聚散不难看出,他们时处清末,进入了近代。其所藏书既是在其他藏书家藏书散亡的基础上发展起来的,充分表现了封建社会私家藏书的一股顽强力量。但同时,它们本身又是聚散相随而最终以散亡告终,明显地反映出它与社会格格不入,是一种难以维系的孤寂力量。所以,它们就不得不如同其他藏书家的结局一样,命途多乖,没落衰亡。然而,在衰亡的过程中却孕育着近代图书馆出现的某种因素。

第二节　近代图书馆观念的引入

近代东西洋图书馆观念引入中国,是在十九世纪中叶,世界列强以坚船利炮打破了中国国门之后,西方近代科技和文化不断进入中国,使我国素以传统儒学为基础的文化结构受到猛烈冲击和严重挑战的情况下,而逐渐展开的。要而言之,主要有三条途径。其一,外国传教士的宣传介绍。早在1807年,西方殖民国家基督教(新教)派来中国的第一个传教士英国马礼逊(1782-1832)到广州,任职于英国殖民机构东印度公司期间,父子二人合著的《外国史略》一书中,就曾介绍了葡萄牙、荷兰、法兰西等国的图书馆及其藏书。继之,又有英国传教士慕维廉著《地球全志》,美国传教士祎里哲著《地球说略》、高理文著《美国哥志略》、戴德江著《地理志略》等书,分别对欧美各国的图书馆事业有所记载,并在中国传播。可以说,这是欧美图书馆思潮和观念对我国的最初输入,而且带有文化侵略的性质。

鸦片战争失败后,外国教会和外国殖民者将近代图书馆观念由著述宣传进一步发展为在中国设立的西式图书馆,予以物质实体的介绍。1847年,西方耶稣会传教士们首先在上海徐家汇的教会总院内设立了西氏藏书楼(又称图书馆),分置中文和西文两书库,主要供传教士研究、宣传参考,并提供社会人士阅览。1851年,又由西方人在上海创办了上海图书馆,时称"洋文图书馆"。1871年,英国基督教牧师伟烈亚力代表大英圣公会,在上海办起了亚洲文会北中国支会图书馆。1875年,外国传教士在上海又设立了天主堂图书馆等。据此可知,近代图书馆观念通过传教士这个途径输入中国,从一般的著述宣传到在上海设立藏书楼或图书馆的实际介绍,虽在客观上打开了中国人的眼界,但本质上却深深地打上了西方资本主义列强对中国文化侵略的烙印。

其二,爱国主义者的编译介绍。我国最早注意到西方图书馆的人,是近代文化的先驱林则徐、魏源、徐继畬等。他们在鸦片战争爆发前后,为了打败外国殖民主义者的侵略,了解西方情况,陆续编译出版了一些重要著作。书中就注意介绍了西方各国的图书馆。如:林则徐1839年到广州就派人编译了《华事夷言》,书中谈到了欧洲国家图书馆收藏了许多中国书籍。他更意识到西方国家的图书馆已成为其殖民扩张和文化侵略中国的工具。1840年,林则徐为了解西方文化,反抗侵略,便派人翻译外文书报,以英人慕瑞的《世界地理大全》为蓝本,参用其他外文书刊文献资料,亲自主持编辑了《四洲志》,对欧美图书馆记叙颇多。嗣后,魏源又据林则徐所辑的《四洲志》为基础,参照《职方外纪》、《外国史略》等西方史地资料,辑成《海国图志》,较系统地介绍了欧美图书馆。1848年,爱国主义者徐继畬著的《瀛环志略》出版。这是一部继《海国图志》后叙述外国历史、地理及图书馆甚为详赡的著作。在这一时期介绍西方情况包括图书馆在内的还有梁廷枏的《海国四说》和《夷氛闻记》等著述。这些译著叙述外国的情况,不仅对中国人认识西方列强可开眼界,而且使中国人初步接触到西方图书馆。从而引起了中国主张变法革新的人们的浓厚兴趣。

其三,学者和使臣到外国进行实地考察。据文献记载,从19世纪中叶洋务运动的兴起,到19世纪末叶维新变法失败的前后止,中国一些学者或使臣曾先后到欧美各国进行实地考察,寻求抵抗外国侵略之策和治国富强之术,其中图书馆事业则是其考察的内容之一。他们回国后,把考察的情况和耳闻目睹的感受,写成游记或见闻录在国内予以传播。在19世纪60至80年代,以斌椿、志刚和张德彝等人先后考察欧美图书馆为最早。1866年,斌椿等五人一行,用四个月时间,游历法、英、比、俄等欧洲十国,著有《乘槎笔记》一书。书中明确记载"某日观大图书馆"一则,开了中国学者考察欧洲图书馆的先河。1867年,志刚出使美国,撰的《初使泰西记》中,记述了他参观美国图书馆的见闻,是我国政府官员对美国图书馆的第一次考察。同年,学者王韬游历英、法、俄等国,作《漫游随录》,向国人最先介绍了英国的乡村图书馆。特别是张德彝,自1866年至1902年,先后八次出访或出使欧美各国。他从

1867 年开始,即陆续将其在海外的见闻写成游记,著《航海述奇》八种,对西方藏书和图书馆作了许多生动的记叙。到了 19 世纪的七八十年代,随着中国人学习、研究西方的风气盛行。于是对外国图书馆的考察便逐渐深入而形成热潮。从考察的国别地区来看,既有西方的欧美各国,又有东洋的日本国;从参加考察的人员来看,不仅有政府官员,民间学者,而且还有出国学习的留学生;从考察的内容来看,也较前更加深入广泛。如 1876 年,郭嵩焘首任驻英国公使,两年后又兼驻法国公使,主张学习西方科学技术和文化,以"立富强之基"。他曾先后考察了法国国立图书馆及英国的大学图书馆,并两度进入大英博物院参观访问。著有《使西程记》、《伦敦与巴黎日记》等书。他在"日记"一书中记述克罗斯约游布利来斯妙西阿姆图书馆说:"其书馆藏书数十万册,皆分贮之。古书有在罗马先者,有刻本,有写本,分别各贮一屋,其余书籍,列屋庋藏。有专论音乐者,有专为目录者。其藏书目录或新或旧,或移置他处",亦十余人司之。"最后一阁屋,四围藏书六万卷。中高为圆座,司事者处其中,两旁为巨案曲抱,凡三。外皆设长案,约可容千余人。每日来此观书者六七百人。四周藏书分三层:下一层皆常用之书,听人自往取观;上二层则开具一条授司事者,司事者其所取书于牌,分门别类,各向所掌取之。"可见其考察涉及的内容较为深广,既有藏书的数量、版本和目录管理,又有馆内设置、安排、闭架和开架形式,还有读者人数情况、借阅手续及阅读方法等的记叙。

又如 1876 年,洋务派重要人物何如璋出使日本,著名学者黄遵宪次年被任命为驻日本公使参赞。黄氏深入了解日本当代文学、历史著作和图书馆情况,悉心研究其明治维新过程,撰写了《日本国志》40 卷。书中较翔实地叙述了日本在明治维新期间创办的新式图书馆,这是我国介绍日本图书馆的开端。继后,王韬东渡日本,作《扶桑游记》,深刻地分析了日本图书馆的发展历史。

他认为日本的图书馆是在接受西方图书馆思潮后,先将孔庙改为书籍馆,之后才在上野公园创办了西方式的新式图书馆。而这种新式图书馆的创设,则是日本明治维新运动的一项重要成果。这样,无疑是将中国人考察东西洋图书馆的认识向前推进了一步。

公元1892年,改良主义郑观应把考察认识西方图书馆与中国封建藏书相联系,进行比较,向清政府提出了仿照欧洲图书馆的模式设立各级图书院的建议。他说:"泰西各国均有藏书院、博物院,而英国之书籍尤多。自汉唐以来,无书不备。凡本国有新刊之书,例以二份送院收储。如有益于国计民生者,必膺朝廷重赏,并给以独刊之权若干年。咸丰四年(1854)间,于院中筑一大厦,名曰读书堂,可容三百人,中设几案、笔、墨。有志读书者,先向本地士领取凭单,开列姓名、住址,持送院中董事,换给执照,准其入院观书。"接着,他联系中国实际,首先指出:"独是中国,幅员广大,人民众多,而藏书仅此数处(指七阁藏书尚存的四阁藏书),何以遍惠士林?"然后他建议清政府"宜饬各直省督抚于各厅、州、县分设书院,购中外有用之书,藏贮其中,派员专管。无论寒儒博士,领凭入院,即可遍读群书。""我中国四万万之华民,必有群出于九州万国之上者"。②不难想见,这种观点是对中国封建藏书旧制的一种冲击,也是西方图书馆观念引入我国的一种表现。

甲午战争之后,民族危机空前严重,变法维新运动进入高潮,中国近代图书馆观念则日趋成熟。以康有为、梁启超为代表的维新改良主义者把学习西方政教,启迪民智视为反对列强,振兴中华的根本。于是,他们将建立公共藏书楼(图书馆)作为兴国之举的五项措施之一,竭力进行宣传。或撰文详细阐述近代图书馆的意义和作用,或呈文清政府提出设置公共藏书楼的具体构想和方案,等等。这些宣传和倡议都对社会产生了直接的深远的影响。一是依照东西洋的图书馆观点,以变法图强的思想为指导,对中国传统、守旧的封建藏书思想和体制,进行了否定和批判。二是引入近代东西洋图书馆观念,开阔了我国学习外国图书馆学理论和先进技术的眼界,促进了我国开办具有现代意义的公共藏书楼和图书馆的重要性和迫切性的认识与提高。三是导致了我国近代早期较先进的图书馆观念的形成,为近代图书馆的产生和发展提供了理论依据及实践的模式。于是,中国近代各类图书馆便随着社会的发展变化日益兴起,逐渐成长起来。

第三节 近代的公共藏书楼

一、维新派创立的学会藏书楼

在维新变法运动中,维新志士为宣传变法,倡导维新,组建了各种学会,创立了学会藏书楼。据不完全统计,仅 1895 年—1898年的两三年间,全国各地先后成立了八十八个学会,其中绝大多数的学会都办起了新式的藏书楼。这些学会藏书楼,以 1895 年 7 月康有为、梁启超等人在北京创立的强学会"书藏"为最早,也是"强学会最初着手之事业"。该书藏设在北京琉璃厂,采用购买与捐赠的办法,备置有大量的中外图书及仪器。意欲"邀人来观,冀输入世界之知识于国民。"其创办经过,当年康有为曾在《记筹办书藏经过》中明确写道:学会创立,"来者日众。翰文斋愿送群书,议开'书藏'于琉璃厂,乃择地购书。先嘱孺博(麦孟华)出上海办焉。是时,遍寻琉璃厂书店,无一地球图,京师锢塞,风气如此,安得不败?""英、美公使愿大助西书及图器。规模日广,乃发公函于各督抚。刘坤一、张之洞、王文韶各捐 5000 金,乃至宋庆、聂士成咸捐数千金。士夫云集,将俟规模日廓,开书藏",供会员和民众阅览。在强学会书藏的带动下,全国各地学会书藏伴随着学会的成立而创办起来。其中较突出的有:上海强学会分会书藏、农学会书藏、蒙学会书藏、京师关西学会书藏、北京知耻会书藏、湖南地学会书藏、金陵开劝学会书藏、衡州任学会书藏、群萌学会书藏、战学会书藏、公法学会书藏、南学会书藏、广东显学会书藏、奥学会书藏、群学会书藏、南京测量学会书藏、广西圣学会书藏、湖北欣学会书藏、武昌质学会书藏、陕西味经学会书藏、常德明达学会书藏、扬州医学会和江苏苏州学会书藏等二十余所。这些学会书藏都有明确的目的,即广学知识,启迪民智;宣传维新,推行改革。他们的藏书,均以新学、西学为主,"广考镜而备研求"。其借阅对象或面向公众,或专门接纳学会会员,让读者自由阅读。其管理方法较为简明,便利收藏、保管和使用。从而表现出近代图书馆的性质和特点。如苏学会书藏简明章程中专门制定了"看书七条"规定,从图书采访、分类、编目到流通借阅及赔偿损坏都有较详明的制度,近似近代图书馆的科学管理。

可惜这些学会藏书存世不久,因戊戌变法失败而被清政府查禁,或慑于反动统治的淫威而销声匿迹。然而,它们改变封建藏书楼的封闭性,为开通风气,启迪民智却产生了深远的影响,推动了近代图书馆的兴起。所以,这些书藏在中国图书馆事业史上,被视为近代图书馆的先声。

二、新式学堂的藏书楼

随着全国新式学堂的设立,新式学堂藏书楼便纷纷建立起来。据初步统计,全国有近百家之多,其中影响较大的有南洋公学图书院、时务学堂藏书楼、储才学堂藏书楼、崇实学堂藏书楼和京师大学堂藏书楼等。现分述如下:

(一)南洋公学图书院。清光绪二十四年(1898),上海仿照西方国家以学堂经费一半由商民捐款,一半由政府出资合办公学的模式,采用常费皆由招商、电报两局众商所捐的办法,成立了上海学堂,定名为南洋公学,并设立了南洋公学图书院。图书院的书籍来源有三：一是"调取各省官刻图书"；二是择要购置"私家所刻及东西各国图籍"；三是选派学堂具有翻译外文能力的学生，"将图书院购藏东西各国新出之书择要翻译，陆续刊行"，充实庋藏。对于图书院所藏书籍，旨在供"学堂诸生阅看各书"。为保障学堂师生阅读，专门制定了借阅图书的"收发章程"。

（二）湘省时务学堂藏书楼。此书楼是光绪二十四年（1898），伴随着学堂的创立而设置的。"购备各种书籍，多置看书桌几"，供学生借阅。为使图书"不得污损，并携带出外"，制定了管理规则，由管堂负责。

（三）江南储才学堂藏书楼。该书楼"购备中国各种书籍"，提供"学生公用"。明确规定："祇准借看借钞，极应珍惜，不得污损。钞阅毕，随时交还管理人员收储"。

（四）湖州崇实学堂藏书楼。该学堂书楼创办于光绪二十四年（1898），"择中西有用之学"，"广购图籍，以备研求"。

（五）京师大学堂藏书楼。该藏书楼规模宏大，仅开办藏书楼的四项经费就达十二万两白银，即：建筑藏书楼费约二万两，购中国书费约五万两，购西文书费约四万两，购东方书费约一万两。其目的在于："广集中西要籍，以供士林流览，而广天下风气。"为达到此目的，一方面采集西方各国图书馆藏书目录和管理章程以及国内藏书楼的借阅规则予以保藏，并吸取中外古今的管理经验，拟制了《京师大学堂藏书楼章程》；另一方面在藏楼设置了"提调一员，供事十员"，进行具体管理。据此可知，京师大学堂藏书楼不但"体制恢宏"，而且"法良意美"，可谓清末中国学校最完备的新式藏书楼，也是当时国内学校藏书楼的表率。

三、新式的公共藏书楼

在维新运动的影响下，一些进步的知识分子和私人藏书家及官绅，为智民、兴国，取"富强之效"，参用东西各国的办法，出资、集资,于名都大邑创建了一批新式的公共藏书楼。其典型者,当推古越藏书楼、皖省藏书楼和浙江藏书楼。

（一）古越藏书楼

古越藏书楼,是浙江绍兴绅士徐树兰出资捐书创办的。因此书楼"建于绍兴,为地方劝学起见,故名古越藏书楼"。这所私立的公共藏书楼由徐氏用五万六千余两银的巨款投资开办,又以其"家藏经史大部及一切有用之书,悉数捐入",并以每年一千两银元作为添置新书和书楼管理人员的工资开支,时称之为"常年经费"。

徐氏古越藏书楼比之封建藏书楼有三个重要的特征。第一,有开明的宗旨。他说:"本楼创设的宗旨有二:一曰存古;二曰开新。"他认为,学问必须博求古今中外贯通,"不谈古籍,无从考政治、学术之沿革;不得今籍,无从启借鉴变通之途径。"意思是说,不研究古代的经史子集之书,就不可能懂得封建社会政治、经济、文化的变迁;不学习当代书籍,特别是今天西方的图书,就无从启迪自己,借鉴别人获得向资本主义发展的道路。所以,"存古"、"开新",实质上就是保存封建主义文化之"古",开资产阶级文化之"新",并在存古的基础上,实行开新。第二,广泛收藏古今中外图书。除"悖理违道书一概不收"外,凡明道之伦理、政治、教育、文艺、实业之类著作;已译未译的东西方书籍;各种图画报刊,包括教科书、地图、实业图、学报、日报;外国物理、化学器械及动、植、矿物各种样本等,一律收藏。为便于保藏、取阅,对于这些图书,分为学部和政部二大类,编为二十卷。第三、管理有序,开放阅览。他"参酌东西各国图书馆规制",制定了《古越藏书楼章程》,对于藏书楼的名称、宗旨、藏书规则、管理办法、阅书规程等,都作了明确的切实的规定,使之有条不紊,顺利进行。特别是"阅书规程"一章共十五节,更为详明。从借阅手续、阅览地点、座位字号、每日开放时间到茶水、用膳供给及遗失污损图书赔罚等,都一一作了规定,以方便社会公众的阅览,体现了近代图书馆的功能。

（二）皖省公共藏书楼

光绪二十七年（1901），安徽安庆太守方连轸、怀宁县令姚锡光和绅士何熙年等人,集资购置中西图书,创办了私立的皖省公共藏书楼。其宗旨是:"多贮经史,以培根本;广置图籍,以拓心胸;旁及各报,以广见闻。"③其藏书原则是:"凡属有益经世之学,无论古今中外,均须随时增购,以供众览,庶备讲求实学、转移风气之用"。本着这一原则,除"琐碎之考据,猥鄙之词曲,古董之书画,概不羼入"外,其余中外图书,"旁及各报,无论旬报、日报",都一律购备,以提供大众阅览、抄录。由于他们意在培训士人经世救国,转移社会风气,所以便公开宣称:书楼"本以公益为主,但使有志学问之士,无论何省籍,均许来楼阅抄,以化畛域",打破了区域界限,面向全国读者开放阅读。

（三）浙江藏书楼

浙江藏书楼是光绪二十九年（1903），浙江学政张亨嘉主持创办的。他以原杭州藏书楼的藏书为基础,添购了一批中外新书,并对原杭州藏书楼加以改造,增置、扩大阅览室,然后即向公众开放借阅,成为名副其实的公共藏书楼。其目的在于:"明教育而开知识"、"能自卫国家","取富强之效"。至宣统元年（1909），该藏书楼即与浙江官书局合并,更名为"浙江图书馆",正式完成了由公共藏书楼向近代图书馆的过渡。

第四节　辛亥革命前夕的图书馆

一、光绪末年（1904－1908）图书馆的建立

清光绪末年,在我国酝酿已久的新式图书馆,开始兴起。无论是官办的公共图书馆,学校图书馆,还是专门图书馆或私立图书馆都初露端倪,相继建立。光绪三十年（1904 年）,首先是湖广总督张之洞利用武昌兰陵街的博文书院院舍和藏书予以改造,创建了湖北省图书馆,并于是年七月正式向公众开放。该馆为中国新式图书馆的先声,也是我国近代最早的一所官办公共图书馆。当时,它拥有藏书四万余册,又先后将各学堂遗存书籍集中储藏于此,一时号称丰富。以后,随着馆舍的不断修葺扩大,图书的陆续添购积累,而更具规模。现在,它已发展为国内十大图书馆之一,拥有藏书一百七十三万册（含外文书十五万册）,刊物十七万册。其中有地方志三千余种五万余册,善本书二千七百种三万册。

自湖北省图书馆发端后,紧接着是湖南图书馆的建立。光绪三十年（1904）,经湖南巡抚赵巽令准,由绅士魏肇文、梁焕奎、龙绂瑞、谭延闿等发起捐助经费和图书,在省城长沙定王台创设了"湖南图书馆兼教育博物馆"。后因馆址狭窄,图书较少,不足以壮观瞻,乃于光绪三十二年（1906）,由新任湖南巡抚庞鸿奏请清政府在原拨款银一万两的基础上,添拨开办费五千两,扩建了藏书楼一所,阅览室四所及"买卷缴卷处、领书处等物。"更购西方及日本图书,并"编明书目,拟定章程,遴委监督,以董其成。添派分校、缮校、收掌、提调",又"刊发木质关防一颗,文曰'湖南图书馆之关防',俾照信用。"④于是年九月正式开馆。从此,中国近代图书馆事业开始发展起来,各种类型的图书馆相继产生,逐年兴起。

光绪三十二年(1906),江绍铨经咨民政部批准,在上海租界空地兴办了博物图书馆。之后,邮传部设立了专科书籍图书馆,为部属系统人员提供船、路、邮、电方面的图书,以满足其阅读、研究、练习之用。这可以说它是我国近代专门图书馆的开端。

光绪三十三年(1907),清政府确定了各省学官制,下达了全国立即筹设图书馆的政令。于是各省的学务公所都先后筹备附设起图书馆,如直隶省学务公所图书馆、贵州学务公所图书馆,率先办起,而且颇为著名。

光绪三十四年(1908),清政府又明令各省速办图书馆。因此,部分省在学务公所附设图书馆的基础上,或利用旧址扩大规模,或择地另辟新址重新建造。据统计,仅在这一年时间内,就开办了七个省立公共图书馆。它们分别是:

(一)奉天图书馆:馆址在沈阳大南关,光绪三十三年(1907)破土新建,次年四月落成,九月正式开馆。馆内设"总理、庶务、会计、管理各一员,书记二员,藏书楼司书二员,阅览室司事二员,发售室经理、司事各一员,陈列室司事一员,公役若干名"。⑤开办伊始,一切所需款项,均由奉省官府支付。除拨官银三千余两购买中外图书外,复将前省学堂、学务公所购买之书全部拨入馆藏。同时又经营销售书籍业务。据说当其开馆,奉省许多人都去馆内借阅图书,并可以买到发售的半价书籍,取得了"士林称便"的好效果。

(二)直隶省图书馆:光绪三十四年(1908)五月正式成立,地址在天津,是由直隶学务公所附设的图书馆改建的。该馆藏书比较丰富,究其来源有三:一是旧馆藏书;二是官绅捐赠,如两江总督端方、两广总督张鸣岐、云贵总督锡良、浙江巡抚增韫、山东巡抚袁树勋、吉林巡抚陈昭常等,都各自捐赠了许多书籍,绅士严修捐书一千二百余部;三是时任提学使傅增湘主持筹款购买图书十二万卷。这些藏书,为读者广泛阅览提供了良好的条件,以满足其阅读的需要。

286

（三）归化图书馆：光绪三十四年(1908)十月创立，并附设"阅报社"。有房屋十间，设藏书、卦图、阅览等室。馆藏图书，除地图、科学图和书画外，共有经史子集一万四千四百余卷。由署归化城副都统三多直接领导，派员专管，常年经费拨银五百余两，以保证图书馆业务的正常开展。

（四）江南图书馆：光绪三十四年(1908)四月，创立于江宁(今南京)省城。它以江宁前惜阴书院为基础，扩大面积，添筑楼房，设立藏书、阅览、管理等室。以七十三万元购买浙中旧藏书家藏书六十万卷为基藏，又拨款添购各种新书，一并开放借阅。这个图书馆由两江总督端方直接领导，延聘四品卿翰林院编修缪荃孙为图书馆总办，檄委前江浦县教谕陈庆年为坐办，后补知府琦珊为提调，其司书、编校各员均分别委派齐备，领导、管理力量都很强。

（五）福建省图书馆：光绪三十四年(1908)，以原鳌峰书院藏书为基础，创办了福建省图书馆，由林孝颖任馆长。民国三年(1914)，改名为福建省第一图书馆(其时和以后并无第二图书馆)，至1929年1月1日，又改复原名。

（六）山西省图书馆：光绪三十四年(1908)，经山西巡抚宝棻奏准清政府，于山西省学务公所西偏隙地创建图书馆一所。"楹楼五座，廊屋四十七间，阅览室五间，标本陈列所五间，北面接待所三间。""馆内所藏经史子集一万八千卷。东西各国科学书七百余种"。并"拟定管理阅览章程，派员专司典守"⑥，于是年正式开馆，接待读者。

（七）黑龙江图书馆：光绪三十四年(1908)，奉天总督徐世昌、黑龙江巡抚周树模奏请清政府批准，于省城西关外正式创办了黑龙江图书馆。馆舍主要部分为原有古庙，后加以改建并添修藏书楼、检发室、阅览室等房舍。所藏图书均为官银购置，有数万卷册经史子集及东西各国原本或译本。只有少量图书为在京衙门及各省官书局所赠送。因一切准备工作在次年方才就绪，故正式开馆始为宣统元年(1909)。

二、宣统年间图书馆的设置

清宣统是中国最后的一个封建王朝,也是清王朝面临彻底崩溃的最后一个短命的儿皇帝时代。在其仅有的两三年里,由于时代的推动和形势发展的逼迫,他乃依照光绪旧制,复令全国各省一律开办图书馆。这就为当时各省创办和发展图书馆在政治上取得了合法的依据,并在经济上提供了基本的条件。于是,在宣统年间,京师和许多省都很快地创办了图书馆,填补了京师和省市无图书馆的空白。据有关史料不完全统计,自宣统元年至三年(1909－1911),就新办了公共图书馆十余所。

(一)京师图书馆:它是经过多年酝酿,于清宣统年间在京师(今北京)正式设立的国家图书馆。宣统元年(1909)八月五日《学部奏筹建京师图书馆折》说:"惟是图书馆为学术之渊薮,京师尤系天下观听,规模必求宏远,搜罗必极精详,庶足以供多士之研求,昭同文之盛治。"基于这样的目的要求,乃拟定德胜门内之净业湖与湖之南北一带为建设图书馆地址。后因净业湖新馆一时尚未兴建,遂暂以什刹海北岸广化寺为馆址。经修葺改建,焕然一新,成为京师图书馆。

京师创建图书馆,"实为全国儒林之冠冕,尤当旁搜博采,以保国粹而惠士林。"因此,将文津阁《四库全书》和避暑山庄各殿陈设书籍,内阁大库旧藏及《永乐大典》残本,翰林院、国子监南学所藏书籍,一并移送图书馆庋藏,作为基础。与此同时,又先后调直隶、奉天、吉林、黑龙江、河南、山西、云南等省官书局刊印的图书,以及由江南总督端方采购南陵徐氏与归安姚氏藏书、甘肃藩司何彦升采进敦煌写经八千六百余卷等书籍送交该馆藏用。据史料记载,这时京师图书馆的藏书,计有六大类:

(1)普通图书

①中文书籍　14000 余部、143900 余册,其中方志 2000 余种。

②满蒙文书籍　76 部、3713 册。

③西文书籍　672 册。

④日文书籍　178 册。

⑤杂志　480 种、6442 册。

⑥报纸　66 种、1980 册。

（2）善本图书、

①宋刊本 129 部, 12116 册;宋写本 2 部,51 册;翻宋本 13 部, 103 册;仿宋本 2 部,34 册;影宋本 15 部,93 册;校宋本 50 部, 313 册。

②金刊本 2 部,3 册;翻金本 1 部,24 册;影金本 1 部,3 册。

③元刊本 261 部,3995 册;元写本 1 部,4 册;翻元本 12 部, 186 册;仿元本 4 部,18 册;影元本 4 部,44 册。

④明刊本 457 部,4292 册;旧写本 441 部,10636 册;稿本 42 部,387 册。

⑤清精刊本 22 部,103 册。

⑥日本刊本 6 部,42 册;写本 1 部,2 册。

⑦朝鲜刊本 8 部,61 册。

（3）《四库全书》（乾隆时藏于热河避暑山庄文津阁所藏一部）

全书凡 108 架,6144 函,36300 册;外有排架图 4 函,《殿本四库全书提要》20 函,120 册。这部全书虽为图书馆所有,但到民国四年才入馆。

（4）唐人写经

以唐人所写为多,共 8651 卷。

（5）地图画册

地图绫绢纱本 56 帧,又 48 册;纸本 97 帧,又 55 册;明本图画 60 张,又 40 册,明刊图赞 4 册。

(6)金石拓本(包括以后所得)

唐开成石经拓本 178 卷；明以前拓本 134 张，又 4 册；清代帝王御书拓本 257 张，又 4 册，墨迹等件 95 张又 13 册；近代拓本 1149 种,2550 张,又 23 册。

宣统二年(1910)八月,京师图书馆正式宣告成立。以翰林院编修缪荃孙为监督,国子监丞徐坊为副监督,总务司郎中杨熊祥为提调。馆内分设典藏、检查、文牍、庶务四科,各设科长、副科长各一人,科员、写官若干人。另设纂修处,总校一人,纂修、写官若干人。其组织与管理仿照日本模式,而编目仍沿袭旧法,略依四库而稍加变通。当一切准备就绪后,便于民国元年(1912),正式开馆,接待广大读者。

到 1928 年,因国民政府已定都南京,京师图书馆乃改名为"国立北平图书馆"。1929 年 9 月,与北京的北海图书馆(中华教育文化基金董事会于 1924 年创办的)合并,定名为"北平图书馆"。由教育部聘任蔡元培为馆长,袁同礼为副馆长。馆内分设总务、采访、编纂、阅览、善本、金石、舆图、期刊八部,以及购书委员会和编纂委员会,构成了一套完整的组织系统。1931 年,新馆落成,乃合两馆藏书,于是年 7 月 1 日开馆借阅。新中国成立后,更名"北京图书馆",成为世界上著名的五大图书馆之一,并以新的姿态大步前进。

(二)山东图书馆:宣统元年(1909)二月三日,经山东巡抚袁树熏奏请清政府正式成立。馆址在省城济南大明湖前,背湖面山,开朗适中。"方广二十六丈,计为楼十二楹。前列广厅,足敷藏书及阅览各室之用。就中附设山东金石保存所,凡本省新出土之品与旧摺精本,博访兼收。"⑦该馆的管理是"参照各省及各国藏书便览之法","首储四部之善本,兼收列国之宝书",以满足读者阅览中外新旧图书的需要。

(三)河南图书馆:馆址在开封。馆舍系原二曾祠改建,有前后堂十二间,分为藏书、阅书和经理等室。庋藏古今中外图书一千六百余种,四万三千多卷。宣统元年(1909)二月八日,正式开馆。由河南提学使孔祥霖任经理,林之桓为副经理。

(四)浙江图书馆:宣统元年(1909),浙江巡抚增韫将原浙江藏书并入官书局,稍加扩充后,即正式名命为"浙江图书馆"。次年,又与近在咫尺的文澜阁连成一体,统一设置了藏书库、阅书室、特别保存书库、特别阅书室及办公房等,并新建藏书楼一座。其时,馆藏图书有《四库全书》和古今中外书籍七万卷。为加强领导和管理,由提学司支恒荣担任该馆督办,候补知府邓起枢为坐办,并延聘在职翰林院编修孙智敏、中书科中书杨复为会办。

(五)陕西图书馆:在省城西安学务公所侧,有"楼房三重,约五十余间"。该馆始建于光绪三十四年(1908),宣统元年正式命名为"陕西图书馆",并开馆借阅。该馆最突出的有三点:一是收藏甚广,约有四类,"一曰收藏书籍,如经史子集;二曰广征群籍,如近时名人著作之类;三曰列邦新籍,如东西译本之类;四曰古今乐石,如鼎彝碑版之类。""分订条规,遴员管理"。⑧二是附设教育品陈列所,较系统地将新式的教育仪器、科学技术标本陈列展出,直观地、形象地显示在观众面前,成为一个特殊的教育课堂。三是兼办印刷,"将旧有官书局铅印排字机及石印器具,归并整齐",印刷书籍,供应读者。

(六)云南图书馆:宣统元年(1909)创立,以原省会中学堂为馆址,有藏书楼一所,下设图书、报纸阅览二室,并附设教育博物馆及印刷出版书籍机构。该馆藏书以昆明学务公所所存图书及两级师范学堂藏书为基础,再添购各种书报,充实馆藏,计有经类16535卷,史类51129卷,子类34589卷,集类13925卷,丛书类16184卷,科学类6698卷,共139060卷。由于办馆有方,其所制定的《云南图书馆章程》旨在鼓励阅览,方便读者,使阅览书报人数逐年增加。据统计,宣统元年(1909)十至十二月为18342人,宣

统二年（1910）8947人，宣统三年（1911）16307人，民国元年
（1912）即达183972人，形成了该馆的一大特色。

（七）吉林图书馆：宣统元年（1909），经吉林提学使曹广祯奏
准成立。馆址开初附设于吉林学务公所内，稍后移入长春初等小
学堂内。馆内藏书来源有三：一是从官书局调拨来的；二是私人捐
赠的；三是官府拨银购买的。不幸于次年遭受火灾，馆舍、设备、图
书均被焚毁。宣统三年（1911），由省署拨款在旧馆的废墟上重
建，积极购置图书，并于当年开馆借阅。

（八）广西图书馆：宣统元年（1909），由广西全省自治局会办
钟元组织官绅捐款筹建，宣统三年（1911）建成开放。其性质属于
私立公共图书馆，后改为官办，命名为"广西省立第一图书馆"。

（九）广东图书馆：宣统元年（1909），广东提学使沈曾桐主持
创建，以广雅书局藏书楼为馆址，并以其藏书作为馆藏基础。民国
元年（1912）四月，才正式命名为"广东图书馆"，同时向读者开放
借阅。

（十）甘肃图书馆：宣统二年（1910），由甘肃提学使陈曾祐于
省城兰州创建。次年，因拨款在上海采购的大批图书运至陕西途
中，遇民军起义而遭散失，未能如期开馆。直至民国三年（1914），
再度购置书籍，才得以正式开馆。

（十一）四川成都图书馆：始创于宣统年间，民国元年（1912）
十月二十日正式开馆。馆址在成都少城公园（今人民公园）内。
该馆原系书院改建，规模较小，民国以后便有所扩大。但多有变
故，时办时停。民国二十二年（1933）收归成都市政府管理后，乃
更名为"成都市立图书馆"。自此得以连续不断，绵延至今。

此外，宣统元年（1909），东北三省总督徐世昌在辽宁创建了
"陆海军图书馆"。这是一所专门的军事图书馆，"凡关于军事学
术，国内外之图籍，无不搜罗购置。"其开办及常年所需各项经费，
"均由军界人等提倡捐集"。其创办的目的在于："籍供军人研究

292

之需","推广军学,以增进军人之智识,而作养其精神。"⑨

第五节　辛亥革命后图书馆事业的勃兴

一、公共图书馆体系的建立

辛亥革命,推翻清王朝统治,建立了中华民国。在社会政治、经济、思想、文化方面都发生了巨大的变化,图书馆事业也随之勃兴起来,完成了中国近代图书馆事业发生、发展的历史过程,建立起公共图书馆的体系。

民国政府既经建立,教育部即设立社会教育司,领导和指导全国各类图书馆事业,使之不断完善和发展。一方面逐步完善改进清末已建立的诸多图书馆,如改造和扩大馆舍、设备,添购和充实藏书,扩大和加强借阅流通及科学管理等。另一方面,陆续新建和发展各级各类公共图书馆。从而,在中国初步建立起了一个以国立、省市立图书馆和大学图书馆为骨干的图书馆体系。据1916年国民政府教育部公报称:全国有图书馆二百六十所,其中省市以上公共图书馆二十二所,通俗图书馆二百三十八所。这表明中国近代图书馆在建制上已构成了一个较完整的系统。

作为图书馆事业,无疑既要有其建制作基础,更要有其藏书、借阅、人员、管理和经费等必备的因素。这可从1918年3月沈绍期的《中国全国图书馆调查表》等资料中所反映的情况得到证明。

省别	图书馆类别	藏书卷数	每季阅览人数	图书目录编定	每年经费数	馆长姓名
北京	京师普通图书馆	汉文127,000 日文600 西文400	约600人	依四库分类,附新书目录	15,000元	夏曾佑
	高等师范学校图书馆	汉文7,236 日文3,094 西文2,902	约5,400人	仿日本东京帝国图书馆之法编目	本馆经费由学校划分	刘宝廉
	通俗图书馆	汉文2,100余册 英文23册	约3,950人,可借出	分经学、历史、教育、政法、实业、理科、宗教、医药等23类	960元	教育部教育科长刘骏书兼任
天津	通俗图书馆	汉文12,974本 日文1,698本 西文457本	约4,500人	汉文以四部分类,日文以科分编	1,980元	由省公署教育科主任兼任
	南开学校图书馆	中文2,000本 英文2,500本	1,400人			
	北洋大学图书馆	汉文20,000本 英文16,460本	400人,可借出	按美国国立图书馆编目分编	每年除购书外,1,800元	爱温斯
山东	普通图书馆	汉文103,472卷 日文626册 西文432册	1,600余人	分经、史、子集、丛书、科学六部每书分总目,又分细目	4,512元	庄陔兰
	济南齐鲁大学图书馆	汉文8,000册 西文5,000册	3,000人 除字典辞书,一概出借	中文以四部分类,西文以十进分类	无定数	德位思
河南	普通图书馆	汉文7,762部 西文10余种	约400人	分经、史、子、集、丛书、时务六部	3,600元	武玉润

省别	图书馆类别	藏书卷数	每季阅览人数	图书目录编定	每年经费数	馆长姓名
江 苏	高等师范学校图书馆	汉文 7,800 册 日文 100 册 西文 1,300 册	4000 人，可借出	以四部分类，拟改为杜威十类法	未定	笪耀先
	扬州普通图书馆	中文 11,693 册	450 人			
	无锡县立普通图书馆	汉文 37,087 册 日文 1,440 册 西文 444 册	1,034 人	以各书性质编目，有印行书目	1917 年定年经费 1,488 元，临时费 763 元	经董侯鸿鉴，主任刘书熏
	无锡天上市普通图书馆	汉文 12,636册 日文 338册 西文 38 册	594 人	分经史子集等十二类，日文一类	264 元	胡一修
	松江通俗图书馆	汉文 50,000册 日文 100册 西文 100 册	约 800 人	分新旧二部，旧籍以四部，新籍依学科分	1,500 元	雷城
	上海圣约翰学校图书馆	汉文 1,589册 西文 10,138册	7,477 人，可借出	杜威十类法	2,000 元	徐元燮
	金陵大学图书馆	汉文 2,016 部 西文 3,141 册	17,906 人，可借出	汉文以四部分，西文以十类法	校内经费	克乃文 洪有丰
	南通学校图书馆	汉文 130,000卷 日文 108册 西文 290 册	100 人，可借出	分经史子集、丛书五大类	张謇私立，常年费 2,000 元	张謇（名誉馆长），沙元炳

（续表）

省别	图书馆类别	藏书卷数	每季阅览人数	图书目录编定	每年经费数	馆长姓名
浙江	普通图书馆	汉文 37,218 日文 852 册 西文 673 册	2,106 人,可借出	旧书依四部分类,新书别为一编	连附设印行所（前浙江书局）经费共 10,799 元	龚宝铨
安徽	省立普通图书馆	中文 33,281 册 日文 276 册 西文 258 册	90 人			
福建	公立图书馆	汉文 2,550 种共 500,238 卷 26,480 册	5000 余人	以四部分类	2,100	黄葆钺
湖 北	普通图书馆	汉文 139,369 册 日文 511 西文 203 册	约 1,500 人,可借出	分经史子集丛书五大类	1,464 元	杨寿昌
	武昌文化大学公书林（即普通图书馆）	汉文 1,012 种共 11,771 册 西文 6,704 册	7,238 人 可借出	中西图书均用十类法,并有目录册、片	3,500 元	总理韦隶华,协理沈祖荣
	武昌高等师范学校图馆	汉文 19,680 册 日文 4,355 册 西文 532 册	约 1,600 人	旧籍以四库及书目答问编目,新书以学科分类	无定额	由校长委员经理
	武昌博文书院阅览室	汉文 1,678 册 西文 2,257 册	1,300 人,可借出	中书分 45 类,以百家姓 45 家代之,西书用十进法	百元	贾溥萌
江 西	九江南伟烈大学图书馆	汉文 2,100 册 日文 300 册 西文 1,400 册	3,600 人 可借出	照学科分类	360 元	蔡天佑

省别	图书馆类别	藏书卷数	每季阅览人数	图书目录编定	每年经费数	馆长姓名
湖南	全省公立普通图书馆		每月阅书报1,600人	中书以四部分类,西书以学科分	14,866元	刘善渥
	长沙雅理大学藏书馆	汉文500册西文1,250册	200人,可借出	以十进法分类	158元	
广东	通俗图书馆	中西文书籍3,000余种		以四部、新学书分编	3,600元	
	岭南学校藏书楼	汉文3,000余册 西文6,615册	1350人,可借出		500元港币	巴罗赞
广西	普通图书馆	汉文60,000册 日文130册 西文140册	90余人	中书以四部分,西书以18科分	800元	杨贞粹
陕西	普通图书馆	汉文94,430册 日文268册 西文200册	1440人,可借出	以四部分类	1,200元	高树基
吉林	普通图书馆	汉文1,109种 日文405种 西文12种	300余人,可借出	以四部分类	4,200元	王文珊
云南	普通图书馆	汉文约15万卷 日文约1,000种 西文约200余种	春、夏、秋三季每月3,000人冬季每月2,000余人,可借出	每年汇编一次,分初编、二编、三编	9,600元	

（续表）

省别	图书馆类别	藏书卷数	每季阅览人数	图书目录编定	每年经费数	馆长姓名
※四川	普通图书馆	汉文 4，560种 94，16 卷，又丛书 66 部				
※贵州	普通图书馆	古籍 900 余部译书 830 部外国书 150 部	900 人		6,000 元	
※北京	北京大学图书馆	汉文 140,000 册西文 26,356 本日文 2,480 本杂志 15,172 本	有汉籍、各种日报、东西文籍、杂志 四个阅览室,全天开放借阅	以杜威十进法为基础,按本馆藏书情况略有变通,分为十大类。		严文郁

注：上表中有※号者，见 1916 年教育部调查《各省图书馆一览表》。北京大学图书馆情况，见《国立北京大学概略》，1923 年印本。

据此可知,在 1918 年左右,我国近代图书馆的发展状况已蔚然可观。其突出表现,略有数端:一是全国绝大多数的省市都设置了普通图书馆、学校图书馆,有的还设立了通俗图书馆,个别的县也建立了图书馆。二是各图书馆均有一定数量的藏书,其中多以庋藏中文书籍为主,兼收日文和西文图书;既有旧籍,又有新书,尤其注意购置新近时政、教育、理化、经济、实业及报刊,反映出藏书内容上的时代风貌。三是强调图书报刊的开放流通,面向民众,面向师生,竭力满足读者阅览,一些馆还允许读者外借,因为他们把图书馆视为继续教育的机关,增长知识、才干和科学研究的场所。四是发扬图书分类编目的传统,多沿用四部分类法,对于四部目录不能统摄的中西图书,则在四部之外别增类目。为使目录完善、适用,不少图书馆还不恁仿照美国杜威十进分类法,编制目录,制造目录片,反映了我国吸取西方图书馆管理技术的进取精神。五是经费渠道多样,以巩固和发展图书馆事业。既有政府拨款,又有官绅捐款,还有集资和自身创收的,如开办印刷业务等的收入。同时,重视选派有一定声望和能力的学者担任馆长,配备好管理人员等,至于各馆均制定有明确的《章程》、《阅览规则》之类的管理条例法规,那是不言而喻的。

二、辛亥革命后的三种新型图书馆

在辛亥革命后的图书馆事业发展过程中,先后兴起了三种新型的图书馆。

其一,机关团体图书馆。这类图书馆当首推"教育部图书室"为最早,始建于民国元年(1912)六月。它以清朝学部直属的图书局、名词馆、审定科和京师译学馆所存中外图书为基础,辟室庋藏,计有中文书八万一千册,东西文书六千七百册,共八万七千七百册。为便于检索这些藏书,略依四部分类编成目录二册,对于每种书籍,均标其书名册卷,并附以版本情况及著者姓名。其所藏图书,主要供本部官员阅览之用,同时也为北京地区各学校及各学会师生、职员提供阅览(但必须持介绍信)。为此,教育部于民国二年(1913)九月,专门颁行了《教育部图书规则》十条。民国九年(1920),又制定了《修改规则》,使之臻于完善。

继教育部设图书室之后,民国四年(1915),外交部设置了"图书处"。其所藏书约可分为新旧两大部分:旧书主要为清代《会典》、《方略》、各省方志及沙俄赠书;新书主要是新近采购的中外新出版著作及外国使馆赠送或交换书籍。对于这些藏书,除一般图书庋置楼房外,还专门辟置了善本书室,珍藏各种善本图书。为方便检索,编制了藏书目录七卷。中文图书依照四部分类,外国图书则各自为类,凡英、俄、德、法和日本图书目录各为一卷。该处藏书主要供部员借阅,对于在京各官署人员及本部附属之清华学校、俄文专修馆师生,得由各官署、校长出具介绍方可阅览,但不得借书出外。为管理好图书处,外交部于民国五年(1916)制定了《图书处章程》二十四条及《外交部互换书籍暂行规则》五条。

紧接着是民国五年(1916),中国科学社创办的"中国科学社图书馆"。所藏书籍多种为新式教科书及参考书、图说和图录、期刊和报纸。主要为中国科学社社员服务,只有科学社的社员、仲社员、特社员、名誉社员、赞助社员和社外捐赠图书者,才能享有借阅图书馆图书的权利。该馆也同其他图书馆一样,制定有《中国科学社图书馆总章》及《暂行流通书籍章程》,以加强管理。

其二,儿童图书馆。民国六年(1917),直隶省天津社会教育办事处在全国率先创办了"儿童图书馆"。该馆以儿童为服务对象,集藏有适合儿童的各种图书,供儿童阅览,以培养儿童在幼年就养成好学的习惯;搜集陈列着各国教育儿童的多种玩具,供儿童参观或使用,以唤起儿童认识、体验事物的兴味。该馆制定有《儿童图书馆规则》及《儿童图书馆阅览章程》,从而构成了中国近代最早出现的一种新型图书馆。

其三,巡行文库。它是一种流动的通俗图书馆,形式灵活机动,服务对象为乡村民众。其办法是由各县设通俗文库总部一所,采集民众需要而浅显易懂的各种图书,轮流送乡镇支部,再由支部转送各村落的阅览处,限定日期阅毕,由乡镇支部收回送县部总部收存。如此循环文库当时虽不太多,但在一些省内已初步开展起来。据民国五年(1916年)《教育公报》第三年第十期载称:

奉天有 17 所,每所有书 354 种,每日平均阅览人数 7400 人;
江苏有 4 所,每所有书 338 种,每日平均阅览人数 400 人;
四川有 1 所,有书 400 种,每日平均阅览人数 120 人;
甘肃有 4 所,每所有书 300 余种,每日平均阅览人数 200 人;
云南有 4 所,每所有书 420 种,每日平均阅览人数 140 人。

与此同时,在全国许多城镇还设立了不少"公众阅报所",备有多种报纸供民众阅览。不难想见,这些形式都丰富了近代图书馆事业的内容。

三、近代图书馆事业勃兴的特点

我国近代图书馆事业发展到辛亥革命后的民国初年,才真正勃兴起来,形成了较鲜明的特点。第一,政府重视,对图书馆立法。辛亥革命前,满清政府于光绪元年(1875),颁布了《京师及各省图书馆通行章程》,明文规定"京师及各省省治,应先设图书馆一所。"宣统二年(1910),又复令"各省一律开办图书馆"。为使命令付诸实施,各省巡抚或提学使都亲自主持筹建。辛亥革命后,民国政府曾两度明令"各省、各特别区域应设图书馆,储集各种图书,供公众之阅览。"又令"各省治、县治应设通俗图书馆,储集各种通俗图书,供公众之阅览。"并于民国四年(1915),先后颁布了《图书馆规程》和《通俗图书馆规程》。因此,我国近代图书馆得以迅速发展起来。作为图书馆事业本身来说,这不仅为全国普遍创办图书馆立法定制,而且也为各种图书馆制定章程提供了法律依据和办馆规范。

第二,藏书性质、目的的转移。我国古代的公私藏书,重在庋藏,使用是附带的功能。近代图书馆已经不是单纯藏书的地方,而是启迪民智的场所,特别是辛亥革命后,是一个面向社会公众的教育机关。其收藏书籍的目的,是提供公众阅览,传播知识,教育民众,增长才干,抵御外侮、振兴国家,而保存文献则是其次要的目的。

第三,图书馆的开放性和书籍的共有性。古代公私藏书是封闭性的,其所藏书籍只供少数人使用。近代图书馆则是开放性的,其所藏书是供大众阅览。特别是辛亥革命后,各种公共图书馆、通俗图书馆、巡回文库、报刊阅览所等社会教育机构与日俱增,馆藏图书也由艰深奥秘日益趋向于实用、应时,逐渐以读者需要为主,强调实用性,讲究大众共有性。

第四,管理方法的改良和进步。古代公私藏书楼的管理比较单纯,旨在庋藏勿失,便利查检,而重点是校雠整理、编制目录。近代图书馆引进东西洋图书馆的管理方法,结合本国实际,从采访、编目到流通借阅,从组织机构、人员配备到各种设施管理,初步形成了一套运行机制,而且渐有改良,日趋严密协调。

第五,图书馆工作逐渐专业化和知识化。近代图书馆工作,已开始由机械式的循环往复工作逐渐趋于专业化,成为一门专门知识并具有一定的学术性。凡从事这项工作的人,往往要经过专门的训练,方能掌握和从事图书馆的业务工作,并通过实践,构成专门知识,成为专门人才。而研究这方面的专门知识,探讨图书馆事业的各种业务、制度、方法、原理、性质和功能,揭示其内涵、特点和规律以及预测未来的发展趋势等。形成一定的理论,则表现了它的学术性和对实践的指导性。虽然,图书馆事业在近代还未形成一门独立的学科,但其知识的体系也初露端倪,如各种图书馆规章的出现,以及关于建立图书馆的论证,特别是宣统年间孙毓修撰的《图书馆》一文,对近代图书馆学的基本内容作了系统的论述,可谓近代中国图书馆学的代表作。

注释:

①叶德辉《书林清话》

②郑观应《盛世危言·藏书》

③何熙年《皖省绅士开办藏书楼上王中丞公呈》

④《湘抚庞鸿书奏建设图书馆摺》

⑤《东三省政略》

⑥《华制存考》

⑦《山东巡抚袁树熏奏建设图书馆摺》

⑧《陕西巡抚恩寿奏建陕西图书馆摺》

⑨刘锦藻撰《清朝续文献通考》卷Ⅱ"学校考"18

后　记

　　《中国图书馆事业史》是一部图书馆事业的专史。上限起自殷商时期,下限断至辛亥革命前后。本书力图系统地探讨我国古代藏书楼和近代图书馆事业发生、发展及其演变的历史过程,全面地描述我国上下几千年公私藏书收集、整理、保管和流通利用等各个重要环节的兴衰状况。因此,本书可谓我国古代和近代图书馆事业的一份总结,也为发展我国现代图书馆事业提供了依据和营养。

　　编写《中国图书馆事业史》之旨在于为图书馆学的研究人员和师生服务。其成书过程,大体经历了七个寒暑,数易书稿。最初,我是在自撰《中国图书馆事业专题讲授》的基础上,因教学需要,先演绎编著为《中国图书馆事业史讲义》,后经多次使用,反复修改补充,最后定稿,取为今名。

　　书稿定稿后,1991年,承蒙四川大学出版社正式列为当年出版计划。后因出版经费困难,未能如愿以偿。继而采用一个折衷办法,删削文字,忍痛压掉现代和当代部分。尽管如此,但仍为经费困扰,久久不能付印。所以,迟至今日,才得以付诸出版发行,这又不能不使我得到一种内心的慰藉,并借此机会就教于广大读者。

刘少泉　于川大

1992年10月